KB275954

월급으로 1억 만들기

월급 모으기·관리·투자까지
한 권으로 끝내는 평생 재테크 공식

월급으로 1억 만들기

한희재(재리) 지음

시원
북스

평범한 직장인도 따라 할 수 있는
1억 모으기 실전 매뉴얼

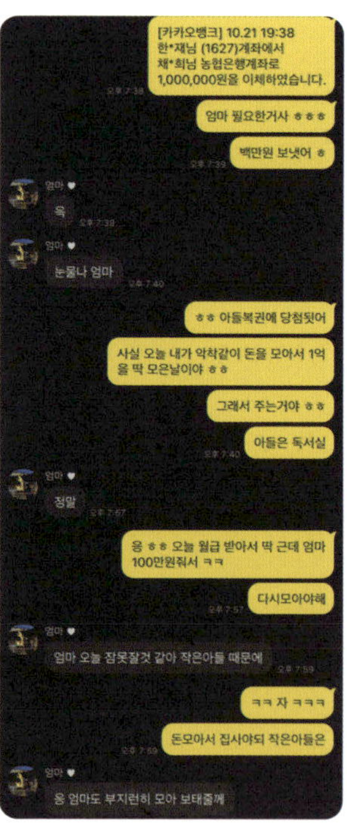

신입사원 시절, 출장을 마치고 대전 역으로 돌아오던 날이었습니다. 기차를 기다리는데 휴대폰에 알림이 떴습니다. "급여가 입금되었습니다." 습관처럼 계좌를 열어봤다가, 저는 그 자리에서 한동안 그대로 얼어 있었습니다. 숫자 뒤에 붙은 0을 세 번은 다시 셌어요. '진짜다. 드디어 1억을 모았다.' 아직도 그 순간의 공기, 대전역 앞 풍경이 생생합니다.

저는 태어날 때부터 넉넉한 집에서 시작한 사람이 아니었습니다. 시골 출신, 흔히 말하는 흙수저였어요. "열심히 공부해서 좋은 대학에 가면 인생이 달라질 거야." 그 말을 믿고 버텼고, 운 좋게 대학에 들어갔지만 현실은 달라지지 않았습니다. 기숙사비, 밥값, 교통비, 책값까지 내가 먹고 자고 숨 쉬는 모든 일에 다 돈이 필요했어요. 그래서 대학 입학과 동시에 시급 5,000원을 받는 고깃집 알바생이 됐습니다.

"회사를 들어가면 괜찮아지겠지." 그렇게 악착같이 준비해서 아주 작은 회사에 입사했고, 제가 받은 첫 월급은 133만 원이었습니다. '그래, 이제 시작이야.' 그렇게 또 한 번 죽어라 노력해서 대기업에 들어갔습니다. 그런데 이상하죠. 회사는 더 커졌는데, 제 삶은 별로 달라지지 않았습니다.

월급은 꾸준히 들어오는데, 통장에 남는 돈은 왜 없을까요? 카드값, 월세, 각종 구독료와 생활비를 내고 나면 "이번 달은 진짜 아껴 썼는데 왜 또 0원이지?"라는 말이 저절로 튀어나옵니다. 저도 그랬습니다. "연봉이 오르면 괜찮아지겠지." 이 생각 하나로 버텼지만 연봉이 조금씩 오를수록 소비도 함께 커졌고, 통장에 남는 돈은 늘 제자리였어요. '이러다 평생 월급에만 묶여 사는 건 아닐까?' 불안함이 먼저 찾아왔습니다.

그래서 저는 월급을 처음부터 다시 보기로 했어요. "월급으로는 부자가 안 된다"는 말을 그대로 믿는 대신, "그렇다면 월급으로 1억을 만드는 방법은 없을까?"를 집요하게 파고들기 시작했습니다. 퇴근 후와 휴일마다 주식, 부동산, 재테크, 돈 관련 책이라면 가리지 않고 닥치는 대로 공부했습니다. 1평짜리 고시원 생활에서 4평 원룸 생활을 거쳐, 저는 하루 5시간 이상을 투자 공부에 쏟아부었어요. 그렇게 1억, 3억, 5억을 지나 결국 자산 10억을 채웠고, 대기업에 사직서를 냈습니다.

지금 저는 아파트 3채를 보유하고, 2개의 법인과 1개의 사업자를 운영하는 대표가 되었고, 11만 명이 넘는 분들과 재테크 이야기를 나누는 재테크 인플루언서 '재리'로 활동하고 있습니다. 많은 분이 저에게 물어봅니다. "원래 돈 잘 벌었나요?" "부모님이 도와주신 거 아니에요?" 대답은 늘 같습니다. "아니에요. 저도 진짜 평범한 월급쟁이에서 시작했어요. 다만, 월급을 쓰는 순서와 투자 구조를 남들과 다르게 바꿨을 뿐이에요."

제가 강의를 시작했을 때, 가장 많이 들었던 말은 이거였습니다. "왜 이제야 알았을까요?" "이걸 진짜 회사 들어가기 전에 알았다면 1억은 이미 만들었을 것 같아요." 그리고 또 이런 말도 정말 많이 들었어요. "강의가 너무 듣고 싶은데, 금액이 부담돼요." "시간이 안 맞아서, 저녁 강의는 참여를 못 해요." 저도 여러분과 똑같이 돈에 쪼들리던 시절을 보냈기에, 그 말이 얼마나 절실한지 너무 잘 압니다.

그래서 이 책을 쓰기로 했습니다. 이 책은 저의 10년 투자 경험에서 수많은 실패와 작은 성공을 걸러내 '진짜 도움되었던 내용'만 꾹꾹 눌러 담았습니다. '월급으로 1억을 만드는 노하우'를 강의실이 아니라 책 한 권에 모두 담고 싶었습니다. 제가 어떻게 시급 5천 원 알바생에서 자산 10억, 아파트 3채를 가진 사람이 되었는지, 그 과정에서 실제로 써먹었던 월급 관리법, 주식과 부동산 투자 방법까지 한 권에 정리했습니다.

　강의가 비싸서 망설였다면, 이 책으로 다 가져가세요. 이 책은 단순한 재테크 이론서가 아닙니다. 알기 → 쓰기 → 모으기 → 벌기 → 불리기로 연결되는 총 5단계로 구성되어 있고, 각 장마다 체크리스트와 숫자 예시, 바로 따라 할 수 있는 액션 플랜을 담았습니다. 이 책을 읽으면 당신은 이런 정보를 얻게 될 거예요. 내 월급이 어디서 새고 있는지 한눈에 보이는 구조, 월급날부터 자동으로 돈이 모이게 하는 통장·계좌 설계, 월급만으로도 1억을 만들 수 있는 현실적인 기간과 투자 시뮬레이션, 재테크 초보가 주식·ETF·ISA·연금·대출을 어떤 순서로 어떻게 시작해야 하는지에 대한 로드맵까지요.

　이 책을 읽는 방법도 추천드리고 싶습니다. 첫 번째, 가볍게 한 번 끝까지 읽어주세요. 전체 흐름을 한 번에 머릿속에 넣어두면 "아, 내가 지금 어디쯤 서 있구나"를 금방 알 수 있습니다. 두 번째, 펜을 들고 다시 읽어주세요. 밑줄을 긋고 체크리스트를 채우며, 당신의 월급·자산·목표 숫자를 직접 적어 넣어보세요. 그 순간부터 이 책은 제 이야기가 아니라, 당신만의 '1억 만들기' 이정표가 됩니다. 세 번째, 실행하면서 다시 펼쳐주세요. 계좌를 개설하다 막히면 그 부분을, 투자를 시작하다가 흔들리면 원칙이 적힌 페이지를 다시 읽어주세요. 이 책은 한 번 읽고 책장에 꽂아두는 책이 아니라, 당신의 첫 1억이 만들어질 때까지 계속 함께 써야 하는 '워크북'입니다.

제가 이 책으로 전하고 싶은 메시지는 단 하나입니다. "월급만으로도 1억은 충분히 가능하다. 다만 그 방법을 제대로 알고 구조를 바꾼 사람만 그 결과를 가져간다." 이제 다음 장부터 당신의 통장 구조를 하나씩 갈아엎어 보려고 합니다. 이 책을 덮는 순간, "나도 할 수 있겠다"는 확신과 함께 당신만의 1억 로드맵이 손에 잡히기를 진심으로 바랍니다. 월급으로 1억, 이제 당신 차례입니다.

한희재(재리) 드림

PART 1. 알기

CHAPTER 1. 자산 건강검진과 소비 습관 분석

CHAPTER 2. 2개의 카드와 4개의 통장

CHAPTER 3. 신용점수 관리는 부자가 되는 첫걸음

CHAPTER 4. 나만의 월급 가계부 만들기

PART 3. 모으기

CHAPTER 1. 친구·연인과 함께 주식·금 투자하기

PART 4. 벌기

CHAPTER 1. 퇴근 후 1시간, 나를 부자로 만드는 두 번째 월급

CHAPTER 2. 직장인도 가능한 나만의 부업 찾기

PART 5-1. 불리기: 주식

CHAPTER 1. 주식 투자로 돈 잃는 이유 :
실패하는 사람들의 공통점

CHAPTER 2. 주식 투자 전 반드시 알아야 할 개념과 용어

CHAPTER 3. 미국 주식 ETF로 쉽고 편하게 투자하자

CHAPTER 4. 자산을 10배로 만들어줄 기업 리스트 공개

CHAPTER 5. 주린이를 위한 주식 공부법, 6개 ETF로 시작하자

PART 5-2. 불리기: 부동산

CHAPTER 1. 부동산 투자 전 반드시 알아야 할 용어

CHAPTER 2. 내 집 마련, 이 순서대로 하세요

CHAPTER 3. 돈 되는 부동산 공부법: 미디어와 뉴스에서 아이디어 포착하기

CHAPTER 4. 전세사기 실제 사례와 예방법

CHAPTER 5. 주택 청약 꿀팁과 당첨을 높이는 꿀팁

PART 1.

알기

CHAPTER 1.

자산 건강검진과
소비 습관 분석

재테크의 첫걸음은 주식, 부동산 투자가 아닌 나의 자산 현황을 정확히 파악하는 데 있다. 마치 몸의 건강검진처럼 나의 자산을 점검하는 '자산 건강검진'이 중요하다. 내가 미처 파악하지 못한 숨겨진 자산부터 부채, 수입, 지출까지 7단계에 걸쳐 구체적으로 나의 자산 현황을 정확하게 진단하는 방법을 제시한다. 특히 토스, 카카오, 네이버 등 마이데이터 서비스를 활용하면 누구나 쉽고 간편하게 재무 상태를 파악할 수 있고, 이를 통해 재테크의 첫 시작을 준비할 수 있다.

1. 왜 몸만 건강검진 하나요

많은 사람이 "재테크를 잘하려면 어떻게 해야 해요?"라고 묻는다. 대개 주식이나 부동산 같은 '투자'를 먼저 떠올리지만, 가장 먼저 해야 할 일은 자산 건강검진이다.

우리는 정기적으로 건강검진을 받는다. 혈압·혈당·콜레스테롤 수치를 확인하며 내 몸의 이상을 점검한다. 돈도 마찬가지다. 자산 건강검진은 재테크를 시작하기 전에 반드시 해야 하는 돈의 정밀 진단이다.

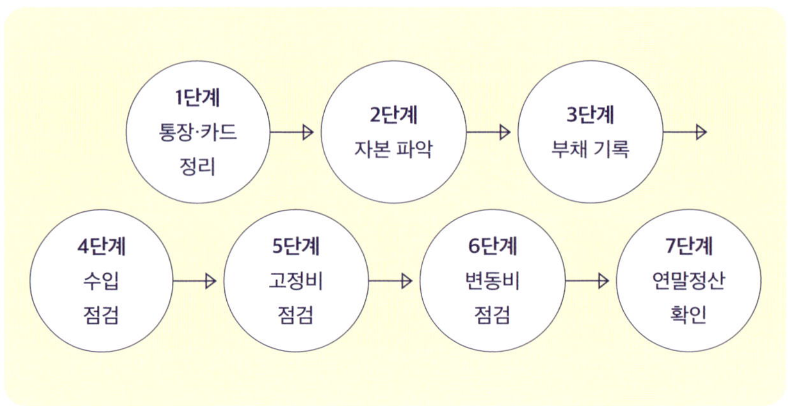

자산 건강검진은 총 7단계로, 내가 가진 카드·통장 확인부터 주식·적금과 같은 자본, 카드 할부·학자금 대출과 같은 부채, 매월 벌어들이는 수입 확인, 통신비·월세 같은 고정지출 확인, 커피·쇼핑·식사 같은 변동지출 점검 그리고 마지막으로 전년도 연말정산 확인까지의 과정으로 이루어진다.

이 과정을 통해 내 현금 보유액은 얼마인지, 카드는 몇 개를 쓰는지, 어떤 은행에 어떤 통장이 있는지, 카드 할부는 남아 있는지, 학자금이나 차량 등 대출은 무엇이 있는지, 매달 고정비와 생활비는 얼마를 쓰는지, 연말정산은 제대로 했는지, 수입과 지출의 흐름은 어떠한지를 세밀하게 체크한다.

　재테크를 잘하고 싶다면 무엇보다 자산 건강검진을 통해 내 자산의 현황을 정확히 파악해야 한다. 여기서부터 모든 재테크 전략이 시작된다. 이 과정은 절대 건너뛰면 안 된다. 똑같이 현금 1,000만 원이 있다고 해도 개인의 상황, 소비 습관, 대출 상태에 따라 목표 설정과 재테크 방법은 달라지기 때문이다. 이번 챕터의 목적은 '판단'이 아니라 '확인'이다. 앞으로 나올 자산 건강검진 표에 하나씩 정확히 입력해보자. 다음 챕터에서 항목별로 어떻게 소비를 컨트롤하고, 구조를 바꿀지 배울 예정이니 부담 없이 채우면 된다.

2. 자산 건강검진 7단계 따라가기

지금부터 7단계 자산 건강검진을 시작해보자. 자산의 정의도 어렵게 할 필요가 없다. 이 책은 사전적 정의보다 실용을 택한다. 지금 돈으로 바꿀 수 있는 모든 것 그리고 돈의 흐름을 구성하는 빚까지 넓게 본다. 현금, 예금, 보증금, 주식, 자동차, 노트북, 명품, 책 한 권까지 포함된다. 이제 7단계를 따라 자신의 재무 지도를 정밀하게 그려보자.

STEP 1. 통장과 카드 전수 조사 – 내 돈의 출입문부터 닫자

돈이 드나드는 문은 통장과 카드다. 급여 통장, 적금 통장, 자동 이체 통장, 나라사랑카드, 부모님이 어릴 때 만들어준 계좌, 대학교 입학 때 개설한 계좌, 이벤트로 만들고 잊어버린 증권 계좌까지 쌓이다 보면 어느새 수십 개가 된다.

문이 많을수록 흐름은 복잡해지고, 관리의 사각지대가 생긴다. 첫 단계의 목표는 내 이름으로 된 모든 통장과 카드를 한눈에 보기다. 종류, 은행명이나 카드사, 이름, 발급 이유, 현재 용도, 유지 필요 여부를 표로 정리한다.

종류 예시

입출금 통장, 체크카드, 신용카드, 직불카드, 적금 통장, CMA 통장, 토스 통장, 카뱅 통장, 국내주식계좌 통장, 미국주식계좌 통장, 펀드 통장, 기타

작성 방법: 카드와 통장 종류를 적는다. (종류 예시 참고하기) → 은행과 증권사명을 적는다. → 통장과 카드 이름을 적는다. → 왜 발급 혹은 개설했는지(급여/자동 이체/예적금/행사 등)를 기록한다. → 현재 용도를 구체적으로 쓴다. → 필요 유무 여부(예: 필요, 없애기)를 체크한다.

1 카드/통장

	종류	은행명	이름	발급 이유	용도	필요 유무
1	입출금 통장	우리은행	로얄블루	주거래	주거래	필요
2	체크카드	우리은행	우리 AA	학생증+계좌 연결	학생증	없애기
3						
4						
5						
6						
7						
8						
9						
10						

실제 내 재테크 강의를 들었던 수강생 중 한 명은 마이데이터 서비스를 이용해 본인의 카드와 통장을 모두 조회한 결과, 언제 만들었는지도 기억나지 않는 통장만 13개, 체크카드 8개, 신용카드 1개를 보유하고 있었다는 사실에 매우 놀랐다고 한다.

토스에서 마이데이터를 손쉽게 활용하는 방법

1. 토스 앱 실행하기
2. 화면에 있는 [내 자산] 혹은 [자산 추가] 클릭하기
3. "내 금융정보 한 번에 조회하기", "마이데이터 동의" 같은 안내 선택
4. 안내에 따라 먼저 은행, 카드, 증권 등 기관을 선택하고 본인 인증 및 정보 제공 동의 진행하기
5. 토스에 자동으로 들어온 내용 확인하기

더 놀라운 점은 그렇게 '잠자고 있던 통장'에서 적게는 몇천 원, 많게는 수십만 원의 잔액을 발견했다는 사실이다. 그는 "첫 번째 단계만 해봤는데, 내게 불필요한 카드와 통장이 얼마나 많은지 명확히 알게 됐다"고 말했다. 단순히 목록을 작성하는 과정이지만, 그 자체로 돈의 문단속이 시작되는 셈이다.

STEP 2. 자본 정리 — 내가 가진 돈의 전체 그림 보기

두 번째 단계는 자본, 즉 플러스 자산을 적는 일이다. 자본은 통장 속 돈만이 아니다. 지금 돈으로 바꿀 수 있는 모든 요소가 자산이다. 현금, 예금, 주식, 적금, 보험(해약환급금), 부동산 보증금, 심지어 미술품이나 명품 가방, 리셀용 나이키 신발 같은 실물까지 포함된다. 당근마켓에 올려 현금화할 수 있다면 자산이다.

실제로 수강생 중엔 송아지를 자본으로 넣은 사례가 있었다. 부모님의 추천으로 송아지를 구매했고, 성장과 번식으로 가치가 불어나는 구조였다. 돈이 될 수 있으면 자본으로 본다.

작성 방법: 자산의 종류, 금액, 내용 세 칸만 정확히 채운다. (예: 종류=주식, 금액=150만 원, 내용=S&P 500 ETF·삼성증권 계좌). 실물 자산은 '지금 팔면 받을 수 있는 시세'를 적는다. (예: 나이키 조던 15만 원)

2 자본

	종류	금액	내용
1	예금	1,000만 원	새마을금고 정기예금
2	주식	2,500만 원	미래에셋증권 계좌
3			
4			
5			
6			
7			
8			
9			
10			

작성을 돕기 위해 자산의 예시를 들어보면 다음과 같다.

카테고리	포함 항목	마이데이터 확인
현금성·예금성	현금/예금, 정기적금, CMA, 달러(외화 예금·현찰), 주택청약(청약 통장)	대부분 O, 현찰 X
증권형 투자	주식(국내), 주식(해외), 펀드	O
연금·세제계좌	퇴직연금(DC/DB), IRP, ISA	O
보험	보험(보장성·저축성·변액)	O
부동산·동산	부동산, 동산(자동차 등)	부동산: 부분 O(시세/등기 연동 한정), 자동차: O
대체·수집/실물	금, 보석, 미술품, 중고 명품	대개 X(수동 평가)
채권성·기타	보증금(전세·임차보증금 등), 빌려준 돈, 기타 자산	보증금 일부/기관별 상이, 나머지 대개 X

STEP 3. 부채(마이너스 자산) 기록 – 빚을 감추지 말자

세 번째 단계는 부채, 즉 마이너스 자산을 정리하는 일이다. 많은 사람이 "저는 빚 없어요"라고 말하지만 카드 할부를 빼먹는 경우가 많다. 할부도 빚이다. 부채에는 학자금 대출, 전세자금 대출, 신용대출, 자동차 할부, 친구에게 빌린 만 원까지 모두 포함한다. 금액만 적고 끝내면 전략이 서지 않는다.

작성 방법: 부채의 종류(학자금/전세자금/신용/카드 할부/자동차 등)를 적고, 상환 방법(원리금 균등/원금 균등/체증식/만기 일시)을 명시하며, 내용(대출 기관·상품명)을 기록한다. 최초 대출액과 남은 대출액, 금리(연%), 실행일, 월 상환액, 만기일을 모두 적는다. 작성이 끝나면 금리 높은 순서와 2금융권부터 우선 상환 표시를 해둔다. 이 또한 마이데이터 연결을 이용해 타행 대출까지 한 번에 조회가 가능하다.

3 부채

	종류	상환 방법	내용	최초 대출액	금리	남은 대출액	대출/할부 실행일	월 상환액	대출/할부 만기일
1	전세자금 대출	만기 일시 상환 (이자만 납부)	전세자금 대출	1억	3.05%	1억	2025.01.01	254,125원	2026.12.31
2	학자금 대출	체증식 상환	학자금 대출	4,200만 원	1.85%	1,100만 원	2017.03	236,000원	2030.12.31
3									
4									
5									
6									
7									
8									
9									

부가 정보

대출 상황 방식 비교

대출 상환에는 크게 4가지 방법이 있다. 원금 균등 상환, 원리금 균등 상환, 체증식 상환, 만기 일시 상환이다.

1. **원금 균등 상환**
   - 매달 같은 '원금'을 갚고, 이자는 남은 원금에 따라 줄어든다.
   - 처음엔 내는 돈이 많고, 나중엔 점점 줄어든다.
   - 예: 첫 달엔 60만 원, 마지막엔 40만 원 식으로 점점 감소한다.

2. **원리금 균등 상환 → 가장 많이 쓰이는 주택담보대출 방식**
   - 매달 갚는 '원금+이자 합계'가 항상 같다.
   - 초기에는 이자 비중이 많고, 시간이 갈수록 원금 비중이 늘어난다.
   - 예: 매달 50만 원씩 10년 동안 동일하게 내지만, 초반엔 이자 30만+원금 20만 → 후반엔 이자 5만+원금 45만처럼 구조가 바뀐다.

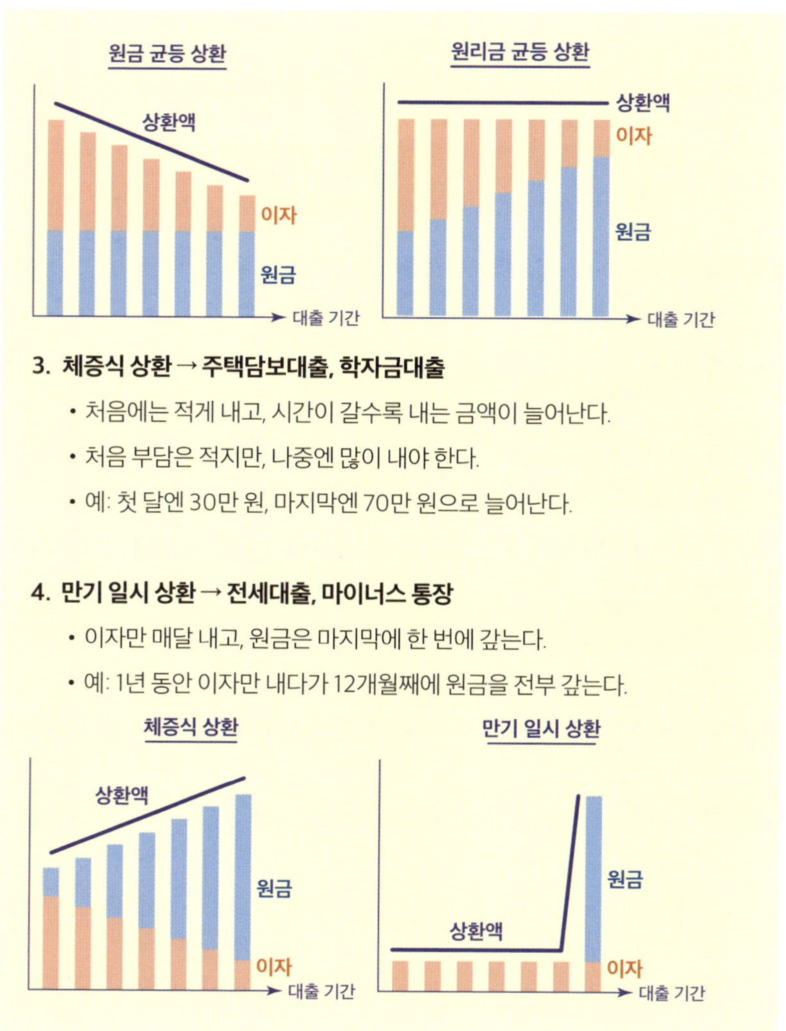

3. 체증식 상환 → 주택담보대출, 학자금대출

- 처음에는 적게 내고, 시간이 갈수록 내는 금액이 늘어난다.
- 처음 부담은 적지만, 나중엔 많이 내야 한다.
- 예: 첫 달엔 30만 원, 마지막엔 70만 원으로 늘어난다.

4. 만기 일시 상환 → 전세대출, 마이너스 통장

- 이자만 매달 내고, 원금은 마지막에 한 번에 갚는다.
- 예: 1년 동안 이자만 내다가 12개월째에 원금을 전부 갚는다.

STEP 4. 수입 파악 – 고정수입 + 부수입 = 진짜 월수입

네 번째 단계는 내가 매달 얼마를 벌고 있는지 수입을 정확히 알기다. 사람들 대부분은 '월급이 300만 원이다' 정도로 기억하지만, 세후 금액과 부수입까지 합친 실제 순수입을 알고 있는 사람은 많지 않다. 수입 파악은 단순히 금액을 확인하는 게 아니라, 앞으로의 지출 통제와 재테크의 기준이 된다.

내가 매월, 매년 정확히 얼마를 버는지 알아야 하는 이유는 2가지다. 첫째, 그래야 다음 단계에서 지출을 통제하고 투자 비율을 결정할 수 있다. 수입을 정확하게 파악해야 적금이나 주식, ETF 자동 이체를 계획적으로 운용할 수 있다. 둘째, 주택 구매나 신용대출 시 대출 한도가 결정되는 기준(DSR)이 수입이기 때문이다. 내가 얼마를 버는지, 그중 얼마가 고정적이고 얼마가 부수입인지에 따라 대출 가능 금액이 달라진다.

4 수입 직전 월 수입

	구분	내용	금액	입금일	은행/증권
1	월급	급여	300만 원	17일	하나은행
2	부업	네이버 블로그	10만 원	25일	국민은행
3					
4					
5					
6					
7					
8					
9					
10					

작성 방법: 구분, 내용(급여/상여/부업명/이자/배당/중고 판매 등), 금액(월·세후), 입금일, 입금 은행/증권사를 적는다. 급여는 세후(실제 세금을 떼고 내 통장에 찍히는 금액)로 작성한다. 이 표를 완성하면 월평균 순수입이 드러나고, 다음 순서에서 예산 세팅이 현실적으로 가능해진다.

DSR(총부채원리금상환비율, Debt Service Ratio)은 내가 벌어들이는 소득 중에서 대출 원리금 상환에 쓰이는 비율을 의미한다. 즉, 내 연간 소득 대비 원리금 상환 부담이 몇 퍼센트인지를 나타내는 지표다. 일반적으로 DSR이 40%를 초과하면 추가 대출이 어렵다. 예를 들어 연간 소득이 6,000만 원이라면, 연간 상환 가능한 원리금은 약 2,400만 원(월 약 200만 원) 수준이다. DSR 계산기를 통해 내 수입과 기존 대출 정보를 입력하면 대출 가능 금액을 즉시 확인할 수 있다.

STEP 5. 고정지출 점검 — 자동 이체되는 구독료를 조심해라

고정지출은 매달 정기적으로 빠져나가는 비용을 말한다. 월세, 통신 요금, 인터넷 요금, 보험료, 할부금 그리고 요즘 가장 빠르게 늘어나는 항목인 OTT 및 구독료가 모두 포함된다. 문제는 이런 돈이 대부분 카드 또는 자동 이체로 결제되기 때문에 체감이 거의 없다는 데 있다. 얼마나 자주 사용하는지와 관계없이 매달 일정 금액이 빠져나가는데, 이를 제대로 점검해본 사람은 많지 않다.

실제로 수강생들의 고정지출을 함께 분석하다 보면, 재테크를 시작하기 전까지는 자동 이체 내역을 꼼꼼히 들여다본 적이 거의 없다. 다음 32쪽 자료는 한 수강생의 실제 고정지출 표다.

전세자금 대출 이자, 월세, 통신비, 인터넷 요금, OTT, 구독료 등을 포함해 한 달에 약 87만 원이 자동 이체로 나가고 있었다. 이 중 가장 대표적인 항목은 휴대폰 요금, 인터넷 요금 그리고 OTT 서비스 구독료였다. 챗GPT, 쿠팡, 유튜브, 네이버 멤버십까지 모두 더하면 구독료만 20만 원이 훌쩍 넘는다.

구독 서비스의 가장 큰 함정은 '월 1만 원 정도니까 괜찮겠지'라는 생각이다. 하지만 이런 항목이 10개만 쌓여도 한 달에 10만 원, 20만 원이 꾸준히 새어나간다. 이런 지출은 나만의 문제가 아니었다. 내 주변 친구들도 마찬가지였다. 한 달에 구독료로 나가는 금액이 기본 10만 원 이상이었고, 어떤 친구는 음악 스트리밍, 넷플릭스, 챗GPT, 캔바 그리고 게임 정기 결제까지 포함해 30만 원을 넘겼다. 이런 고정지출은 한 번 걸어두면 관리 의식이 사라지고, 결국 '눈에 안 보이는 새는 돈'이 된다.

	목록	내용	출금 은행/카드	금액	출금일	이체 방법
1	대출 이자	전세자금대출 이자	기업	225,000	15일	통장 자동 이체
2	월세	월세(관리비 3만 원 포함)	토스뱅크	360,000	4일	수기납부
3	핸드폰 요금	핸드폰비	토스뱅크	82,680	11일	카드 자동 이체
4	도시가스	가스비 하계 2개월분	우리	31,670	15일	카드 자동 이체
5	전기세	전기세	우리	50,670	15일	카드 자동 이체
6	구독료	비데	우리	9,900	7일	카드 자동 이체
7	인터넷 요금	인터넷 + TV	우리	56,000	15일	카드 자동 이체
8	구독료	쿠팡로켓와우	롯데신용	4,990	12일	카드 자동 이체
9	구독료	GPT	현대	20,000	16일	카드 자동 이체
10	구독료	네이버 멤버십	현대	8,900	18일	카드 자동 이체
11	구독료	넷플릭스	현대	11,000	1일	카드 자동 이체
12	구독료	유투브 프리미엄	현대	15,900	19일	카드 자동 이체
계				−876,710		

예시 : 수강생이 제출한 고정지출 실제 사례

고정비 점검의 목적은 단순히 절약이 아니다. 내 돈의 흐름을 의식화하는 과정이다. 지금 사용하는 모든 자동 결제 항목을 표로 정리해보자. 매달 결제되는 항목을 구체적으로 적으면 생각보다 많은 '불필요한 비용'을 발견하게 된다.

작성 방법: 먼저 한 달간 빠져나간 자동 결제 내역을 카드·은행 앱에서 확인한다. 각 항목을 목록(지출 대상), 내용(용도), 출금 은행·카드사, 금액, 출금일, 이체 방법(카드 결제·자동 이체 등) 순서로 정리한다. 3개월치 내역을 확인하면 어떤 결제가 고정적으로 반복되고 있는지 정확히 파악할 수 있다. 이 중 3개월 이상 사용하지 않은 구독 서비스는 반드시 '해지'한다. 추가로 수강생이 작성한 표를 보면 고정지출의 출금일이 제각각이다. 카드 자동 결제는 특히 관리가 어렵기 때문에, 결제일을 통일하거나 별도의 자동 이체 전용 계좌로 분리해두는 방법도 좋다.

월급으로 1억 만들기

5 고정지출

	목록	내용	출금 은행/카드	금액	출금일	이체 방법
1						
2						
3						
4						
5						
6						
7						
8						
9						
10						

이 과정을 통해 '나의 한 달 고정비 구조'가 명확해진다. 어디에서 얼마나 나가고 있는지, 줄일 수 있는 부분이 어디인지 확인할 수 있다.

STEP 6. 변동지출 점검 ─ 내 월급은 왜 항상 스쳐 지나갈까? 범인 찾기

고정비를 제외한 모든 소비가 변동지출이다. 식비, 커피, 배달, 교통비, 쇼핑, 병원비, 문화생활 등 매달 금액이 달라지는 항목이 여기에 속한다. 이런 지출은 '습관적인 소비'이기 때문에 가장 관리가 어렵다. 또 다른 문제는 대부분의 사람들이 본인이 어디에 얼마를 쓰는지 정확히 모른다는 점이다.

한 수강생은 "별로 쓰지도 않았는데, 카드값이 100만 원이 넘어요"라며 하소연했다. 그래서 카드 사용 내역을 함께 분석해봤다. 결과는 명확했다. 가장 눈에 띄는 항목은 카페와 편의점 결제였다. 본인도 깜짝 놀랐다. 자기가 이렇게 자주 커피를 사고 편의점에 들르는 줄 몰랐다고 했다.

곰곰이 돌아보니 이유가 있었다. 회사 근처를 오가다 습관처럼 편의점에 들렀고, 그때마다 음료 하나, 간식 하나를 샀다. 금액은 몇천 원 정도였지만 한 달을 모아보니 수십만 원이었다. 카페도 마찬가지였다. 업무 전, 점심 후, 퇴근길마다 커피를 사마셨고, 한 달에 20만 원 이상을 카페에 쓰고 있었다.

그는 변동지출 점검을 통해 생활 습관을 바꾸기로 했다. 편의점은 의식적으로 끊고, 커피는 기존에 자주 찾았던 브랜드 대신 단가가 낮은 브랜드로 바꿨다. 단지 그 선택만으로 한 달에 20만 원 이상을 절약했고, 1년 동안 아낀 240만 원을 투자 자금으로 돌릴 수 있었다.

이런 사례는 변동지출 관리의 본질을 보여준다. '작은 습관'이 돈을 새게 만든다. 소비를 막연히 줄이려 하기보다, 먼저 카테고리별로 지출 패턴을 시각화해야 한다.

작성 방법: 카드 사용 내역을 엑셀이나 마이데이터 앱으로 내려받고, 지출을 5개의 카테고리로 분류한다. 먹는 것, 안 먹는 것, 문화생활, 타인을 위한 지출(3자 비용), 기타(병원비 등)이다. 카테고리별 월평균 금액을 계산한 뒤, 소비 상위 3개 항목에 별표를 표시한다. 그 옆에는 구체적인 대체 행동을 적는다. 예를 들어 '배달 주 3회 → 주 1회', '커피 하루 2잔 → 하루 1잔'처럼 실천 가능한 수준으로 설정한다. 이 과정을 통해 자신이 돈을 쓰는 패턴이 눈에 들어오기 시작한다. "나는 스트레스 받으면 카페로 간다", "주말 점심마다 배달을 시킨다" 같은 개인의 소비 습관이 드러난다. 이 단계의 목적은 나의 소비 패턴에 대한 인식이다. 인식이 행동을 바꾸고, 행동이 돈을 남긴다. 지금 내 카드값이 많다고 느껴진다면 무작정 '아껴야겠다'가 아니라 '무엇을, 얼마나, 왜 쓰고 있는가'를 확인해보자.

6 변동지출

	내용	금액
1		
2		
3		
4		
5		
6		
7		
8		
9		
10		

재리 꿀팁

나의 소비를 카드 사용 내역으로 쉽게 확인하자

내가 주로 사용하는 카드사 앱 검색창에서 부가세/카드이용/이용내역서 등의 키워드를 입력하면 쉽게 확인이 가능하다. 다음은 토스뱅크에서 내가 자주 사용하는 방법이다.

1. 토스뱅크에 들어가서 [은행 증명서 발급하기] 선택

2. [카드이용내역확인서] 선택

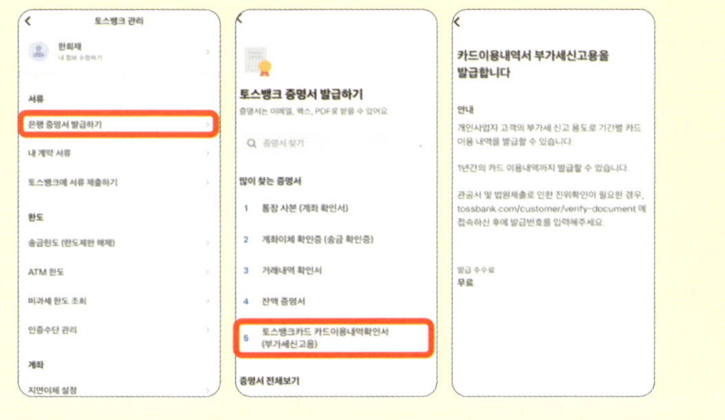

3. 발급 방법 선택하기

4. 기간 선택하기

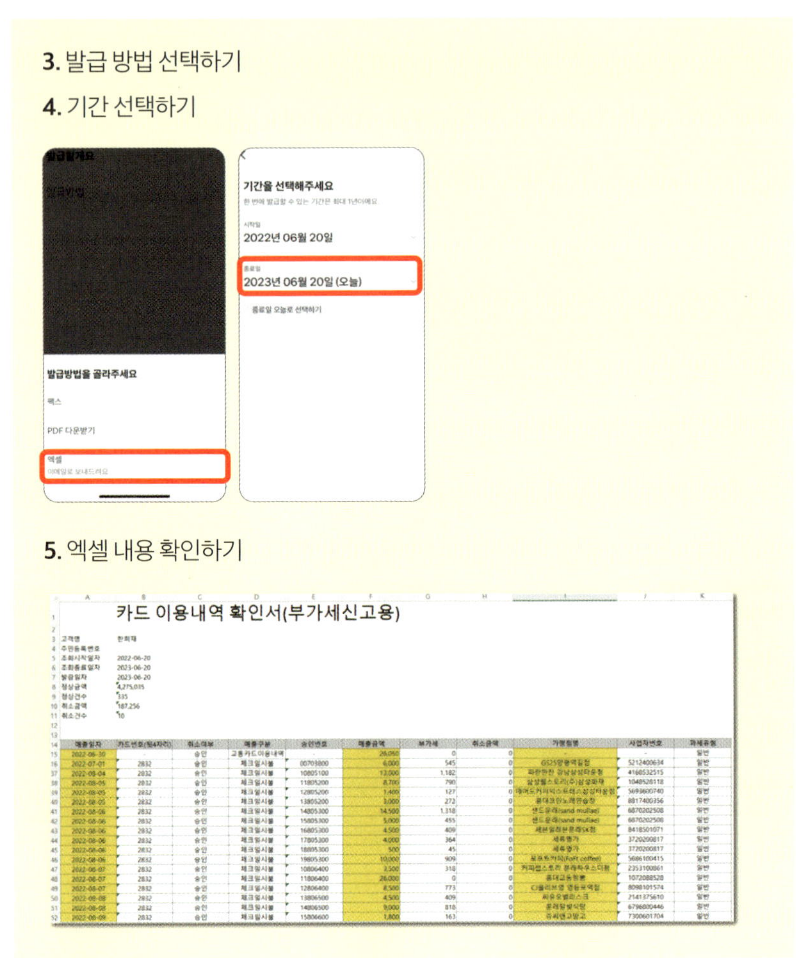

5. 엑셀 내용 확인하기

카드 이용내역 확인서(부가세신고용)

고객명	한희재
주민등록번호	
조회시작일자	2022-06-20
조회종료일자	2023-06-20
발급일자	2023-06-20
정상금액	4,275,035
정상건수	335
취소금액	187,256
취소건수	10

매출일자	카드번호(뒤4자리)	취소여부	매출구분	승인번호	매출금액	부가세	취소금액	가맹점명	사업자번호	과세유형
2022-06-30	-	승인	교통카드이용내역	-	26,050	0	0	-	-	일반
2022-07-01	2832	승인	체크일시불	00703800	6,000	545	0	GS25양촌역점	5212400634	일반
2022-08-04	2832	승인	체크일시불	10805100	13,000	1,182	0	파란만찬 강남삼성타운점	4160532515	일반
2022-08-05	2832	승인	체크일시불	11805200	8,700	790	0	삼성웰스토리(주)삼성화재	1048528118	일반
2022-08-05	2832	승인	체크일시불	12805200	1,400	127	0	매머드커피메가스프레스샹성타운점	5693600740	일반
2022-08-05	2832	승인	체크일시불	13805200	3,000	272	0	롯데크인노래연습장	8817400356	일반
2022-08-06	2832	승인	체크일시불	14805300	14,500	1,318	0	샌드무래(sand mullae)	6870202508	일반
2022-08-06	2832	승인	체크일시불	15805300	5,000	455	0	샌드무래(sand mullae)	6870202508	일반
2022-08-06	2832	승인	체크일시불	16805300	4,500	409	0	세븐일레븐문래SK점	8418501071	일반
2022-08-06	2832	승인	체크일시불	17805300	4,000	364	0	세류평가	3720290817	일반
2022-08-06	2832	승인	체크일시불	18805300	500	45	0	세류평가	3720290817	일반
2022-08-06	2832	승인	체크일시불	19805300	10,000	909	0	포트커피(Fort coffee)	5686100415	일반
2022-08-07	2832	승인	체크일시불	10806400	3,500	318	0	커피썹스토리 문래하우스디점	2353100861	일반
2022-08-07	2832	승인	체크일시불	11806400	26,000	0	0	롯데교통정봉	1072088528	일반
2022-08-07	2832	승인	체크일시불	12806400	8,500	773	0	CJ올리브영 강능보역점	8098101574	일반
2022-08-08	2832	승인	체크일시불	13806500	4,500	409	0	씨유오벨리스크	2141375610	일반
2022-08-08	2832	승인	체크일시불	14806500	9,000	818	0	문래달빛식당	6796800446	일반
2022-08-09	2832	승인	체크일시불	15806600	1,800	163	0	쥬씨앤고방고	7300601704	일반

STEP 7. 연말정산 내역 확인 – 세금도 자산이다

마지막 단계는 세금이다. 연말정산은 단순히 '세금 돌려받기'가 아니다. 내가 면제 받은 세금 항목을 정확하게 분석하고, 올해 세금을 최대한 돌려받기 위해 점검하는 필수 과정이다. 대부분의 사람들은 연말정산을 하지만, 구체적으로 어느 항목에서 얼마를 환급받았는지, 어떤 공제를 놓쳤는지 모른다. 연말정산 내역을 꼼꼼히 확인하면 절세 전략의 방향이 명확해진다.

전년도 연말정산 내역 발급 방법

1. 회사 재무팀 혹은 회계팀에게 요청하거나, 회사 홈페이지에서 연말정산 내역 다운로드하기
2. 홈텍스에서 근로소득원천징수영수증 다운로드하기(39쪽 꿀팁 확인)

홈택스에서 근로소득원천징수영수증을 내려받았다면 반드시 두 번째 장을 확인하자. 여기에서 내가 어떤 항목에서, 얼마를 공제받았는지 정확히 알 수 있다. 38쪽 예시를 보면 40번 항목 '주택청약종합저축'에서 480,000원의 소득공제를, 69번 항목 '월세액'에서 419,253원의 세액공제를 받은 것을 확인할 수 있다.

이처럼 항목별로 내가 얼마를 돌려받았는지 점검하는 과정이 바로 '내가 어떤 절세 수단을 이미 활용하고 있는가'를 파악하는 출발점이다. 지금 바로 전년도 연말정산 내역을 다운받아 항목별로 공제받은 금액을 표시하고, 공제를 못 받은 항목은 체크해두자. 그리고 그 빠진 항목을 기준으로 올해 연말정산 절세 전략(연금저축, 보험, 월세, 기부금 등)을 세워보면 된다.

아직은 시작 단계라 세액공제, 소득공제 같은 용어가 헷갈릴 수 있다. 뒤에 나올 'Part 3. 모으기'에서 용어 설명과 항목별 세부 전략을 다룰 예정이니, 지금은 부담 갖지 말고 항목 이름과 금액만 확인해두자.

자산 건강검진은 단순한 기록이 아니다. 내 돈의 지도를 그리는 과정이다. 이 과정을 마치면 내 자산이 어디에 있고, 어디로 새는지 선명해진다. 표를 채우다 보면 "통장이 이렇게 많았나?", "고정비

IV 정산명세					금액
종합소득공제	연금보험료공제	㉜ 공적연금보험료공제	㉮ 공무원연금	대상금액	0
				공제금액	0
			㉯ 군인연금	대상금액	0
				공제금액	0
			㉰ 사립학교 교직원연금	대상금액	0
				공제금액	0
			㉱ 별정우체국연금	대상금액	0
				공제금액	0
	특별소득공제	㉝ 보험료	㉮ 건강보험료(노인장기요양보험료포함)	대상금액	1,327,230
				공제금액	1,327,230
			㉯ 고용보험료	대상금액	278,809
				공제금액	278,809
		㉞ 주택자금	㉮ 주택임차차입금원리금상환액	대출기관	0
				거주자	0
			㉯ 장기주택저당차입금이자상환액 2011년 이전 차입분	15년 미만	0
				15년~29년	0
				30년 이상	0
			2012년 이후 차입분(15년 이상)	고정금리이거나 비거치상환 대출	0
				그 밖의 대출	0
			2015년 이후 차입분 15년 이상	고정금리이면서 비거치상환 대출	0
				고정금리이거나 비거치상환 대출	0
				그 밖의 대출	0
			10년~15년	고정금리이거나 비거치상환 대출	0
	㉟ 기부금(이월분)				0
	㊱ 계				1,606,039
㊲ 차감소득금액					19,883,670
그 밖의 소득공제	㊳ 개인연금저축				0
	㊴ 소기업·소상공인 공제부금				0
	㊵ 주택마련저축소득공제	㉮ 청약저축			0
		㉯ 주택청약종합저축			480,000
		㉰ 근로자주택마련저축			0
	㊶ 투자조합출자 등				0
	㊷ 신용카드 등 사용액				4,214,741
	㊸ 우리사주조합 출연금				0
	㊹ 고용유지 중소기업 근로자				0
	㊺ 장기집합투자증권저축				0
	㊻ 그 밖의 소득공제 계				4,694,741
㊼ 소득공제 종합한도 초과액					0

세액공제					금액
연금계좌	㊽ 「근로자퇴직급여 보장법」에 따른 퇴직연금			공제대상금액	0
				세액공제액	0
	㊾ 연금저축			공제대상금액	2,474,641
				세액공제액	0
	㊾-1 ISA계좌 만기시 추가납입액			공제대상금액	0
				세액공제액	0
특별세액공제	㊿ 보험료	보장성		공제대상금액	1,000,000
				세액공제액	120,000
		장애인전용 보장성		공제대상금액	0
				세액공제액	0
	51 의료비			공제대상금액	0
				세액공제액	0
	52 교육비			공제대상금액	0
				세액공제액	0
	53 기부금	㉮ 정치자금 기부금	10만원 이하	공제대상금액	0
				세액공제액	0
			10만원 초과	공제대상금액	0
				세액공제액	0
		㉯ 「소득세법」 제34조 제2항 제1호의 기부금		공제대상금액	0
				세액공제액	0
		㉰ 우리사주조합 기부금		공제대상금액	0
				세액공제액	0
		㉱ 「소득세법」 제34조 제3항 제1호의 기부금 (종교단체 외)		공제대상금액	0
				세액공제액	0
		㉲ 「소득세법」 제34조 제3항 제1호의 기부금 (종교단체)		공제대상금액	0
				세액공제액	0
	54 계				120,000
	55 표준세액공제				0
56 납세조합공제					0
57 주택차입금					0
58 외국납부					0
59 월세액				공제대상금액	3,585,540
				세액공제액	419,253
70 세액공제 계					1,198,339
71 결정세액(49-54-55)					0
81 실효세율(%) (72/21) × 100					0.0

자료: 근로소득원천징수영수증 2쪽

가 이렇게 크다고?", "스트레스 받으면 쿠팡 결제부터 누르는구나", "커피를 생각보다 자주 사 마시네", "모임이 많아 외식이 과하구나" 같은 패턴이 보인다.

지금 자산 건강검진을 시작하고, 이 과정을 반드시 끝까지 마친 뒤 다음 단계로 넘어가자. 그게 1억 원을 모으는 가장 빠른 첫걸음이다. 이 모든 과정을 마쳤다면, 자연스럽게 다음 챕터에서 소비를 통제하고 돈이 새지 않는 구조를 만드는 방법으로 이어진다.

연말정산 내역(근로소득원천징수 영수증) 확인하는 방법

연말정산 내역을 쉽고 편리하게 확인하는 방법을 알아보자. 생각보다 쉽고 간단하게 확인할 수 있다. 이를 통해 자산을 모으는 밑바탕을 단단하게 다질 수 있다.

1) 홈텍스 로그인

홈텍스(www.hometax.go.kr) 접속 후 공동인증서 또는 간편인증

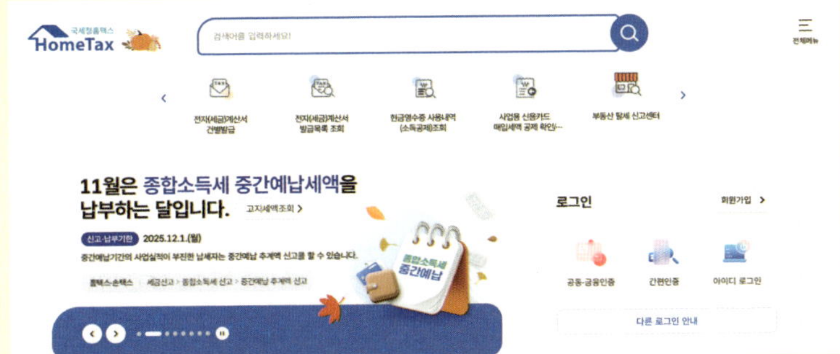

2) '근로소득원천징수영수증' 검색

상단 검색창에 "근로소득원천징수영수증" 입력 후 돋보기🔍 선택 → "[나의 소득 연말정산] 지급명세서(원천징수 내역_등) 조회" 선택

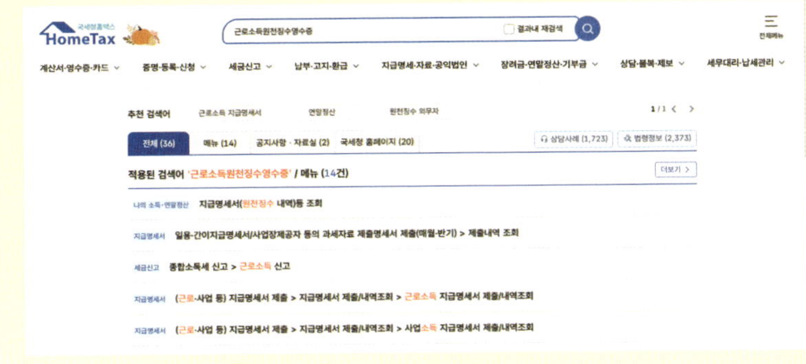

3) 연말정산 내역 조회

조회하고자 하는 귀속년도를 확인하고 같은 줄에 있는 [보기] 선택 (전년도 연말정산의 경우 2024년 선택)

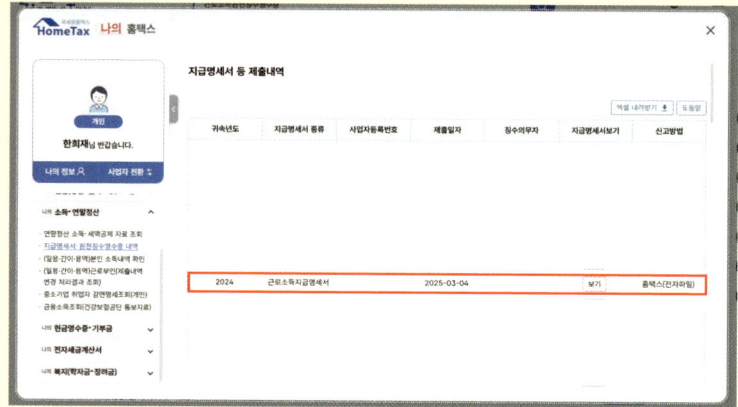

4) 원천징수영수증 확인 및 발급

조회된 근로소득원천징수영수증 내용 확인 후 필요시 출력 또는 PDF 저장 가능

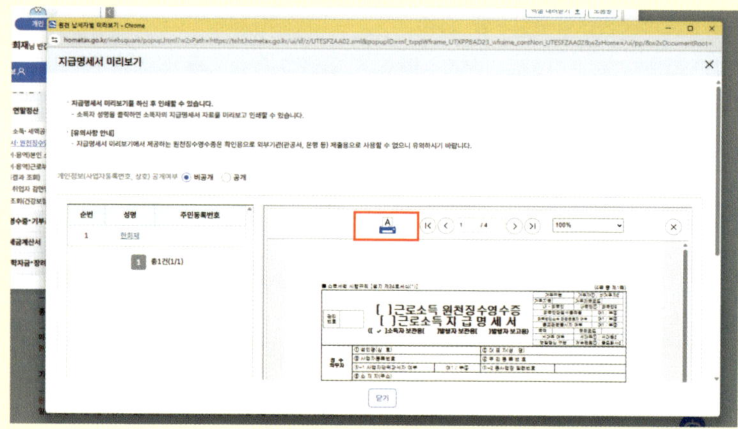

핵심 요약 & 액션 플랜

- 자산 건강검진은 재테크의 첫 단추다.
- 7단계: 통장·카드 정리 → 자본 파악 → 부채 기록 → 수입 점검 → 고정비 점검 → 변동비 점검 → 연말정산 확인 순서로 진행한다.
- 마이데이터 서비스를 활용해 자동으로 점검하고, 자산 건강검진을 최대한 완벽하게 끝낸다.
- 연말정산 내역서를 통해 내가 어디에서 세금을 환급받았는지, 어떤 항목에서 공제를 놓쳤는지 반드시 확인한다.

CHAPTER 2.

2개의 카드와
4개의 통장

앞에서 자산 건강검진으로 통장과 카드를 모두 정리했다면, 이제는 이를 토대로 소비를 통제하고 돈이 새지 않는 구조를 세팅하는 단계다. 이 단계의 핵심은 카드와 통장을 줄이고 올바른 소비로 이끄는 데 있다. 불필요한 카드는 과감히 정리하고, 신용카드 1장과 체크카드 1장만 남겨 고정비와 생활비를 완전히 분리한다. 이 구조만 잡아도 어디에 얼마나 쓰는지가 눈에 들어오기 시작한다. 여기에 더해 카드 발급 시 제공되는 페이백·캐시백 혜택을 전략적으로 활용하면, 매달 몇십만 원 수준의 '추가 수입'도 만들 수 있다. 단순히 절약이 아니라, 돈이 새는 구조를 설계 단계에서 차단하는 과정이다.

1. 불필요한 카드 정리하고, 필수 카드 선정하기

혹시 '신용카드 무한 루프'라는 말을 들어본 적 있는가? 월급이 들어오자마자 지난달 카드값이 통장에서 빠져나가고, 잔고가 0원이 된 뒤 다시 신용카드를 쓰기 시작하는 악순환을 말한다.

여러 사람의 재무 상태를 상담해보면, 생각보다 많은 사람이 이 신용카드 무한 루프에 빠져 있다. 왜 이런 일이 벌어질까? 이유는 의외로 단순하다. 카드가 너무 많고, 소비 컨트롤이 되지 않아 할부의 늪에 빠지기 때문이다.

많은 수강생이 묻는다. "그럼 신용카드를 아예 없애야 하나요?" 그럴 때마다 나는 똑같이 답한다. "신용카드는 필요하다. 다만 제대

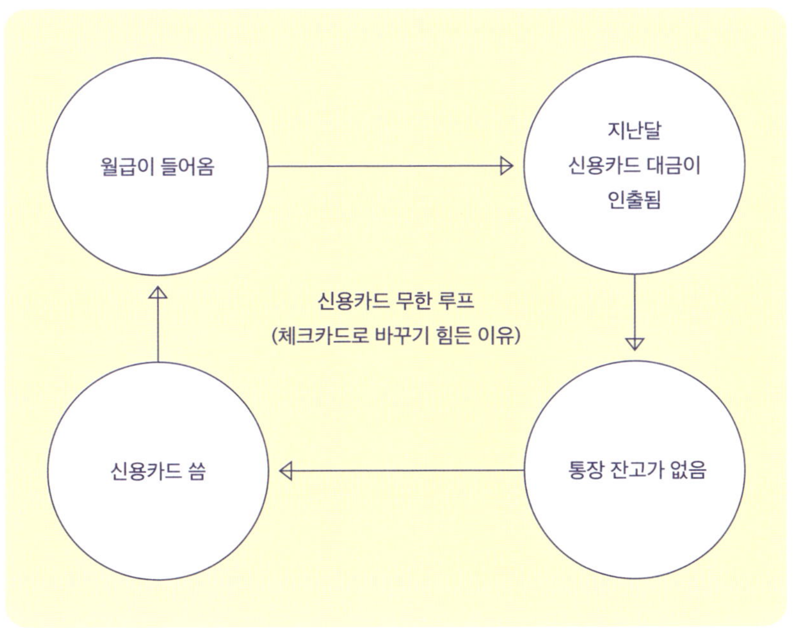

문제는 신용카드 그 자체 아니라 소비를 통제할 수 없는 구조에 있다. 월급은 300만 원인데 신용카드 한도가 500만 원이면, 사람들은 그 500만 원 전부를 ‘내 돈’처럼 느끼며 무분별하게 쓰기 쉽다. 나 역시 신용카드 한도가 1,000만 원이지만, 한도의 30%도 써본 적이 없다. 다시 한 번 강조하지만, 정말 중요한 기준은 카드 한도가 아니라 카드를 어떻게 세팅하고, 어떤 습관으로 쓰느냐이다.

2. 체크카드 1장, 신용카드 1장이면 충분하다

먼저 자산 건강검진에서 정리한 ‘카드와 통장’ 항목을 다시 본다. 여기에서 신용카드 1장, 체크카드 1장씩 고른다. 그리고 남은 카드는 모두 없앤다. 이렇게 말하면 그 자리에서 카드를 잘라버리지만, 온라인 페이로 사용하는 사람들이 있다. 카드는 단순히 잘라버리기만 해서는 끝나지 않는다.

삼성페이·카카오페이·토스페이·애플페이 등 모바일에 등록된 카드까지 모두 삭제해야 하고, 카드사 앱에 들어가 카드 자체를 완전 해지해야 한다. (참고로 카드사 앱에서 카드를 해지하면 등록된 모바일 페이는 자동으로 사용할 수 없다.) 내 수강생들도 이 과정을 실제로 꼭 인증하고 있다.

그럼 어떤 카드를 고르면 좋을까? 혜택, 브랜드, 디자인까지 아무거나 상관없다. 자기 마음에 드는 카드를 고르면 되는데, 나는 대한

자료: 카드 없애기를 인증한 수강생의 사례

항공 마일리지가 적립되는 체크카드와 신용카드를 추천한다. 실제로 대한항공 마일리지 적립 카드를 사용하고 있고, 카드 사용만으로 28만 대한항공 마일리지를 모았다. 미국·유럽 왕복 이코노미석을 타는 데 7만 마일리지가 필요하니, 카드만 써도 유럽을 4번 다녀올 수 있는 셈이다. 덕분에 베트남과 태국 출장 때는 비즈니스석으로

자료: 내가 실제로 사용하는 카드

업그레이드해서 다녀왔다.

이처럼 수강생들도 각자 생활 방식에 맞는 카드를 선택했다. 여행을 좋아하는 사람은 나처럼 항공 마일리지 카드를, 넷플릭스나 유튜브 같은 OTT 서비스를 자주 이용하는 사람은 OTT 할인 카드를, 아이를 키우면서 쿠팡을 자주 쓰는 사람은 쿠팡·배달앱 할인 카드를 선택했다.

나는 이런 카드를 고를 때 주로 '카드고릴라' 같은 카드 비교 사이트를 활용한다. 원하는 혜택(항공, OTT, 배달, 주유 등)을 중심으로 필터를 걸어보면 나에게 맞는 카드를 찾기 수월하다. 다만 카드 혜택에만 눈이 멀어서는 안 된다. 카드는 어디까지나 결제 수단이고, 덤으로 내가 자주 쓰는 영역에서 혜택을 조금 더 챙기는 정도면 충분하다. 혜택 조건이 지나치게 복잡하거나, 혜택을 받기 위해 오히려 소비를 늘려야 한다면 좋은 카드가 아니다.

정말 중요한 기준은 '이 카드가 내 소비 습관과 맞는가'이다. 결국 카드는 단순한 소비 수단이 아니라, ==내 자산을 효율적으로 관리하기 위한 도구==여야 한다.

자료: 카드 비교 사이트 '카드고릴라'

   월급으로 1억 만들기

사람들이 카드를 잘 없애지 못하는 이유

"이 카드는 통신비가 3만 원이나 할인돼요." "이건 주유소 할인 카드라서요." 카드를 줄이자고 하면 이런 말이 꼭 나온다. 하지만 우리가 기억해야 할 사실은 카드사도 기업이라는 점이다. 기업은 절대 손해를 보는 구조로 상품을 만들지 않는다.

카드사의 혜택은 보통 최대 이용금액의 3% 안팎에서 설계된다. 즉, 100만 원을 써야 3만 원을 돌려받는 구조다. 그것도 '최대' 기준일뿐, 실제로 약관에 적힌 혜택을 끝까지 다 누리는 사람은 많지 않다. 게다가 요즘은 카드사 수익성이 나빠지면서 혜택도 점점 줄어드는 추세다. 결국 우리는 작은 혜택을 받겠다고 더 많이 소비하면서, 카드사가 설계해둔 마케팅 구조 안에서 움직이고 있을 뿐이다.

같은 혜택이라도 우리가 카드사를 이용하는 쪽으로 판을 다시 짜야 한다. 우리가 이 책을 읽는 이유는 카드 할인을 몇천 원 더 받으려고가 아니라, 돈을 더 버는 구조를 만들기 위해서다. 카드는 그저 단순한 결제 수단일 뿐이다. 카드 실적을 채우려고 시간과 에너지를 쓰지 말고, 그 힘을 재테크 공부와 자산을 불리는 일에 써야 한다. 카드를 줄이는 행위는 단순한 절약이 아니라, 내 시간과 에너지를 '돈이 되는 일'로 옮기는 작업이다.

월 50만 원 벌어가는 신용카드 페이백 전략

카드를 발급받을 때 카드사 앱에 들어가서 바로 신청하는가? 앞으로는 절대 그렇게 하지 말자. 카드사들은 신규 고객을 모으기 위해 신규 발급 시 현금 페이백 이벤트를 상시로 진행한다. 예전에는 일명 '카드 이모님'이 직접 찾아와 방문 발급을 해주고 20~30만 원을 챙기는 경우가 많았지만, 지금은 방식만 온라인으로 바뀌었을 뿐 구조는 비슷하다. 이제는 카드고릴라, 네이버, 카카오, 토스 같은 플랫폼을 통해 신청만 잘해도 예전과 비슷한 수준의 혜택을 온라인으로 받을 수 있다. 카드 발급은 무조건 "어디에서 신청하느냐"까지 계산해서 움직여야 한다.

조건은 간단하다. 신규 발급 후 일정 금액(대부분 10~30만 원)을 사용하면 현금·네이버 포인트·토스 포인트 등으로 페이백을 받을 수 있다. 그 포인트는 생활비나 생필품 구매에도 쓸 수 있고, 주식에 투자하면 딱이다.

1. 네이버 페이

네이버 페이에 들어가 [추천 카드]를 클릭하면 [인기 카드 모아보기]에서 내가 원하는 카드를 고를 수 있다. 먼저 카드사를 선택하고, 그다음에는 주유, 쇼핑, 카페, 여행처럼 원하는 항목을 골라 원하는 카드를 골라보자.

2. 토스

토스 앱에서 오른쪽 하단의 [전체]를 클릭하고 [모든 서비스] 항목에서 [카드]를 클릭하면 된다. [신용카드 만들기]를 클릭하고 [직접 찾기]에서 골라보자.

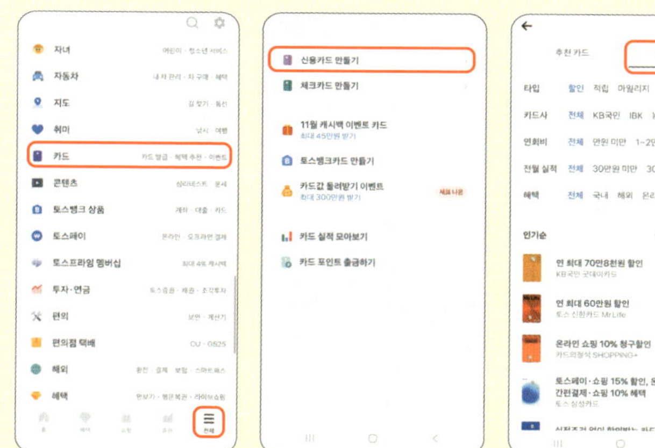

나는 캘린더에 카드별로 '발급일-실적 기간-해지 예정일'을 기록한다. 실적 조건을 채우고 페이백을 받으면 카드를 해지하고, 다른 카드로 옮겨가는 체리피커 전략을 쓴다. 관리비, 통신비, 보험료 등 고정비를 연결하면 실적 채우기도 훨씬 쉽다. 30분만 투자하면 몇십만 원을 벌 수 있다. 광고 클릭으로 2원, 3원을 버는 앱테크보다 훨씬 효율적이다. 이렇게만 해도 한 달 20~30만 원, 1년에 200만 원 이상은 충분히 가능하다. 돈은 이렇게 버는 것이다.

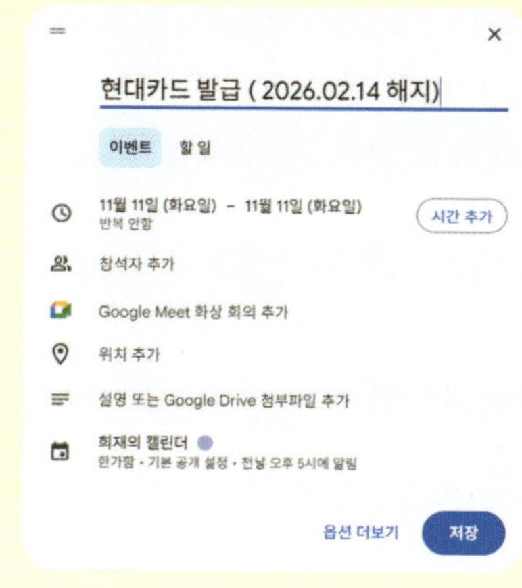

3. 카드 쪼개기 및 전용 통장 세팅
―고정비는 신용, 생활비는 체크

이제 신용카드 1장과 체크카드 1장을 각각 다른 통장에 연결한다. 신용카드는 고정비용, 체크카드는 생활비용 전용이다.

나는 현대카드 대한항공 마일리지 카드를 국민은행 통장(고정비)에, 토스 체크카드를 토스뱅크 통장(생활비)에 연결해 사용하고 있다. 이렇게 세팅해두면 월세, 통신비, 보험료 같은 고정비는 국민은행 통장에서만 빠져나가고, 식비·교통비·쇼핑 등 변동비는 토스뱅크 통장에서만 빠져나간다. 자연스럽게 고정비와 생활비가 철저히 분리되고, 소비 통제도 훨씬 쉬워진다.

왜 신용카드에 고정비를 연결하느냐고 묻는다면 이유는 3가지다. 첫째, 혜택을 챙기기 위해서고, 둘째, 신용점수를 관리하기 위해서며, 셋째, 오히려 소비를 더 잘 통제하기 위해서다.

신용점수를 유지하려면 일정 수준의 신용카드 사용 이력이 필요하다. 소득공제만 놓고 보면 체크카드가 더 유리하지만, 우리는 어차피 소득공제를 '최대로 받을 만큼' 소비하지 않을 계획이다. 이 정도 소비 규모에서는 카드 종류가 큰 의미가 없다. 대신 신용점수는 신용카드 사용으로 쌓인다.

살다 보면 신용카드가 꼭 필요한 순간도 있다. 이때 신용카드를 써도 되지만, 분명한 원칙이 있다. 결제일 이전에 전액 상환하고, 할부는 절대 금지다. 큰 금액을 결제할 일이 생기면 신용카드로 긁고, 그날 바로 갚는다. 나 역시 새 아파트에 입주할 때 가전 비용 2,000만 원을 카드로 결제했지만, 다음 날 바로 상환했다. 이렇게 하면 마일리지 같은 카드 혜택은 챙기면서도, 소비는 끝까지 통제할 수 있다. 앞으로 우리에게 할부는 없다. 돈은 있는 만큼만 쓴다. 절대 잊지 말아야 할 원칙이다.

4. 추가 통장 세팅하기

여기까지 하면 자연스럽게 고정비 통장과 생활비 통장이 생긴다. 이제 여기에 수익 통장과 비상금·기념일 통장을 더하면 완벽하다. 수익 통장은 월급, 부업 수입, 이자와 같이 들어오는 돈 전용 통장이다.

비상금 통장은 갑작스러운 병원비나 긴급한 상황에 대비하고, 기념일 통장은 여행, 선물, 생일 같은 특별한 소비를 위해 사용한다. 나는 비상금과 기념일 통장을 하나로 합쳐 관리한다.

비상금 통장은 이자가 높은 CMA나 파킹 통장을 추천한다. 여기서 CMA 통장과 파킹 통장은 비슷하지만 약간의 차이가 있다. CMA 통장은 증권사에서 만든 통장으로, 통장에 돈을 넣어두면 그 돈을 증권사가 단기 투자 상품에 굴려 이자를 주는 방식이다. 하루만 맡겨도 이자가 붙고, 입출금도 자유롭다. 파킹 통장은 은행에서 만든 통장으로, 이름 그대로 '돈을 잠시 세워두는 주차장' 같은 개념이다. 남는 돈을 넣어두면 일반 통장보다 이자를 더 주고, 필요할 때 바로 뺄 수 있다. 둘 다 단기 자금을 보관하기 좋은 통장으로, '잠시 맡겨도 이자가 붙는 통장'이라고 이해하면 쉽다.

많은 사람이 통장을 1~2개만 쓰면서 돈의 흐름을 헷갈리는데, 이제부터는 목적에 맞게 통장을 나누고, 각 통장에 '역할'을 부여해야 한다.

종류	내용
수익 통장	월급과 부업 등 각종 수입 통장+은행별 급여 통장 개설 추천
고정비 통장	신용카드 사용 금액과 고정비 출금 통장 (*고정비를 신용카드로 빠져나가게 하면 혜택도 받고 편리하다.)
생활비 통장	한 달 동안 사용하는 변동비 관련 돈이 빠져나가는 통장 (*내가 쓸 체크카드와 연동해둔 통장)
비상금 통장	비상 상황을 대비하는 용도이며 CMA로 만들기 (*연봉의 10~30%를 비상금으로 가지고 있으면 좋다.)
기념일 통장	부모님 용돈, 지인 생일 등 특별한 날 지출을 위한 통장 (*비상금 통장과 함께 사용해도 무방하다.)
마이너스 통장	선택 사항

1) 수익 통장 – 들어오는 돈 전용 통장

팁: 월급이 들어오면 바로 자동 이체로 다른 통장으로 분배되도록 설정해두자. 이 부분은 월급 가계부 파트에서 자세히 알아보겠다. 예를 들어, 월급일이 25일이라면 다음 날인 26일에 비상금·생활비·저축 통장으로 자동 이체를 걸어두면 관리가 훨씬 편하다.

월급, 부업 수입, 이자 등 모든 수입이 들어오는 통장이다. 수익 통장은 오직 '입금용'으로만 사용해야 하며, 지출을 위한 자동 이체나 카드 결제를 연결하지 않는다.

은행별로 급여 통장을 개설하면 금리 우대나 각종 혜택을 받을 수 있다. 다만 우리가 사용하는 수익 통장은 돈이 들어오면 즉시 각기 다른 통장으로 돈을 쪼갤 예정이기 때문에 이자 등에는 신경 쓰지 않아도 된다.

2) 고정비 통장 – 나가는 돈이 일정한 통장

월세, 관리비, 통신비, 보험료 등 매달 고정적으로 빠져나가는 지출용 통장이다.

신용카드 결제일에 맞춰 자동 이체를 걸어두면 관리가 수월하다. 고정비는 어차피 매달 나가는 돈이므로, 하나의 통장에 모아두는 편이 깔끔하다.

3) 생활비 통장 – 매일 쓰는 체크카드와 연결된 통장

식비, 교통비, 간식비 등 일상적인 소비를 관리하는 통장이다. 체크카드와 연결해

두고, 한 달 예산만큼만 입금해둔다. 이 돈이 떨어지면 더 이상 쓰지 않는다는 규칙을 세우면 자연스럽게 소비를 통제할 수 있다.

4) 비상금 통장 – 돌발 상황에 대비하는 통장

병원비, 자동차 수리비와 같이 급작스럽게 발생하는 소비를 위해 항상 비상용으로 보관하는 통장이다.

통장은 CMA 통장이나 파킹 통장을 활용하면 좋다. 나는 주로 토스 파킹 통장을 사용하고 있는데, 25년 11월 기준으로 약 1.6%의 이자를 준다. 돈이 들어오면 넣었다가 주식을 매수하거나 필요할 때는 빼서 사용한다. 또 하나 활용하는 통장은 빗썸 예치금 통장이다. 파킹통장과 비슷한 통장인데 국민은행과 제휴되어 있으며, 연 2.2%(2025년 10월 기준) 이자를 매일 지급받는다. 가입 시 7만 원 지급 같은 이벤트도 자주 열리고 입출금도 편해 이용하고 있다.

5) 기념일 통장 – 특별한 날을 위한 소비 통장

생일, 기념일, 부모님 선물, 여행 등 계획된 소비를 위한 통장이다.
매달 소액씩 자동 이체해두면, 필요할 때 부담 없이 사용할 수 있다.
비상금 통장과 함께 사용해도 무방하다.

6) 마이너스 통장 – 선택 사항

꼭 필요한 경우에만 활용한다. 사업 자금이나 급한 상황에서만 사용
하고, 상환 계획이 명확할 때만 개설하자.

통장 세팅 체크리스트

항목	점검 내용	은행명	완료 여부
☑ 수익 통장	월급, 부업 수입이 한 통장으로 들어오고 있나요?		☐
☑ 고정비 통장	월세·관리비·보험 등 고정지출이 이 통장에서 자동 이체로 빠져나가나요?		☐
☑ 생활비 통장	생활비 용도로만 따로 예산을 세워 입금해두었나요?		☐
☑ 비상금 통장	CMA나 파킹 통장 중 하나를 개설하고 10~30% 비상금을 보관 중인가요?		☐
☑ 기념일 통장	여행, 선물 등 특별한 날을 위한 통장을 따로 만들었나요?		☐
☑ 자동이체 설정	월급일 다음 날에 자동으로 각 통장에 이체되도록 설정했나요?		☐
☑ 카드 연동 점검	생활비 통장에는 체크카드, 고정비 통장에는 신용카드를 연결했나요?		☐

5. 남은 통장은 모두 해지해야 할까

마지막으로 카드를 정리했으니 통장은 어떻게 해야 할까? 통장은 해지하지 말자.

보이스 피싱 등 금융사기 방지를 위해 한 금융사에서 계좌를 개설하면 약 한 달간 다른 금융사에서 신규 계좌를 만들 수 없다. 예를 들어 오늘 국민은행에서 통장을 개설하면 다른 은행이나 증권사에서 한 달간 신규 개설이 제한된다. 또 신규 계좌는 일정 기간 이체 한도가 100만 원 이하로 제한되기도 한다. 따라서 기존 통장은 혹시 모를 상황을 대비해 그대로 두자.

이렇게 우리는 똑똑한 소비를 하기 위해 카드 2개와 통장 4개의 세팅을 완성했다. 이 구조만 잡아도 복잡한 금융 관리가 단순해지고, 돈이 모이기 시작한다. 수강생들도 이 구조만 적용했을 뿐인데 한 달 평균 20만 원에서 30만 원 가까이 불필요한 지출이 줄일 수 있었다. 그 돈을 투자로 돌리자 1년 후엔 300만 원 가까이 남았다.

돈은 많이 버는 사람이 아니라 흐름을 통제하는 사람에게 쌓인다. 오늘 바로 신용카드 1장, 체크카드 1장만 남기고, 통장을 4개로 쪼개자. 이 단순한 구조가 당신의 첫 1억 원을 만드는 출발점이 된다.

핵심 요약 & 액션 플랜

- 신용카드 1장, 체크카드 1장만 남기고 나머지는 완전 해지한다.
- 신용카드는 고정비용(통장 A), 체크카드는 생활비용(통장 B)으로 분리한다. 수익 통장(C)·비상금/기념일 통장(D)을 추가해 4개의 통장 구조를 완성한다.
- 2카드·4통장 구조만으로 소비를 통제하고, 남는 돈을 투자로 돌린다.

CHAPTER 3.

신용점수 관리는
부자가 되는 첫걸음

재테크를 하기로 마음먹은 순간부터 돈을 잘 빌리는 능력, 즉 신용점수 관리는 필수이다. 같은 1억 원을 빌려도 누군가는 연 2%라는 저렴한 대출 이자가 붙고, 누군가는 연 20%라는 비싼 이자가 붙는다. 이번 챕터에서는 신용점수는 무엇이고 어떻게 관리해야 하는지 알아보자. KCB와 NICE의 차이, 신용점수가 실제로 쓰이는 장면, 절대 하면 안 되는 3가지와 반드시 해야 할 3가지, 마이데이터의 '신용점수 올리기' 버튼까지 지금 바로 적용 가능한 방법을 빠짐없이 정리한다.

1. 대출 이자를 줄이는 실전 전략 — 신용점수의 핵심 역할

돈을 잘 모으는 일만큼 돈을 잘 빌릴 수 있는 능력이 중요하다. 보통 집을 살 때 100% 현금으로 결제하는 사람은 거의 없다. 우리는 보통 주택담보대출, 즉 은행에서 돈을 빌리는 대출을 활용해 집을 산다. 나 역시 부동산을 매수할 때 주택담보대출을 활용했다.

보금자리론이나 디딤돌대출 같은 정부 혜택성 대출을 제외하면 주택담보대출은 우리가 받을 수 있는 대출 중 이자가 가장 싸고, 사업을 하는 경우가 아니라면 인생을 통틀어 개인이 빌리는 가장 큰 금액이기도 하다. 이때 신용점수가 높을수록 대출 이자는 더 낮아지고 대출 가능한 금액은 커진다.

재테크 강의를 하다 보면 신용 관리를 잘하지 못해 신용불량자가 되거나, 신용점수가 낮아 신용대출부터 카드 발급까지 모든 금융 수단이 막혀 크게 고민하는 사람들을 종종 만난다. 결론은 명확하다. 신용점수 관리는 부자로 가는 첫걸음이다.

나는 핀테크 스타트업에서 신용점수를 관리·분석하는 팀과 리스크 관리(대출 연체자 관리)팀에서 약 1년간 일한 경험이 있다. 그 경험을 바탕으로 신용점수가 무엇이고, 어떻게 쓰이며, 어떻게 관리해야 하는지 솔직하게 알려주겠다.

2. 은행이 우리에게 돈을 빌려주지 않는 이유

일론 머스크가 어느 날 국민은행에 가서 "지금 10억 원을 빌려주면 한 달 뒤 20억 원으로 갚겠다"고 제안하면 어떨까? 내가 국민은행 대표라면 돈을 빌려줄 가능성이 높다. 이유는 단순하다. 갚을 수 있다는 신뢰가 있기 때문이다.

반대로 내가 똑같이 말하면 어떨까? 은행은 나를 정신이 이상한 사람으로 취급하지 않을까 싶다. 왜냐하면 내가 누구인지도 모르고 돈을 갚을 수 있는지 판단할 수 없기 때문이다. 이게 바로 신용이다. 그럼 은행에서 우리 같은 일반인이 돈을 잘 갚을 수 있을지 어떻게 판단할 수 있을까?

이때 은행이 가장 먼저 보는 정보가 신용점수다. 물론 직장, 연봉, 재산 등 여러 요소를 살펴보지만, "이 사람이 돈을 빌리면 제때 갚을 수 있는가?"를 판단할 때 신용점수를 가장 중요한 기준으로 본다. 즉 신용점수가 낮으면 아무리 연봉이 높고 재산이 많더라도 대출을 받기가 어렵다.

3. 생각보다 신용점수 활용처는 다양하다

신용점수는 주택담보대출·전세보증금 대출·자동차 할부 같은 규모가 큰 대출은 물론, 신용카드 발급·휴대폰 개통·보험 가입에도 모두 활용된다. 가끔 길을 가다 보면 휴대폰 매장에 붙은 '신용불량자

개통 가능'이라는 문구를 볼 수 있다. 이 말은 곧 신용불량자는 일반적인 방법으로는 휴대폰 개통이 어렵다는 뜻이다.

신용점수는 취업에도 영향을 미친다. 특히 공기업·금융권·대기업 채용공고를 자세히 보면 '해외여행 결격사유가 없는 자'라는 문구가 자주 등장한다. 출입국관리법(제4조) 및 시행규칙(제6조의2), 출국금지업무처리규칙(제3조) 등에 따라 대통령령으로 정한 금액 이상의 세금을 정당한 사유 없이 체납하면 출국이 금지될 수 있기 때문이다. (국세·관세 체납 5,000만 원 이상, 지방세 체납 3,000만 원 이상) 즉, 세금을 체납해도 신용불량자가 되며, 연체 이력은 신용점수를 크게 떨어뜨린다.

우리가 생각하는 범위보다 훨씬 많은 곳에서 신용점수가 쓰인다. 평범하게 생활하고, 취업하고, 재테크를 하려면 신용점수 관리는 선택이 아니라 필수다.

4. 신용점수의 기본 이해 — 정의, 체계, 은행 기준

신용점수는 개인의 신용 상태를 나타내는 숫자다. 과거에는 신용을 1~9등급 체계로 나눴는데, 지금은 0점부터 1,000점까지 점수제로 더 세밀하게 본다. 숫자가 높을수록 유리하고, 1,000점은 매우 우수한 신용을 뜻한다. 은행권 대출의 체감 기준으로는 1금융권(국민·신한·우리은행 등)에서 대출을 받으려면 통상 850점 이상을 요구하는 경우가 많다. 은행마다 신용점수별 대출 조건과 한도는 다르다.

참고로 경기가 나빠져 정부가 대출 문턱을 높이는 시기에는 900점 이상이어도 대출을 받기가 어려울 때도 있다.

신용평가기관별 신용점수 등급 비교표

등급	NICE	KCB
1등급	900 - 1000점	942 - 1000점
2등급	870 - 899점	891 - 941점
3등급	840 - 869점	832 - 890점
4등급	805 - 839점	768 - 831점
5등급	750 - 804점	698 - 767점
6등급	665 - 749점	630 - 697점
7등급	600 - 664점	530 - 629점
8등급	515 - 599점	454 - 529점
9등급	445 - 514점	335 - 453점
10등급	0 - 444점	0 - 334점

5. 신용점수 확인 방법 — 마이데이터로 1분 점검

신용점수는 어떻게 확인할까? 신용점수는 토스, 네이버, 카카오페이 등 마이데이터 서비스에서 바로 확인할 수 있다. 앱에 접속해 본인 인증만 하면 현재 점수와 변동 이력, 개선 팁까지 한 번에 볼 수 있다.

1) 토스에서 확인하기

토스 앱을 열고 홈 화면에서 [내 신용점수]를 클릭하면 점수를 곧바로 확인할 수 있다. 토스에서는 [내 점수 원인 알아보기]를 통해 신용점수에 긍정 영향 3개와 부정 영향 3개도 확인할 수 있다.

2) 네이버에서 확인하기

네이버에서 [N pay]에 들어가서 [신용점수]를 클릭하면 신용점수를 확인할 수 있다.

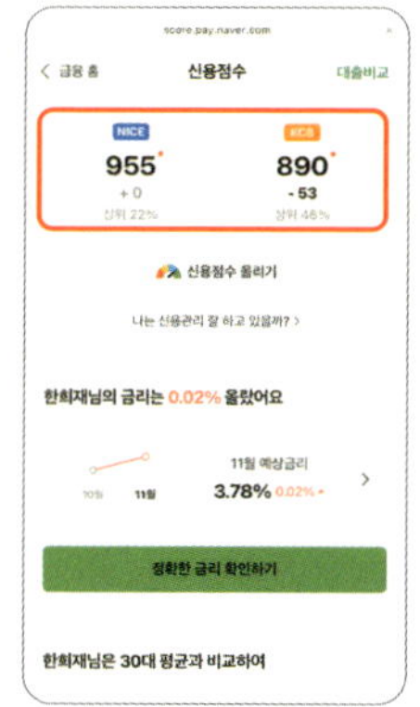

3) 카카오에서 확인하기

카카오 페이에서 [신용관리]를 클릭하면 신용점수를 확인할 수 있다.

6. KCB와 NICE의 차이 — 왜 점수가 다르게 나올까

신용점수를 조회해보면 KCB와 NICE 2개의 점수가 나온다. KCB 와 NICE는 우리나라의 대표적인 신용평가기관이다. 사람들이 가전 제품을 살 때 보통 삼성전자나 LG전자를 떠올리듯, 신용점수를 매 기는 기관 중에서는 KCB와 NICE가 대표적이라고 이해하면 된다.

신용점수를 조회하면 99% 이상 KCB와 NICE의 점수가 다르게 나온다. 그 이유는 두 회사가 신용점수를 평가할 때 항목과 가중치 를 다르게 적용하기 때문이다. 수강생 중에는 100점 이상 차이가 나 는 사례도 있었다.

신용점수 항목별 차이	KCB	NICE
상환 이력 정보	21%	30.6%
신용 거래 형태	38%	29.7%
부채 수준	24%	26.4%
신용 거래 기간	9%	13.1%

월급으로 1억 만들기

KCB는 개인이 위험한 신용대출을 몇 개 빌렸는지를 가장 중요하게 본다. 예를 들어 1금융에서 대출받으면 안전, 2금융과 3금융으로 가면 위험한 대출로 판단한다. 리스크를 감수하고 돈을 빌릴수록 위험하다고 본다.

대출이라면 금리가 높을수록, 신용카드라면 할부나 현금서비스를 많이 그리고 자주 사용할수록 위험하다고 평가할 수 있다. 반대로 금리나 리스크가 낮은 대출을 이용하고, 체크카드를 지속적으로 이용한다면 신용점수에 긍정적인 요인으로 작용할 수 있다. 특히 수강생들을 분석한 결과 신용카드 이용 같은 신용거래 기간이 상대적으로 긴 사람이 KCB 신용점수가 높게 나타났다.

반면 NICE는 연체 이력·상환 이력과 밀리지 않고 꾸준히 빚을 갚을 수 있는지를 가장 중요하게 본다. 요금·카드값을 밀리지 않고 냈다면 유리하다. 그렇기 때문에 대출이 많아도 연체가 없다면 신용점수가 높을 수 있다는 점이 KCB와 NICE의 가장 큰 차이다.

재리 꿀팁

KCB와 NICE 가운데 하나만 선택해서 관리해야 할까?

1. 은행에서는 KCB와 NICE 점수와 함께 다른 금융 정보(소득, 자산 등)를 더해 종합적으로 대출을 심사한다. 그래서 2가지 모두 잘 관리해야 한다.

2. 실제로 현장에 있는 대출 담당자들 이야기를 들어보면 1,000점 만점자보다 900점대의 건강한 이력을 선호하는 경우가 있다고 한다. 대출을 한 번도 안 받아본 완전무결한 이력보다 1금융 대출을 적정 수준으로 쓰고 매달 성실히 갚아온 기록이 은행 입장에서는 더 신뢰할 수 있기 때문이다.

참고로 대출을 받으면 신용점수가 떨어지는데, 1금융에서 받으면 보통 50점 이내, 2금융에서 받으면 200점까지 빠지는 사례가 있다. (이는 추정치이며, 2금융 중에서도 정부 혜택성 혹은 단체 주택담보대출 등은 영향이 적을 수 있다).

7. 신용점수가 높으면 뭐가 좋을까
— 낮은 이자와 높은 대출한도

대학생 때 친구 A와 B가 만 원을 빌린 적이 있었다. A는 다음 날 원금과 함께 고맙다며 바나나 우유를 건넸고, B는 한 달 뒤에 겨우 원금만 갚았다. 며칠 뒤 두 사람이 5만 원을 또 빌려달라고 했고, 나는 A에게만 빌려줬다.

은행도 똑같다. 잘 갚는 사람에게 더 많이, 더 싸게 빌려준다. 극단적으로 비교해보자. 1억 원을 연 2%로 빌리면 연 이자 200만 원, 연 20%라면 연 이자 2,000만 원이다. (이자제한법상 현행 대한민국 법정 최고금리는 연 20%). 같은 1억 원인데 이자가 연 1,800만 원 차이가 난다.

신용점수를 관리해야 하는 이유가 여기에 있다. 금융회사는 자선기관이 아니다. 리스크가 낮은 고객에게 낮은 금리를 제공한다. 그래서 신용점수는 소득 못지 않게 중요하다.

8. 신용점수를 위해 절대 하지 말아야 할 3가지

첫째, 연체하지 마! — 숫자 5를 기억하자

통신비, 공과금, 대출 이자, 세금 같은 생활 밀착형 비용 연체는 신용점수에 가장 빠르게 반영된다. 우리나라에서는 각 금융기관이 연체 정보를 정부 금융망에 의무적으로 보고하도록 되어 있어, 보고가 늦어지면 금융사가 제재를 받는다. 이 때문에 연체 정보는 즉시 KCB·NICE 같은 신용평가사로 공유된다.

다만 많은 금융사는 고객 부담을 줄이기 위해 영업일 기준 5일(주말 포함 약 7일) 안에 납부하면 '정상 납부'로 처리해 신용점수가 깎이지 않도록 운영하는 경우가 일반적이다.

나도 목돈을 쓰던 시기에 잔액 부족으로 은행에서 독촉 문자를 받은 적이 있지만, 5영업일 내 전액 납부해 문제없이 넘어갔다. 이 기한을 넘기면 연체 정보가 공유되어 신용도 하락과 대출 거절로 이어진다. 절대 5일을 넘겨서는 안 된다.

연체 기간별 상황 정리

연체 기간	상황
5일 이내	• 문자 안내 발송 • 당일 바로 갚으면 연체 기록 없음 • 단, 과거 연체 이력이 많으면 카드사에서 바로 전화
5일 초과	• 신용카드 정지 • 연체 정보 금융사 공유 → 신용점수 하락 • 모든 카드사에서 한도 축소 또는 정지 • 독촉 전화 및 문자가 쏟아짐
2~4주	• 제도권 대출(은행, 카드 대출) 이용 어려움 • 추심부서 전환 → 가족에게 연락 갈 가능성 있음 • 카드사로부터 지급명령서, 압류 경고 * 2~4주: 사람마다 지급명령서 오는 시기가 다를 수 있음
90일 이상	• 신용불량자, 채무불이행자 등록 • 계좌·급여·자동차 등 재산 압류 • 신용기록, 취업, 대출 전면 제한
해지 후	• 완납해도 5년간 연체 기록 남음 • 신용점수 회복 어려움 • 카드 재발급, 대출 거절 등 불이익 지속

둘째, 2금융권에서 대출하지 마! ― 가능하면 무조건 피하자

1금융은 국민·신한·우리 같은 시중은행과 토스뱅크·카카오뱅크·케이뱅크 같은 인터넷전문은행을 말한다. 2금융은 캐피탈·저축은행·증권사·카드사·신협·새마을금고·지역농협 같은 상호금융 등이고, 3금융은 흔히 드라마에서 보던 대부업·사채 시장을 가리키는 말이다.

대부분 1금융에서 거절되면 2금융, 더 나아가 3금융으로 이동하면서 금리는 계단식으로, 때로는 기하급수적으로 상승한다. 신용평가에서는 1금융이 아닌 고금리 2금융 대출 사용 이력을 '상대적으로 위험이 큰 신호'로 보는 경향이 있어, 다른 조건이 같다면 신용점수에 불리하게 작용할 수 있다. 앞으로 대출은 가능하면 1금융에서, 계획을 세운 뒤 최소한만 이용하자.

셋째, 현금서비스·카드론 하지 마! ― 신용점수와 금리에 모두 치명적

현금서비스와 카드론의 가장 큰 차이는 상환 기간이다. 현금서비스는 소액을 단기간 빌리는 구조이고, 카드론은 더 큰 금액을 여러 달에 걸쳐 분할 상환하는 장기대출이다.

하지만 두 상품의 공통점이 더 중요하다. 둘 다 신용카드 한도 안에서 받는 '고금리 대출'이며, 신용점수에 매우 불리하게 작용한다는 점이다. 급하게 돈이 필요하다면 카드론·현금서비스부터 누르지 말고, 1금융권 마이너스 통장, 비상금 대출 같은 대안을 먼저 찾자. 이쪽이 금리도 훨씬 낮고, 신용점수에도 상대적으로 안전하다.

퀴즈 1. 은행별 한도와 금리는 같을까? → 정답 X

은행마다 금리와 한도 산정 방식이 다르고, 주거래 은행이라고 반드시 유리하지도 않다. 여러 은행을 직접 방문해 비교하거나, 네이버·카카오·토스·핀다 같은 대출 비교 서비스를 활용해 최저 금리·최대 한도를 찾자.

퀴즈 2. 같은 은행이라면 1월과 12월 대출 금리와 한도가 같을까? → 정답 X

은행 대출은 시기에 따라, 정부 정책에 따라 민감하게 바뀌며 달라진다. 일반적으로 상반기(3월·6월)가 프로모션이 많고 한도 소진이 덜해 조건이 유리한 경우가 잦다. 지점별 연간 한도가 정해져 있어 연말로 갈수록 한도 소진으로 까다로워질 수 있다. 대출을 받을 예정이라면 연초에 받아보자.

9. 신용점수를 위해 적극적으로 해야 할 3가지

첫째, 체크카드를 꾸준히 사용하자

통장 잔액 안에서만 사용하니 과소비 리스크가 낮다. 일부 평가사에서는 6개월 넘게 꾸준히 일정 금액 이상을 체크카드로 사용하면 최대 40점 가점을 주기도 한다. 게다가 소득공제 혜택과 소비 습관 교정에도 유리하다.

둘째, 신용카드 한도는 올리고, 사용률은 30% 이하로 한다

신용카드는 없애는 게 답이 아니다. 잘 쓰면 신용점수 관리에 도움이 된다. 한도 상향 자체는 긍정적이다. 만약 300만 원에서 1,000만 원으로 한도를 상승한다면 좋다. 다만 이용률은 30% 이하로 유지하고, 결제일에는 전액 상환한다. 신용평가회사에서는 한도 100만 원에서 100만 원을 다 쓰는 사람보다 한도 1,000만 원에 100만 원만 쓰는 사람이 돈 관리가 잘된다고 평가한다.

셋째, 지금 당장 점수 올리기

토스·네이버·카카오페이의 신용점수 화면 하단에는 '신용점수 올리기' 버튼이 있다. 그동안 성실히 납부한 관리비·통신요금 등을 연동해 한 번 인증하면 1분 안에 점수가 올라간다. 실제 수강생 중에는 한 번에 100점 이상 오른 케이스도 봤다. 몰랐다면 지금 당장 확인해보자.

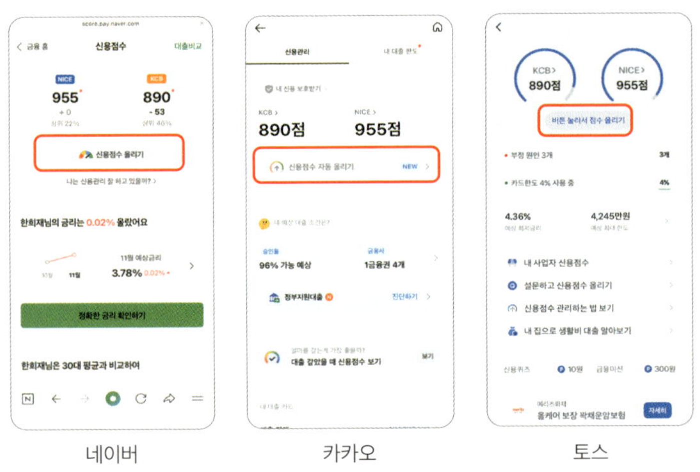

| 네이버 | 카카오 | 토스 |

이제 우리에게 신용점수 관리는 필수다. 자동 이체일에 잔액을 맞춰 연체되지 않는 습관, 1금융 중심으로 대출 받기, 카드 한도 상향과 이용률 30% 관리, 큰 결제의 즉시 상환 같은 작은 행동의 반복이

신용점수가 된다. 신용점수가 오르면 대출 금리는 내려가고 한도는 올라간다는 점을 잊지 말자. 우리는 더 적은 이자를 내고 남은 금액으로 재테크를 해야 부자가 될 수 있다.

핵심 요약 & 액션 플랜

- 신용점수는 대출 금리·한도·승인을 좌우하는 가장 중요한 지표다.
- 하지 말아야 할 3가지: 연체(영업일 5일 이내 처리), 2금융권 대출(가능하면 1금융만), 카드론·현금서비스(점수와 금리 모두 악영향)
- 해야 할 3가지: 꾸준한 체크카드 사용(일부 평가사 가점·소득공제), 신용카드 한도 상향·이용률 30% 이하·결제일 전액 상환, 큰 결제 즉시 상환(할부 금지).

Part 1 부록 :
소비 습관 개선 처방전, 마이 소비 체크리스트

소비 습관을 개선하는 방법으로 '마이 소비 체크리스트'를 제안한다. 똑똑한 소비를 위해 이번 달에 하지 않을 행동과 꼭 할 행동을 합쳐 6가지 정도 정해두고, 매일 지켰는지 체크해보자.

우리는 몇천 원 아끼려고 여러 쇼핑몰을 돌아다니며 가격 비교를 해본 적이 많다. 그런데 똑같은 시간과 에너지를 쓰면서 몇십, 몇백, 심지어 몇천만 원까지 아끼고 벌 수 있는 방법이 있다면, 여전히 몇천 원 할인에만 집착하는 게 과연 합리적일까?

이제 우리의 목표는 아주 심플해야 한다. 무조건 돈을 안 쓰는 것이 아니라, 돈을 잘 쓰는 것이다. 그 시작은 '지출 중에서 가장 아까운 부분'을 찾고, 이를 평소에 지키는 비소비 기준으로 삼는 일이다. 예를 들어 다음과 같은 나만의 소비 원칙을 만드는 것이다.

- "할인이라는 이유만으로 당장 사용하지 않을 물건은 사지 않겠다."
- "약속 때문에 억지로 카페에 가지 않겠다."

돈을 아끼는 일 자체보다 어디서 돈을 아껴야 하는지 정확히 아는 것이 더 중요하다. 그래야 진짜 필요한 곳에 쓸 수 있는 여유도 생기고, 나만의 기준도 선명해진다.

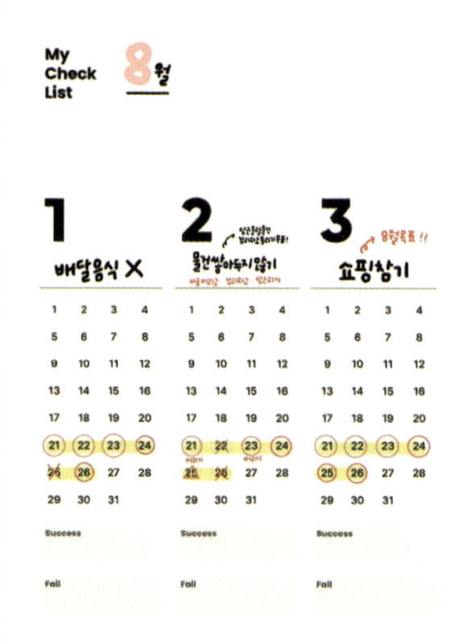

작성 방법

1. 실천 항목 6가지를 작성한다 : 소비를 줄이기 위해 내가 하지 않을 행동 3가지와 꼭 해야 할 행동 3가지로 정한다. (예: 쇼핑하기 전 10초 멈춰 생각하기, 배달 음식을 시키지 않기, 택시 타지 않기, 매일 가계부 기록하기 등)

2. 매일 지킨 항목을 체크한다 : 하루가 끝날 때 각 항목을 보며 O, X로 표시하고, 실천 여부를 스스로 피드백한다.

3. 한 달 뒤 결과를 정리한다 : 한 달간의 성공(Success) 일수와 실패(Fail) 일수를 집계하고, 어떤 습관이 잘 지켜졌는지, 무엇을 개선할지 돌아본다.

PART 2.

쓰기

CHAPTER 1.

쉽게 이해하는 연말정산과 100% 환급법

연말정산은 '세금을 돌려받는 재테크'다. 대부분의 직장인은 매달 급여에서 세금을 미리 떼고 세후 금액으로 받기 때문에, 정확한 세금은 연말에 다시 계산해야 한다. 연말정산은 대략 예상해서 먼저 징수한 세금과 진짜 세금 차이를 확인하고 정산하는 과정이다. 즉, 내가 미리 낸 세금이 많으면 환급받고, 덜 냈다면 추가로 납부하는 절차다. 이번 챕터에서는 복잡하게 느껴지는 연말정산을 쉽고 실전적으로 풀어보려 한다. 나 역시 사회초년생 시절엔 연말정산이 어렵게 느껴졌다. 하지만 구조를 이해하고 나니, 이는 단순히 세금을 공부하는 게 아니라 '내 돈을 되찾는 일'이었다.

1. 세금을 되돌려받는 구조를 알아야 대비가 가능하다

많은 사람이 연말정산에서 돌려받는 돈에 관심을 두지만, 정작 연말정산이 무엇인지, 왜 환급을 받거나 추가 납부를 하게 되는지는 잘 모른다. 연말정산은 신용카드를 많이 썼다고 해서 무조건 돈을 돌려주는 제도가 아니다.

직장인은 매달 급여에서 소득세를 미리 떼이는데, 1년에 한 번 실제 소득과 지출, 자녀 유무, 부모 부양 여부, 월세 거주 여부, 기부금 등 여러 요소를 반영해 다시 계산한다. 이때 내가 낸 세금이 실제보다 많았다면 환급을 받고, 적게 냈다면 추가로 더 내야 한다. 대부분 직장인은 2월 월급에 그 결과가 반영되어 돌려받거나 공제 처리된다. 사업자와 프리랜서는 다음 해 5월에 종합소득세 신고를 통해 정산하는데, 기본 구조는 직장인의 연말정산 방식과 거의 같다.

그럼 먼저 직장인이 받는 급여명세서를 살펴보자. 여기에서 우리가 눈여겨볼 부분은 공제내역이다. 보통 공제내역에는 국민연금, 건강보험, 고용보험, 장기요양보험료, 소득세, 지방소득세가 있다.

국민연금, 건강보험, 고용보험, 장기요양보험은 근로자와 회사가 함께 부담하고, 사업자나 프리랜서는 전액을 본인이 부담한다. 우리가 연말정산을 통해 실제로 돌려받는 돈은 미리 낸 소득세와 지방소득세다. 국민연금, 건강보험료 등은 세금을 줄여주는 공제 항목이지, 그 자체를 돌려주지는 않는다. 연말정산의 구조를 정확히 이해하고 미리 전략적으로 준비하면, 부담해야 할 세금을 줄이거나 경우에 따라 거의 전액을 환급받을 수도 있다.

2025년 08월분 급여명세서

| 회사명 : | | 지급일 : | |

| 사원코드 : | 사원명 : | 생년월일 : |
| 부 서 : | 직 급 : | 호 봉 : |

연장근로시간	야간근로시간	휴일근로시간	통상시급(원)	

(단위, 원)

지 급 내 역	지 급 액	공 제 내 역	공 제 액
기본급	4,000,000	국민연금	90,000
		건강보험	70,900
		장기요양보험료	9,180
		소득세	195,960
		지방소득세	19,590
		공 제 액 계	385,630
지 급 액 계	4,000,000	차인지급액	3,614,370

(단위, 원)

계산방법		
구분	산출식 또는 산출방법	지급액

귀하의 노고에 감사드립니다.

급여명세서 용어 이해하기

- **국민연금**: 노후를 대비하는 공적연금 보험료다. 직장인은 의무적으로 가입하고 납부해야 한다. 국민연금 보험료율은 소득의 9%이고, 이 중 절반은 회사, 절반은 근로자가 부담한다. 따라서 실제로 내가 내는 금액은 월급의 4.5%다.
- **건강보험:** 병원 진료비와 약값을 줄여주는 의료비 보장 항목이다. 우리가 비교적 저렴한 비용으로 병원을 이용할 수 있는 이유가 바로 건강보험 때문이다. 건

강보험료는 월급의 7.09%가 부과된다. 이 역시 회사와 근로자가 반반씩 부담한다.

- **장기요양보험:** 고령이나 질병 등으로 돌봄이 필요한 노인을 위한 보험료다. 건강보험료에 12.95%가 추가로 부과되는 구조다.
- **고용보험:** 실직했을 때 일정 기간 동안 소득을 보전해주고, 재취업을 위한 직업 훈련·고용지원 서비스를 제공하기 위한 보험료다. 쉽게 말해 '실업급여 + 재취업 지원'을 위해 미리 적립해두는 돈이다. 회사와 근로자가 함께 부담하며, 근로자는 월급의 일정 비율을 고용보험료로 납부한다.
- **소득세**: 국가에 납부하는 세금이다. 내가 번 근로소득에 대해 부과되는 국세다.
- **지방소득세**: 지방자치단체에 납부하는 세금이다. 소득세의 10%를 별도로 지방세로 내는 구조다.

2. 소득세를 왜 다시 계산할까

정부는 국민에게 세금 혜택을 주고, 동시에 세금을 공평하게 걷기 위해 연말정산 제도를 운영한다.

예를 하나 보자. 똑같은 나이, 똑같은 시기에 같은 회사의 같은 팀에 연봉 5,000만 원으로 입사한 A와 B가 있다. A는 70세 어머니를 모시고 월세에 살고 있다. 내 집 마련을 위해 청약 통장에 꼬박꼬박 돈을 넣고, 노후 대비를 위해 연금저축펀드에도 일정 금액을 납입한다. 반면 B는 부모님과 함께 살며, 버는 대로 대부분 소비하는 편이다.

이때 두 사람의 소득세는 같을까? 정답은 '같다'이다. 연봉이 같다면 매달 급여에서 원천징수되는 소득세는 동일하게 빠져나간다. 회사는 매달 우리 월급에서 여러 세금을 떼어 대신 국가에 납부하고,

우리는 그 세금을 제외한 금액을 받는다. 이를 원천징수라고 한다. 왜 이렇게 할까?

첫째, 정부는 세금을 빨리 확보해야 한다. 1년이 다 지나고 나서 "이제 세금 내세요"라고 했을 때 사람들이 늦게 내거나 안 내버리면 국가 운영에 차질이 생긴다. 알아둘 상식 하나, 세금은 웬만한 것보다 항상 먼저 떼어간다.

둘째, 회사는 개인의 사정을 알 수 없다. 누가 부모를 부양하는지, 월세에 사는지, 청약이나 연금저축에 얼마나 넣는지, 카드값을 얼마나 쓰는지 모른다. 그래서 일단 연봉에 맞춰 모두에게 같은 기준으로 소득세를 매달 먼저 떼고, 1년에 한 번 각자의 상황을 반영해 '진짜 내야 할 세금'을 다시 계산한다.

바로 이것이 연말정산의 시작이다. 연말정산에서 A는 어머니 부양, 월세, 청약, 연금저축 등으로 각종 공제를 받아 세금을 돌려받을 가능성이 크고, B는 상대적으로 공제 항목이 적어 환급이 적거나 오히려 더 낼 수도 있다.

3. 연말정산의 공식 ― 연봉, 공제, 세율, 세액공제

주변에서 찾아보면 연말정산 과정이 굉장히 복잡하게 설명돼 있지만, 우리는 표 한 장으로 단순하게 이해하면 된다.

연말정산은 먼저 연봉에서 비용(기본공제, 카드 사용 금액, 주택담보대출 이자 등)을 빼면 최종 수익이 나온다. 이게 바로 나의 1년 과

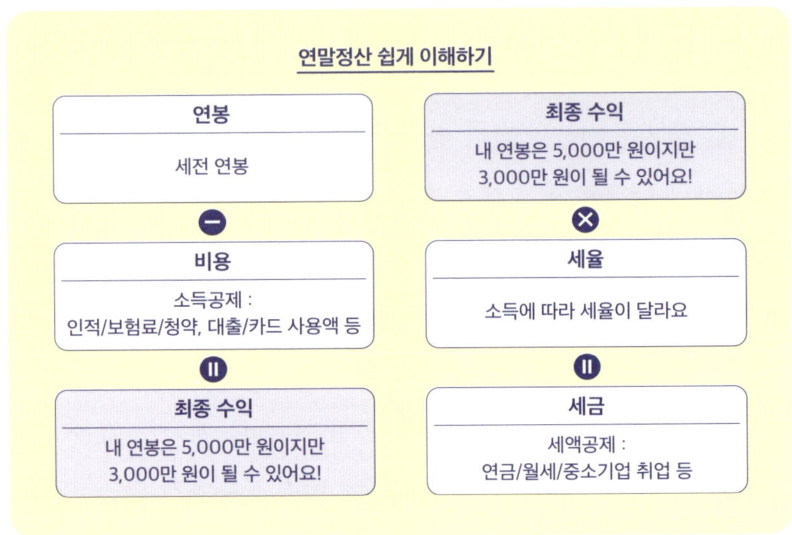

세표준이다. 즉 세금을 매길 기준 소득이다. 그다음 최종 수익에 해당하는 세율을 곱한 금액이 내가 원칙적으로 내야 할 세금이다.

여기에서 다시 월세, 중소기업 재직, 연금저축펀드 납입액 등 일정 금액을 세금에서 직접 깎아주는 항목들을 차감해서 최종적으로 내야 할 1년치 세금이 결정된다. 이때 연봉에서 빼주는 쪽을 소득공제, 계산된 세금에서 바로 빼주는 쪽을 세액공제라고 부른다. 구조만 보면 생각보다 꽤 단순하다.

연봉이 똑같이 5,000만 원이라고 해서 모두가 동일한 세금을 내는 것이 아니다. 카드를 얼마나 썼는지, 가족을 몇 명 부양하는지, 아이가 몇 명인지, 주택담보대출 이자를 얼마나 냈는지, 월세에 살고 있는지, 중소기업에 다니는지 등에 따라 세금이 달라진다.

그래서 어떤 사람은 과세표준이 5,000만 원에 가깝게 잡힐 수 있고, 또 어떤 사람은 각종 공제로 2,000만 원 수준까지 내려갈 수도 있다.

소득공제와 세액공제 중 뭐가 더 좋아요?

- 연말정산 관련 기사를 보면 소득공제과 세액공제가 자주 등장한다. 이때 재테크 초보자들은 헷갈린다. 둘 중 뭐가 더 좋은 거지? 뭘 더 열심히 해야 하지? 답은 간단하다. 세액공제가 무조건 먼저다. 가장 먼저 챙겨야 한다. 예를 들어 똑같이 소득공제 100만 원, 세액공제 100만 원이라고 하면 세액공제는 최종 세금에서 바로 100만 원을 빼주기 때문에 훨씬 유리하다.
- 소득공제와 세액공제 항목은 매우 다양하지만 우리는 세액공제 항목 가운데 월세액 공제, 중소기업 취업자 소득세 감면, 연금저축 소득세 감면만 알아도 충분하다.

4. 환급을 극대화하는 2단계 전략

어떻게 하면 연말정산을 최대로 받을 수 있을까? 이해를 돕기 위해 구조를 단순하게 보면 방법은 3가지다. 첫째, 연봉을 낮추거나, 둘째, 비용을 높여 최종 수익을 낮추거나, 셋째, 세액공제를 많이 받으면 된다.

우선 현실적으로 쓸 수 있는 전략은 비용(소득공제) 항목을 최대화하기다. 연말정산을 더 받겠다고 연봉을 줄일 수는 없지 않은가. 하지만 비용은 어느 정도 조정 가능하다. 청약저축, 보험료, 부양가족, 의료비, 교육비 등 소득공제 항목을 꼼꼼히 챙겨야 한다.

다만 여기에도 한계가 있다. 지금 나열한 항목들은 내가 억지로 만들어낼 수 있는 성격이 아니다. 청약을 과하게 넣거나 보험을 과

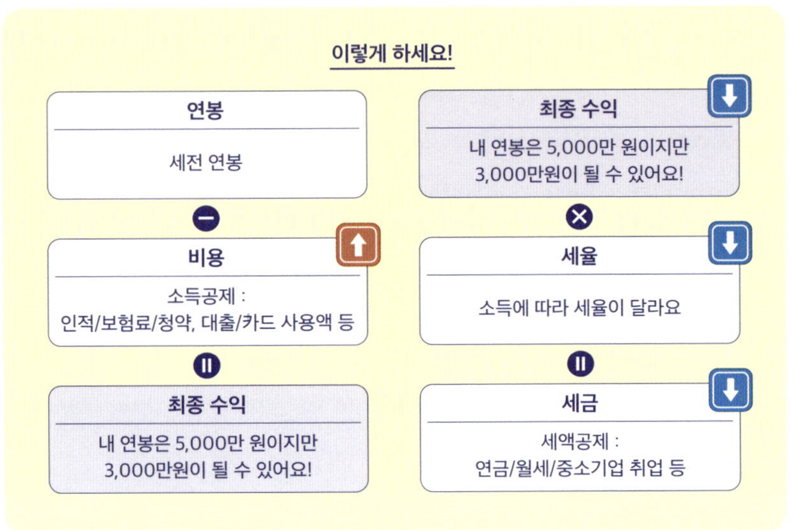

하게 들 수도 없고, 갑자기 아이를 낳을 수도, 안 아픈데 병원에 갈
수도 없다. 불필요한 소비를 늘려 공제액을 키우는 방식은 금물이
다. 세금을 아끼려다 오히려 돈을 더 쓰게 된다면, 그것은 절세가 아
니라 낭비다.

두 번째 전략은 세액공제를 제대로 챙기기다. 세액공제는 계산된 세
금에서 직접 빼주는 항목이라, 실질적으로 세금을 줄여주는 가장 강
력한 수단이다. 그중에서도 월세액 공제, 중소기업 취업자 소득세 감
면, 연금저축 관련 세액공제는 반드시 확인해야 할 핵심이다. 이 3가
지만 제대로 챙겨도 웬만한 2030 직장인의 연말정산은 성공적이라고
말할 수 있다.

5. 근로소득원천징수영수증 — 내 연말정산 내역 확인하기

세액공제를 확인하기 전에 자산 건강검진에서 했던 근로소득원친징수영수증을 확인해보자. 첫 번째 장 하단의 '차감징수세액'을 보면 소득세 -1,599,150원, 지방소득세 -159,890원이 적혀 있다. 여기 금액 앞에 마이너스(-)가 붙어 있으면 내가 환급을 받을 수 있고, 플러스(+)가 붙어 있으면 추가로 납부해야 한다는 뜻이다. 헷갈리지 말자. 플러스는 내가 더 내야 하는 돈이다.

	구 분		⑱ 소 득 세	⑲ 지방소득세	⑳ 농어촌특별세
㉘-1 감면소득 계		0			0
Ⅲ 세액명세	⑫ 결 정 세 액		0	0	0
	기납부세액 — ⑬ 종(전)근무지 (결정세액란의 세액 기재)	사업자 등록 번호			
	⑭ 주(현)근무지		1,599,150	159,890	0
	⑮ 납부특례세액		0	0	0
	⑯ 차 감 징 수 세 액(⑫-⑬-⑭-⑮)		-1,599,150	-159,890	0

위의 원천징수액(근로소득)을 정히 영수(지급)합니다.

2025 년 10 월 13 일

징수(보고)의무자 　 주식***** 　 (서명 또는 인)

세 무 서 장 　 귀하

우리가 꼭 확인해야 할 숫자는 기납부세액(미리 낸 세금), 결정세액(최종으로 정해진 나의 세금), 차감징수세액이다. 여기에 더해 내가 받은 세액공제까지, 각각 어느 항목에서 얼마를 세액공제 받았는지 직접 확인해봐야 한다.

세금을 제대로 돌려받으려면 먼저 내가 얼마를 냈는지, 그리고 어디에서 얼마나 환급받았는지를 알아야 한다. 이를 확인하는 방법은 간단하다. 홈택스에 접속해 '근로소득원천징수영수증'을 받으면 된다. (39쪽 참고하기) 서류 두 번째 장을 보면 '소득공제'와 '세액공

IV 정산명세				금액구분	금액
종합소득공제	연금보험료공제	㉛ 국민연금보험료		대상금액	1,468,760
				공제금액	1,468,760
		⑫ 공적연금보험료공제	㉮ 공무원연금	대상금액	0
				공제금액	0
			㉯ 군인연금	대상금액	0
				공제금액	0
			㉰ 사립학교 교직원연금	대상금액	0
				공제금액	0
			㉱ 별정우체국연금	대상금액	0
				공제금액	0
	특별소득공제	⑬ 보험료	㉮ 건강보험료(노인장기요양보험료포함)	대상금액	1,327,230
				공제금액	1,327,230
			㉯ 고용보험료	대상금액	278,809
				공제금액	278,809
		⑭ 주택자금	㉮ 주택임차차입금원리금상환액 – 대출기관		0
			㉮ 주택임차차입금원리금상환액 – 거주자		0
			㉯ 장기주택저당차입금이자상환액 2011년 이전 차입분 15년 미만		0
			2011년 이전 차입분 15년~29년		0
			2011년 이전 차입분 30년 이상		0
			2012년 이후 차입분(15년 이상) 고정금리이거나 비거치상환 대출		0
			2012년 이후 차입분(15년 이상) 그 밖의 대출		0
			2015년 이후 차입분 15년 이상 고정금리이면서 비거치상환 대출		0
			2015년 이후 차입분 15년 이상 고정금리이거나 비거치상환 대출		0
			2015년 이후 차입분 15년 이상 그 밖의 대출		0
			2015년 이후 차입분 10년~15년 고정금리이거나 비거치상환 대출		0
		㉟ 기부금(이월분)			0
		㊱ 계			1,606,039
㊲ 차감소득금액					19,883,670
그 밖의 소득공제	㊳ 개인연금저축				0
	㊴ 소기업·소상공인 공제부금				0
	㊵ 주택마련저축 소득공제	㉮ 청약저축			0
		㉯ 주택청약종합저축			480,000
		㉰ 근로자주택마련저축			0
	㊶ 투자조합출자 등				0
	㊷ 신용카드 등 사용액				4,214,741
	㊸ 우리사주조합 출연금				0
	㊹ 고용유지 중소기업 근로자				0
	㊺ 장기집합투자증권저축				0
	㊻ 그 밖의 소득공제 계				4,694,741
㊼ 소득공제 종합한도 초과액					0

세액공제				금액구분	금액
연금계좌	㉗ 「과학기술인공제회법」에 따른 퇴직연금			공제대상금액	0
				세액공제액	0
	㉘ 「근로자퇴직급여 보장법」에 따른 퇴직연금			공제대상금액	0
				세액공제액	0
	㉙ 연금저축			공제대상금액	2,474,641
				세액공제액	0
	㉙-1 ISA계좌 만기시 추가납입액			공제대상금액	0
				세액공제액	0
특별세액공제	㉚ 보험료	보장성		공제대상금액	1,000,000
				세액공제액	120,000
		장애인전용보장성		공제대상금액	0
				세액공제액	0
	㉛ 의료비			공제대상금액	0
				세액공제액	0
	㉜ 교육비			공제대상금액	0
				세액공제액	0
	㉝ 기부금	㉮ 정치자금기부금	10만원 이하	공제대상금액	0
				세액공제액	0
			10만원 초과	공제대상금액	0
				세액공제액	0
		㉯ 「소득세법」 제34조 제2항 제1호의 기부금		공제대상금액	0
				세액공제액	0
		㉰ 우리사주조합 기부금		공제대상금액	0
				세액공제액	0
		㉱ 「소득세법」 제34조 제3항 제1호의 기부금(종교단체 외)		공제대상금액	0
				세액공제액	0
		㉲ 「소득세법」 제34조 제3항 제1호의 기부금(종교단체)		공제대상금액	0
				세액공제액	0
	㉞ 계				120,000
	㉟ 표준세액공제				0
㊱ 납세조합공제					0
㊲ 주택차입금					0
㊳ 외국납부					0
㊴ 월세액				공제대상금액	3,585,540
				세액공제액	419,253
⑩ 세액공제 계					1,198,339
⑪ 결정세액(⑨-⑭-⑳)					0
⑫ 실효세율(%) (⑳/㉑) × 100					0.0

자료: 근로소득원천징수영수증 2쪽에서 공제 항목 확인하기

제' 항목이 구체적으로 나와 있다.

예를 들어 '주택청약종합저축 공제금액 480,000원', '월세액 공제 419,253원'처럼 적혀 있는 금액이 바로 내가 세금을 줄인 부분이다. 연금저축, 보험, 의료비, 교육비 등 각 항목을 꼼꼼히 훑어보면, 작년에 내가 챙기지 못한 공제 항목이 눈에 들어온다.

6. 꼭 챙겨야 할 세액공제 3가지

1) 중소기업 취업 청년 소득세 감면

만 34세 이하 청년, 60세 이상 고령자, 장애인, 경력단절여성이 중소기업에 취업하면 소득세를 감면받을 수 있다. 청년은 최대 5년간 소득세의 90%, 고령자·장애인·경력단절여성은 3년간 소득세의 70%를 연 200만 원 한도 안에서 깎아준다. 대기업과 전문직 종사자는 대상이 아니다.

나도 대기업에서 스타트업(중소기업)으로 이직했을 때 이 제도로 세금 혜택을 상당히 많이 받았다. 대부분 해당 기업은 채용 공고나 회사 안내에 감면 대상 여부를 표기해둔다. 회사에 따라 매월 급여에서 소득세를 적게 떼어주는 경우도 있고, 연말정산 때 한꺼번에 반영해 2월 급여에 환급해주는 경우도 있다.

근로자 유형별 세액 감면 요약표

구분	요건	감면 기간	감면율	감면 한도
청년	근로계약 체결일 현재 15~34세 이하인 자 * 연령계산 시 군복무기간(최대6년)은 차감하고 계산	5년	90%	과세 기간별 200만 원
고령자	근로계약 체결일 현재 60세 이상인 자			
장애인	① 「장애인복지법」의 적용을 받는 장애인 ② 「국가유공자 등 예우 지원에 관한 법률」에 따른 상이자 ③ 「5·18민주유공자예우 및 단체설립에 관한 법률」에 따른 5·18민주화운동부상자 ④ 고엽제후유증 환자로서 장애등급 판정자	3년	70%	
경력 단절 근로자	① 임금을 목적으로 같은 기업에서 1년 이상 계속 근로를 제공 ② 결혼·임신·출산·육아·자녀교육·가족돌봄의 사유로 퇴직하고 ③ 퇴직한 날부터 2~15년 미만의 기간이 지났을 것 ④ 해당 중소기업의 최대주주(최대출자자, 대표자)나 그와 특수관계인이 아닐 것	3년	70%	과세 기간별 200만 원

* 회사의 임원 또는 최대주주이거나 그 배우자·자녀 등 특수관계인인 근로자는 제외

소득세 200만 원 한도는 2025년 기준으로 대략 연봉 4,200만 원에서 4,400만 원 수준에 해당한다. 즉 연봉이 4,400만 원 이하라면 소득세 200만 원을 사실상 전액 환급받을 수 있다고 보면 된다. 예를 들어 연봉 4,400만 원인 경우를 보자.

한 달 소득세와 지방소득세가 각각 171,530원, 17,150원이라고 치면 합계가 188,680원이다. 이 금액을 12개월 동안 내면 2,264,160원, 즉 1년 동안 약 226만 원을 세금으로 낸 셈이다.

예시: 연봉 4,400만 원 청년 소득세 감면액 계산

연간 납부세액 계산

월 소득세 = 171,530원

월 지방소득세 = 17,150원

월 합계 세액 = 171,530원 + 17,150원 = **188,680원**

연간 납부세액 = 188,680원 × 12개월 = **2,264,160원**

청년 감면액(90%) 계산

감면 전액 = 2,264,160원 × 90% = **2,037,744원**

연 최대 한도 = **2,000,000원**

실제 감면액 = **2,000,000원** (한도 적용)

중소기업 취업 청년 소득세 감면을 적용하면 이 금액의 90%를 깎아주는데, 2,037,744원이다. 다만 제도상 연 200만 원까지만 감면되므로, 실제로는 최대 한도인 200만 원까지 꽉 채워서 감면받게 된다.

연봉	실수령액	공제액계	국민연금	건강보험	장기요양	고용보험	소득세	지방소득세
3,000만원	2,248,340	251,660	108,000	74,880	5,520	15,600	43,330	4,330
3,100만원	2,316,813	266,520	111,740	77,470	5,710	16,140	50,420	5,040
3,200만원	2,384,896	281,770	115,490	80,070	5,900	16,680	57,850	5,780
3,300만원	2,451,470	298,530	119,250	82,680	6,100	17,220	66,620	6,660
3,400만원	2,515,923	317,410	122,990	85,270	6,290	17,760	77,370	7,730
3,500만원	2,580,346	336,320	126,740	87,870	6,480	18,300	88,120	8,810
3,600만원	2,656,670	343,330	130,500	90,480	6,670	18,850	88,030	8,800
3,700만원	2,723,873	359,460	134,240	93,070	6,860	19,390	96,280	9,620
3,800만원	2,788,286	378,380	137,990	95,670	7,060	19,930	107,030	10,700
3,900만원	2,852,700	397,300	141,750	98,280	7,250	20,470	117,780	11,770
4,000만원	2,917,143	416,190	145,490	100,870	7,440	21,010	128,530	12,850
4,100만원	2,981,576	435,090	149,240	103,470	7,630	21,550	139,280	13,920
4,200만원	3,045,970	454,030	153,000	106,080	7,820	22,100	150,030	15,000
4,300만원	3,110,423	472,910	156,740	108,670	8,010	22,640	160,780	16,070
4,400만원	3,174,836	491,830	160,490	111,270	8,210	23,180	171,530	17,150
4,500만원	3,239,250	510,750	164,250	113,880	8,400	23,720	182,280	18,220
4,600만원	3,303,693	529,640	167,990	116,470	8,590	24,260	193,030	19,300
4,700만원	3,362,136	554,530	171,740	119,070	8,780	24,800	209,220	20,920
4,800만원	3,425,500	574,500	175,500	121,680	8,970	25,350	220,910	22,090
4,900만원	3,488,923	594,410	179,240	124,270	9,170	25,890	232,590	23,250

자료: 2025년 연봉 실수령액(출처: 코스모스팜)

만약 본인이 중소기업 취업 소득세 감면 대상이고 연봉이 4,400만 원 이하라면, 연말정산으로 돌려받는 세금의 상당 부분이 이 제도 하나로 해결된다고 봐도 된다. 이 경우라면 다음부터 설명할 다른 절세 팁에 과도하게 집착할 필요까지는 없다. 반대로 감면 대상에 해당하지 않거나 연봉이 4,400만 원을 넘는다면, 이제 2번 항목을 참고해 다른 절세 전략을 챙겨야 한다.

2) 월세 세액공제

월세를 내는 근로자라면 반드시 챙겨야 할 세액공제 항목이다. 구체적인 요건은 87쪽 표를 참고하면 된다. 월세액은 1년 합산 기준 최대 1,000만 원(월세 약 83만 3,000원)까지 인정되고, 연봉에 따라 공제율이 달라진다. 총급여 5,500만 원 이하는 17%, 5,500만 원 초과 8,000만 원 이하는 15% 세액공제를 적용받는다. 예를 들어 서울에서 월세 50만 원을 내며 거주한다고 하자(공제 요건 충족 가정).

- 연봉 5,500만 원 이하:
  50만 원 × 12개월 = 연 600만 원
  600만 원 × 17% = **102만 원**을 돌려받을 수 있다.

- 연봉 5,500만 원 초과 ~ 8,000만 원 이하:
  600만 원 × 15% = **90만 원**을 돌려받을 수 있다.

정리하면 월세 세액공제 환급액은 다음 식으로 계산할 수 있다.

연간 환급액

연간 월세 합계(최대 1,000만 원 한도) × 공제율(17% 또는 15%)

이제 본인이 월세 세액공제 대상자에 해당된다면, 위 공식을 기준으로 '나는 1년에 얼마를 돌려받을 수 있는지' 직접 계산해보자.

공제대상자

- 총급여 8,000만 원(종합소득금액 7,000만 원) 이하인 근로자
- 무주택 세대의 세대주 또는 세대원(세대주가 주택 관련 공제 받지 않은 경우)
- 본인 또는 본인의 기본공제 대상자 명의로 주택 임차 ☞ 소득공제를 받는 근로자가 임대차계약증서의 주소지로 전입하여 주민등록표상 주소지와 임대차계 약증서의 주소지와 동일한 경우에 공제 가능

공제대상 주택

- 국민주택규모(85㎡) 또는 기준시가 4억 원 이하 주택(주거용 오피스텔, 고시원 포함)
  ☞ 임대차계약증서상 주소지와 주민등록등본 상 주소지 동일

세액공제 혜택

- 총급여 5,500만 원 이하 : 월세액의 17% 세액공제
  (종합소득금액 4,500만 원 이하자)
- 총급여 5,500만 원 초과~8,000만원 이하 : 월세액의 15% 세액공제
  (종합소득금액 7,000만 원 초과자 제외)
  ☞ 월세액은 연 1,000만 원까지만 공제 가능

<출처:국세청>

재리 꿀팁

월세액에 관리비까지 포함해서 공제 대상을 높여라!

월세액 공제는 부동산 임대차계약서에 적힌 월세 금액만 기준이 되고, 관리비·주차비 등은 포함되지 않는다. 그래서 월세 40만 원, 관리비 10만 원을 따로 받는 구조라면 공제 대상 금액은 40만 원이다.

다만 임대인과 협의해 실제 지급 구조에 맞게 월세 50만 원(관리비 포함)으로 계약서를 작성하면, 공제 대상이 되는 월세 금액이 커질 수 있다. 이때 계약 내용은 실제 거래를 정확히 반영해야 하며, 세법상 해석이 애매한 경우에는 세무 전문가와 상담하는 편이 안전하다.

3) 연금계좌 세액공제

연금저축이나 개인형 퇴직연금 계좌인 IRP(Individual Retirement Pension)에 일정 금액을 납입하면 세액공제를 받을 수 있다. 정부가

국민의 노후 대비를 돕기 위해 세금 감면 혜택을 주는 제도다. 예를 들어 연금저축에만 연 600만 원을 납입했다면 연봉 5,500만 원 이하는 최대 99만 원(세액공제율 16.5%)을, 연봉 5,500만 원 초과자는 최대 79.2만 원(세액공제율 13.2%)을 돌려받을 수 있다. 여기에 IRP에 추가로 납입하면 세액공제 한도와 공제 금액은 더 늘어난다.

구분	연금저축	IRP	ISA
연 납입한도	1,800만 원	1,800만 원	4,000만 원
세액공제 한도	600만 원	900만 원 (연금저축 합산)	300만 원

다만 넉넉하지 않은 월급에서 노후 자금용으로 매년 600만 원을 꽉 채워넣기란 쉽지 않다. 그래서 많은 사람이 이 항목에서 받을 수 있는 세액공제를 다 못 챙긴다. 이 부분은 파트 3에서 더 자세히 설명하겠다.

특히 사회초년생이라면 기본 공제와 카드 사용 금액 등에 더해, 세액공제 항목인 중소기업 취업 소득세 감면, 월세, 연금계좌까지 3가지만 제대로 챙겨도 세금을 상당 부분, 경우에 따라 전액까지 환급받는 경우가 많다.

연금저축은 연 600만 원까지 납입액에 대해 세액공제를 받을 수 있고, 여기에 퇴직연금을 합하면 연 900만 원 한도 내에서 세액공제가 가능하다. ISA는 만기 시 그 안의 자금을 연금저축이나 IRP 같은 연금계좌로 옮기면, 전환한 금액의 10%를 추가로 세액공제해주며, 이때 세액공제 대상 전환금액은 최대 300만 원(최대 30만 원 추가 세액공제)까지 인정된다.

7. 연말정산, 미리 준비하면 결과가 달라진다

대부분 회사에서는 연말정산 서류를 다음 해 1월에 제출하라고 안내한다. 그때부터 급하게 준비를 시작하면 이미 늦다. 연말정산은 전년도 1월부터 12월까지의 내용을 정산하는 절차이기 때문이다. 이 책을 읽는 독자라면 지금까지 설명한 내용을 기준으로 미리 체크하고, 다가올 연말정산에서는 최대한 환급을 받겠다는 계획을 지금부터 세워야 한다.

연말정산을 단순히 '돈을 돌려받는 절차'로만 보면 안 된다. 1년 동안의 소비·저축·투자 습관을 객관적으로 점검해보는 기회이다. 어디에 돈을 썼는지, 얼마나 저축했는지, 어떤 금융상품이 세제 혜택을 주는지 숫자로 확인할 수 있다. 세금을 줄이는 법을 알면 자연스럽게 손에 남는 돈이 늘어나고, 그 남는 돈은 결국 투자금이 된다. 그래서 나는 매년 연말정산을 꼼꼼하게 확인한다.

연말정산은 생각만큼 어렵지 않다. 이제 나의 재무 상태를 알려주는 지표가 된다. "나는 올해 세금을 얼마나 냈을까?", "그중 얼마나 돌려받을 수 있을까?" 이 2가지 질문에만 또렷하게 답할 수 있어도, 연말정산의 절반은 이미 성공한 것이다.

핵심 요약 & 액션 플랜

- 연말정산은 1년 동안 낸 소득세를 다시 계산해 돌려받는 절차다.
- 세액공제 3대 항목(중소기업 취업 청년 감면 / 월세액 공제 / 연금저축)만 잘 챙겨도 세금을 크게 줄이거나, 경우에 따라 100% 환급도 가능하다.
- 홈택스에서 근로소득원천징수영수증을 내려받아 어떤 항목에서 얼마나 환급받았는지 직접 확인하고, 올해는 미리 대비 전략을 세우자.

CHAPTER 2.

현명하게 돈 쓰는 방법: 기념일·효도 예산 계획하기

생각보다 많은 사람이 돈을 모으는 법은 열심히 공부하면서, 정작 매년 반복되는 기념일·효도비는 '어쩔 수 없이 나가는 돈'으로만 취급한다. 이번 챕터에서는 생일, 명절, 어버이날, 친구 결혼식 같은 정기 지출을 모두 표로 정리해 '기념일 예산'으로 설계하는 방법을 알려준다. 1년치 기념일을 목록으로 만들고, 총액에 20%의 비상 경조사비를 더해 기념일 전용 통장에 미리 쌓아두면, 갑작스러운 지출에도 통장이 흔들리지 않는다. 여기에 부모님과 함께 작성하는 효도 협의서, 형제와 함께 만드는 가족용 CMA 통장까지 더해, 효도와 가족 행사를 장기 프로젝트처럼 준비하는 구조를 제안한다. 돈을 쓰는 순간에도 불안 대신 뿌듯함을 남기는 소비 시스템이 바로 이 챕터의 핵심이다.

1. 기념일 예산을 계획하라 — 계획적인 소비로 바꾸기

재테크를 잘해보겠다고 가계부를 꼼꼼히 쓰는 사람은 많지만, 정작 기념일에 쓸 돈을 따로 계획하는 사람은 거의 없다. 그래서 생일, 결혼기념일, 어버이날, 조카 생일, 친구 결혼식 같은 '정기적인 이벤트'가 올 때마다 통장이 순식간에 비어버린다.

생각보다 기념일에 들어가는 돈은 꽤 많다. 나 역시 1년에 300만 원 이상이 필요했다. 매달 생일·선물·식사비가 조금씩 빠져나가다 보면, 1년이 지나 큰 금액이 되어 있다. 그래서 나는 기념일도 하나의 예산 항목으로 관리하기 시작했다.

방법은 간단하다.

번호	내용	금액
1	엄마 생일	100,000
2	어버이날	200,000
3		
4		
5		
6		
7		
8		
9		
10		
	합계	

작성 방법

1. 각 기념일마다 실제로 썼던 금액을 적는다.
2. 작년 1년 동안 있었던 모든 기념일을 떠올려 표로 정리한다. (부모님 생신, 어버이 날, 조카 생일, 친구 결혼식, 연인 기념일 등)
3. 올해 혹은 내년에 예상되는 기념일도 추가한다.
4. 불필요하거나 과한 지출은 줄이고, 필요하면 조금 더 늘린다.
5. 모든 기념일 예산의 총합을 계산한다.

이 과정을 거치면 생각보다 기념일에 큰돈을 쓰고 있다는 사실을 확인하게 된다. 그리고 여기에서 20%를 추가로 더한다. 장례식, 병문안, 돌잔치 같은 예상치 못한 경조사비를 대비하기 위해서다. 예를 들어 1년 기념일 예산이 300만 원이라면, 20%를 더해 360만 원을 목표 금액으로 잡으면 된다. 이렇게 계산한 금액은 '기념일 통장'에 따로 모은다.

기념일 통장에 돈을 채우는 방식은 2가지다.

- **일시불 이체**: 연초에 1년치 예산을 한 번에 넣어두는 방식
- **분할 적립**: 12개월로 나누어 월급날마다 자동 이체하는 방식

이 가운데 자신에게 맞는 방법을 선택하면 된다. 이렇게 하면 기념일이 올 때마다 돈 걱정을 덜 수 있고, 갑작스러운 경조사에도 당황하지 않는다. 무엇보다 이미 계획된 지출이기 때문에, 돈을 쓰고 난 뒤에도 마음이 훨씬 편하다.

2. 효도 협의서를 써라 — 부모님과의 약속도 재테크다

효도에도 계획이 필요하다. 나만 해도 1년 동안 부모님 생신, 어버이날, 설날, 추석 등 꼭 챙겨야 하는 날이 많다. 여기에 조카 둘의 생일, 어린이날, 크리스마스까지 합치면 1년에 챙길 날만 해도 열 손가락이 훌쩍 넘는다. 그래서 나는 부모님과 '효도 협의서'를 작성했다. 이름은 거창하지만, 내용은 아주 실용적이다.

- 어버이날, 생신, 명절에 어떤 선물을 원하시는지
- 금액은 어느 정도가 적당한지
- 현금이 좋은지, 선물이 좋은지

부모 아들(희재) 협의서

아들(희재)는 아래 사항을 실행한다

1. 설날	현금
2. 어버이날	요청하는 선물
3. 어머니 생신	선물
4. 추석	현금
5. 아버지 생신	현금
6. 아들 생일	현금

아버지 : 문식	서명
어머니 : 정희	서명
아들 : 희재	서명

2021년 7월 18일

이런 내용을 부모님과 함께 정리하고, 서로 서명까지 했다. 부모님도 "이제 매년 뭘 해달라고 말해야 하나 고민 안 해도 되겠다"며 오히려 좋아하셨다. 나는 효도 협의서를 기준으로 매달 CMA 통장에서 자동 이체로 효도 예산을 차곡차곡 모은다.

3. 가족용 CMA 통장 — 함께 모으고 함께 쓰는 가족 재테크

나는 형과 함께 가족용 CMA 통장을 만들어 매달 일정 금액을 모으고 있다. 이 통장은 단순한 효도 자금이 아니라 가족 행사를 위한 공용 예산이다. 예를 들어

- 부모님 댁 가전제품 교체(세탁기, 냉장고 등)
- 부모님 여행 경비
- 칠순, 환갑 잔치 준비 비용

이런 큰 지출이 생길 때마다 가족 CMA 통장에서 꺼내 쓴다. CMA 통장은 일반 입출금 통장보다 이율이 높고, 언제든 자유롭게 입출금이 가능해 가족 모임비·효도비 관리에 적합하다. 형제자매가 있다면 매달 5만 원, 10만 원씩만이라도 가족 CMA 통장을 만들어 가족 행사를 준비해보자. 외동이라면 본인 명의로 만들어도 상관없다.

이렇게 해두면 갑자기 큰돈이 나가는 일을 줄일 수 있고, "이번엔 누가 더 많이 냈다" 같은 가족 간 금전 갈등도 크게 줄어든다.

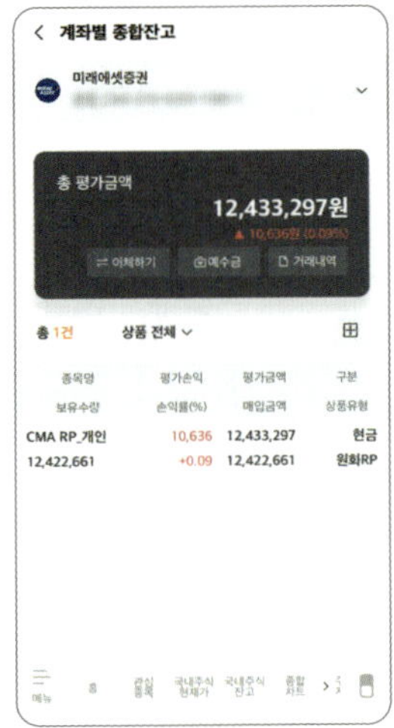

자료: 가족용 CMA 통장

4. 돈을 쓰는 일에도 계획이 필요하다

우리는 지금부터라도 돈을 현명하게 써야 한다. 특히 기념일과 효도비는 '어쩔 수 없이 나가는 돈'이 아니라, 미리 계획해서 소중한 가족을 위한 의미 있는 소비로 만들어야 하는 돈이다.

1년치 기념일 예산을 정하고, 여기에 20% 비상 예산을 더해 전용 통장에 따로 모아두자. 그리고 부모님과 효도 협의서를 쓰고, 형제자매와 가족 통장을 만들어 돈을 쓰면서도 관계를 지키는 소비 구조를 완성하라. 이렇게 계획해서 쓰는 돈이야말로, 현명하게 돈을 쓰는 사람의 진짜 재테크다.

CHAPTER 3.

반드시 필요한 보험,
현명하게 쓰기

보험은 대부분의 가정에서 월 수십만 원씩 빠져나가는 고정비지만, 정작 무엇을 얼마나 보장받는지 모르는 경우가 많다. 이 챕터에서는 먼저 생명보험사와 손해보험사의 차이와, 보험을 사망보험·질병보험·투자저축보험 3가지로 나누어 구조부터 정리한다. 그 위에서 사회초년생은 손해보험사의 가성비 좋은 실손·질병보험으로 기본 방어막을 세우고, 소득이 늘어나는 시기에는 생명보험사의 종신·건강 하이브리드 상품으로 큰 리스크를 굵게 가져가는 전략을 제시한다. 꼭 챙겨야 할 실손·암·뇌혈관·허혈성 심장 질환 특약과 피해야 할 변액보험, 중기 목돈 마련에 쓸 수 있는 단기납 종신보험처럼 '가져갈 것'과 '버릴 것'을 구분해주는 것도 중요한 포인트다. 마지막으로 토스·각 보험사 앱을 활용해 내 보험 증권을 직접 확인하고, 연령대별 권장 조합으로 월 보험료를 슬림하게 재구성하는 실전 점검 가이드까지 담았다.

1. 보험사는 둘로 나뉜다 — 생명보험사 vs 손해보험사

우리가 매달 내는 돈 중에서 '뭘 내는지 정확히 모르는 비용'을 꼽으라면 아마 1순위는 보험이지 않을까 싶다. 실제로 통계청 자료를 보면 가구당 평균 보험 가입 건수는 4.7건, 월 납입 보험료는 약 32만 원 수준이다. 20년 납(대부분의 보험은 20년 납입으로 가입하는 경우가 많음)으로만 계산해도 총 7,680만 원이다.

이렇게 큰돈을 쓰는데 정작 내 보험이 무엇을, 어디까지, 어떤 조건으로 보장하는지 모르는 경우가 대부분이다. "엄마 친구가 설계사라서", "회사 동기가 하라 해서", "설계사가 좋다고 권하길래" 같은 이유로 가입해두고 방치한다.

이번 챕터에서는 그 모호함을 끝내자. 보험사 종류부터 각 상품의 성격, 반드시 챙겨야 할 보장, 버려야 할 상품, 내 보험을 점검·리모델링하는 방법까지 전부 안내한다. 목표는 단 하나, 보험 때문에 돈이 새지 않도록 하기 위함이다.

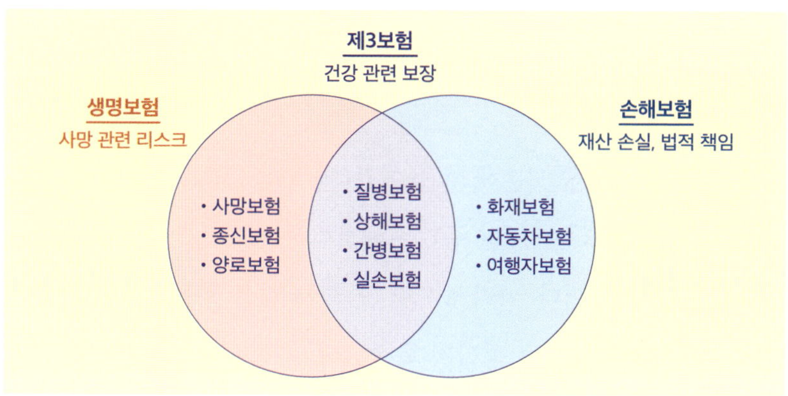

보험별 상세 정보

	생명보험	손해보험	제3보험
보험 대상	사람의 생존 및 사망	재산상의 손해	상해, 질병, 간병
보험금 지급 방식	정액 보상	실손 보상(비례 보상)	정액 보상 또는 실손 보상
보험 기간	일반적으로 장기	일반적으로 단기	일반적으로 장기
가입 가능한 보험사의 종류	생명보험사만 가능	손해보험사만 가능	손해/생명보험사 모두 가능
대표적인 상품	사망보험, 저축보험 등	자동차보험, 화재보험 등	실손 의료보험 등

1) 생명보험사

이름에 보통 '생명'이나 '라이프'가 들어간다(예시: 삼성생명, 신한 라이프, KB생명 등). 사람의 생명과 연관된 위험을 다룬다. 사망, 노후(연금), 일부 건강 보장을 취급한다. 보장 방식은 사고가 나면 약관에 정해진 금액을 그대로 지급하는 정액 보상이다. 예를 들어 암 진단 시 5,000만 원을 받는다.

2) 손해보험사

이름에 '화재', '해상', '손해'가 들어간다(예시: DB손해보험, 삼성화재, 현대해상, KB손해보험 등). 손해보험사는 '재산에 생긴 손해를 보상해주는 보험'이다. 따라서 자동차·화재 같은 재물보험이 기본이고, 여기에 상해·질병 보장까지 확장됐다. 특징은 실제 손해가 난 만큼 지급하거나, 내가 낸 병원비만큼 돌려주는 실손 보상 상품이 많다는 점이다. 예를 들어 도수 치료로 15만 원을 사용했다면 실손의 경우 본인 부담금을 차감하고 나머지를 금액을 돌려받는다. 본인 부담금은 가입 시기에 따라 보험마다 상이하다.

3) 제3보험은 양쪽 다 판다

암·뇌·심장 같은 질병보험, 치아보험, 실손 의료보험은 생명사와 손해사 양쪽 회사에서 다 판다. 다만 같은 이름처럼 보여도 약관·보장 범위·갱신 구조가 다를 수 있으니 '어디 회사냐'보다 '약관이 뭘 커버하느냐'를 봐야 한다.

"만약 심장마비로 집에서 사망했다면 생명보험과 손해보험 둘 다에서 사망금을 받을 수 있나?"라고 질문하는 수강생도 있었다. 결론부터 말하자면 생명보험사는 100% 받을 수 있고, 손해보험사는 상황에 따라 다른데 이때 사망 원인이 핵심 기준이 될 수 있다. 구체적으로 살펴보자.

생명보험사의 종신보험은 사망 원인에 크게 구애받지 않고, 약관상 사망이면 정해진 금액을 지급한다(자살은 가입 2년 이후 등 예외 규정 있음). 반면 손해보험사의 특정 질병 사망 담보는 의학적으로 '확정 진단명'이 필요해, 사망 원인이 추정으로 내려진 경우에는 부지급 분쟁이 생기기 쉽다.

여기서 기억해야 할 결론은 하나다. 동일한 보장이라면 지급 요건이 널널할수록 보험료는 비싸진다. 그래서 생명보험사의 종신보험이 일반적으로 손해보험사의 질병 사망 담보보다 비싼 편이다. 손해보험사는 조건이 까다로운 대신 보험료가 저렴하고, 생명보험사는 조건이 넓은 대신 보험료가 비싸다. 결국 보장 범위가 넓을수록 보험료는 비싸질 수밖에 없다.

꼭 알아둘 점은 동일한 혜택을 주면서 싸고 좋은 보험은 존재하지 않는다는 것이다. 내 상황에 맞게 어떤 위험을 얼마나, 어떤 방식으로 보장받을지 정확히 선택하는 것이 중요하다. 그렇다면 우리에게는 어떤 보험사가 좋을까?

2. 누구에게 어떤 보험사가 유리할까

정답은 '지금 내 상황과 예산'에서 찾을 수 있다. 보통 사회초년생 시기는 예산이 빠듯하다. 이때는 욕심 내지 말고 손해보험사의 가성비 좋은 건강·상해 담보로 먼저 기본 방어막부터 만들자. 초기 보험

보험 용어 설명

구분	갱신형 보험	비갱신형 보험
보험료 방식	일정 기간(갱신 주기)마다 나이·위험률을 반영해 보험료를 다시 계산한다. 보통 시간이 갈수록 오른다.	납입 기간 동안 보험료가 변하지 않고 동일하게 유지된다.
장점	가입 시점의 보험료가 비갱신형보다 초기에는 저렴하다.	보험료 변동이 없어 장기적인 예산 계획이 쉽고, 나이가 들어도 보험료가 오르지 않는다.
단점	갱신 때마다 보험료가 인상되어, 장기적으로 총 납입보험료가 더 비싸지는 경우가 많다.	갱신형보다 초기 보험료가 높다.
특징	일정 주기마다 자동 갱신되는 경우가 많아 갱신 여부·조건을 꼭 확인해야 한다. 실손의료보험은 대부분 갱신형이다.	보험료가 변하지 않아 장기 보장용 보험에 적합하다.

료 부담을 줄이기 위해 갱신형 담보를 적절히 섞어두고, 소득이 늘어나는 시점에 맞춰 하나씩 비갱신형으로 갈아타는 전략이 효율적이다.

30대 중반 이후에는 대체로 보험에 쓸 수 있는 예산이 조금 여유로워진다. 이 시기에는 생명보험사의 종신·건강 하이브리드 상품(아래에서 자세히 설명)으로 큰 리스크에 대한 대비를 가져가는 편이 좋다. 필요하다면 여기에 상속 설계와 노후자금 플랜까지 한 번에 묶어 설계하면, 보장·상속·노후를 함께 준비하는 입체적인 플랜이 완성된다.

재리의 재테크 노하우

하이브리드형 종신보험 활용법

결혼과 출산 감소로 전통적인 종신보험 수요가 줄어들자, 최근 보험사들은 사망보장에 더해 특정 질병 발생 시 사망보험금을 미리 지급하는 '하이브리드형 종신보험'을 많이 출시하고 있다. 즉, 살아 있을 때도 보험금을 받을 수 있는 종신보험이 등장한 것이다.

1세대 하이브리드형: CI(Critical Illness)보험

- 상품명에 'CI'가 있다면 검토 또는 조정이 필요하다.
- CI보험은 중대한 질병(Critical Illness) 진단 시 사망보험금을 선지급하는 상품이지만, 지급 기준이 매우 엄격하고 대부분 말기·중증 단계에 해당할 때만 지급되는 경우가 많다.
- 실제 보장받기 어려운 사례가 많아 전문가 상담을 통해 특약 조정 또는 해지 여부를 검토하는 것이 권장된다.

3. 보험의 3가지 종류

보험사의 종류를 알아봤으니 이제는 보험의 3가지 종류에 대해 알아보자. 보험은 크게 사망보험, 질병보험 그리고 투자·저축보험 3가지로 나눌 수 있다. 이 중 나의 재정 포트폴리오에 반드시 포함되어야 할 보험과 피해야 할 보험을 구분해야 한다.

1) 사망보험(종신보험): 가족과 자산가를 위한 보험

사망보험은 사망 시 유가족에게 보험금이 지급되는 상품으로, 대표적으로 종신보험이 있다. 모든 사람에게 필요한 보험은 아니지만,

다음 두 분류에게 특히 중요하다.

가장 (경제적 책임이 있는 사람):

- 자녀가 어릴 때 가장이 사망할 경우, 남은 가족의 양육 및 생활비 부담을 덜어준다.
- 핵심은 아이가 성인이 될 때까지 교육비와 생활비를 보장받을 수 있도록 설계하는 일이다.

자산가 (상속세 대비가 필요한 사람):

- 물려줄 재산이 많아 상속세가 많이 예상될 때 활용된다. 실제 나는 세무법인에서 자산관리 본부 팀장직을 겸임하고 있는데 정말 많은 자산가가 종신보험 상품에 가입해 자녀의 상속세를 대비한다.
- 부모가 자신 생명을 담보로 보험을 가입하고, 사망 시 나오는 보험금을 상속세 납부 재원으로 활용한다. 실제로 국세청에서도 자녀 명의로 보험을 들어 상속세 대책을 세우도록 추천한다.

2) 질병보험: 내 몸에 대한 1순위 투자

질병보험은 암, 뇌출혈, 심근경색 등 질병이나 상해로 진단, 입원, 수술 시 보험금을 받는 보험이다. 주식이나 부동산 같은 투자도 중요하지만 사실 건강하지 않으면 다 필요 없다. 특히 이러한 병에 걸리면 우리가 재테크로 아끼고 모으고 불린 돈을 한순간에 날릴 수 있다. 내 몸에 대한 투자가 가장 중요하며, 질병보험은 살아가는 동안 아파서 혜택을 볼 수 있는 나에 대한 투자이다.

- **필수 가입 항목**: 실비보험과 암 관련 보험은 무조건 1순위로 가입해야 한다.
- **권장 투자 금액**: 미래에 아플지 모르는 자신을 위해 매달 5만 원에서 10만 원 정도를 투자한다고 생각하고 가입하기를 권한다.

필수 체크리스트

- **건강보험 핵심 특약 체크리스트**

  현재 가입된 건강보험의 상품 설명서를 다운로드하여 다음 3가지 특약이 있는지 반드시 확인하자.

  1. **뇌혈관 질환 특약**: 과거 보험은 뇌출혈에 걸렸을 때만 보장했지만, 이 특약은 뇌출혈의 전 단계에서도 보험금을 받을 수 있도록 보장 범위를 넓혔다.

  2. **허혈성 심장 질환 특약**: 마찬가지로 심장 질환의 보장 범위를 넓혀 활용도를 높인 핵심 특약이다.

  3. **1~5종 수술 특약**: 비염 수술, 용종 제거, 인공관절 교체 등 다양한 수술 시 혜택을 볼 수 있는 특약이다.

- **긴급 조치 사항**: 만약 당신의 보험에 뇌혈관 질환 특약이나 허혈성 심장 질환 특약이 없다면, 반드시 이 특약이 있는 보험으로 변경하기를 추천한다.

3) 투자·저축 보험: 피해야 할 것과 활용해야 할 것

보험과 투자 기능이 결합된 상품은 수익 추구나 노후 자금 마련을 목적으로 한다. 대표적인 예로 연금보험과 변액보험, 단기납 종신보험이 있다.

• 피해야 할 상품 : 변액보험

'변액'이라는 단어가 들어간 상품은 보험사에 돈을 맡겨 펀드 투자를 대행하는 방식이며, 재테크를 배워 ISA 계좌에서 직접 투자할 때보다 수익률이 훨씬 낮다. 특히 변액보험은 보험설계사들이 가장 많이 팔고 싶어하는 상품인데, 그 이유는 보험설계사가 팔았을 때 받는 수수료가 가장 높기 때문이다.

변액보험은 겉으로 보면 '펀드에 가입하는 행위'와 비슷하다. 하지만 보험사는 직접 펀드를 운용할 수 없어서, 우리가 낸 보

험료를 받아 펀드 회사에 운용을 맡긴다. 이 과정에서 보험사에도 수수료를 내고, 펀드 회사에도 수수료를 낸다. 보통 내 보험료의 약 3~6%가 각종 수수료로 빠져나간다. 변액보험은 특히 가입 초기 몇 년 동안 수수료가 높고, 시간이 지날수록 조금씩 낮아지는 구조이다. 예를 들어 내가 매달 300,000원을 변액보험에 넣고 있는데 수수료가 6%라면, 18,000원은 수수료로 빠지고 282,000원만 실제로 펀드에 투자된다. 처음부터 마이너스 6% 수익률로 출발하는 셈이다. 이런 구조의 변액보험에 가입하기보다는 차라리 그 돈을 뒤에서 주식 파트에서 자세히 다룰 미국 지수 ETF에 직접 투자하는 편이 보통 더 유리하다.

실제 내 사례를 보자. 아래 자료를 살펴보면 내가 납부한 변액보험 총보험료는 2,400만 원이다. 더 구체적으로 나누면 '펀드 투입 전 차감금액'이라는 항목으로 2,718,300원이 먼저 빠져나가고 남은 돈만 펀드에 들어간다. 다시 말해 내 돈 2,400만 원 중 약 270만 원,

전체 보험료의 10%가 넘는 금액을 보험사가 각종 수수료와 사업비 명목으로 가져갔다.

이 상품은 미국 지수에 투자해 결과적으로 69% 수익이 났다. 하지만 동일한 금액을 그대로 미국 지수 ETF에

직접 투자했다면 어떨까? 2,718,300원을 떼이지 않고 전액을 투자에 넣을 수 있고, 같은 시장 상황이라면 더 큰 수익을 기대할 수 있다. 이처럼 변액보험은 겉으로 보기에는 '펀드와 똑같이 투자하는 상품'처럼 보이지만, 구조적으로 ETF 직접 투자보다 불리한 출발선에서 시작할 수밖에 없다.

결과를 요약하면(연평균 15% 상승으로 10년 투자 가정 시) 총 투자 2,400만 원에 수익금 약 2,670만 원, 수익률 약 111%, 최종 금액은 약 5,070만 원으로 원금의 2배가 된다. 다만 나는 정말 주식 ETF도 싫고 직접 투자도 귀찮다면, 수익률은 낮더라도 변액상품이 어느 정도 도움이 될 수는 있다.

참고로 변액보험은 여러 펀드에 투자되므로, 이미 가입했다면 내 돈이 미국 주식, 중국 주식, 채권 중 어디에 들어가 있는지 꼭 확인하고 포트폴리오를 조정해야 한다. 혼자 어렵다면 전문가 상담을 통해 해지나 변경을 검토해보자.

• 활용해야 할 상품: 단기납 종신보험(저축성 보험)

활용해야 할 상품 중 하나는 단기납 종신보험(저축성 보험)이다. 겉으로는 보험 형태이지만 실제로는 저축에 가까운 상품으로, 보험사에 일정 기간 돈을 묶어두면 은행보다 높은 이율을 제공한다. 매달 납입해 10년 이상 유지하면 세금을 떼지 않고 환급률 약 115~135% 수준으로 돌려받을 수 있으며, 최소 10년은 유지해야 비과세 혜택을 받을 수 있다.

이 상품은 10년 안팎의 중기 목표에 잘 맞는다. 예를 들어 10년 뒤 내 집 마련을 위한 계약금, 자녀의 대학 등록금·학원비, 결혼 자금처럼 '언제, 얼마쯤 필요할지 대략 보이는 목돈'을 준비하는 데 유용하다. 다만 중간에 해지하면 환급금이 크게 떨어지므로, 반드시 중기 목표를 분명히 세운 뒤 가입해야 한다.

보험은 단순히 미래의 불행을 막는 소극적인 방패가 아니다. 질병보험으로 가장 중요한 자산인 '나 자신'을 지키고, 단기납 종신보험 같은 저축성 상품으로 중기적인 목돈 마련 기회를 만들 수 있는 적극적인 재테크 수단이다. 지금 당장 내가 가입한 보험 증권을 꺼내 어떤 보장을 얼마나, 어떤 상품에 얼마나 넣고 있는지 꼭 확인해봐야 한다.

내 보험 확인하는 방법

토스 앱에서 '내 보험'을 검색하면 간단한 인증 후 내가 가입한 보험을 한눈에 조회할 수 있다. 다만 특약 내용이 자세히 나오지 않고, 일부 중복·누락 등 오류가 있을 수 있다. 가장 정확한 방법은 이렇다.

1. 토스에서 내가 가입한 보험사 이름과 상품명을 먼저 확인한 뒤
2. 각 보험사 전용 앱(또는 홈페이지)에 접속해 증권 내용과 특약, 보장 금액을 직접 조회한다.

2006년 이전에 가입한 보험은 조회가 불가능하다. 당시에는 보험 관련 서류가 전산화되지 않았고, 2006년 6월부터 전산화가 시작되면서 그 이후 가입분부터 확인이 가능하다.

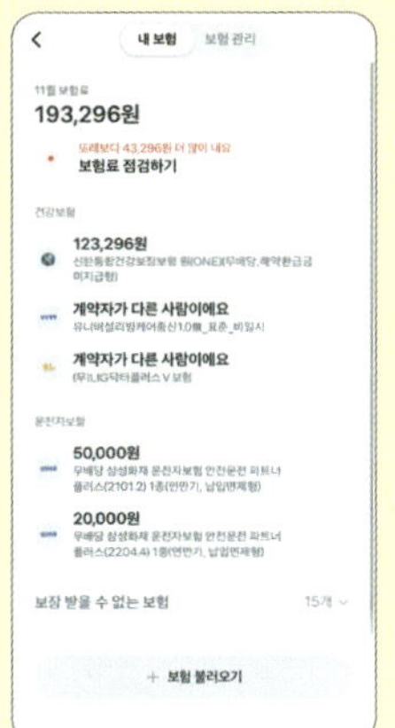

예시는 신한라이프 앱에서 확인한 내 보험 계약과 보장 내용이다. 각 보험사 앱에 들어가면 내가 가입한 보험의 종류, 보험료, 그리고 어떤 치료·질병에 걸렸을 때 얼마를 보장받는지 확인할 수 있다. (특히 건강보험이라면 뇌혈관 질환 진단 특약, 허혈성 심장 질환 진단 특약, 1~5종 수술 특약이 있는지 꼭 체크하자.)

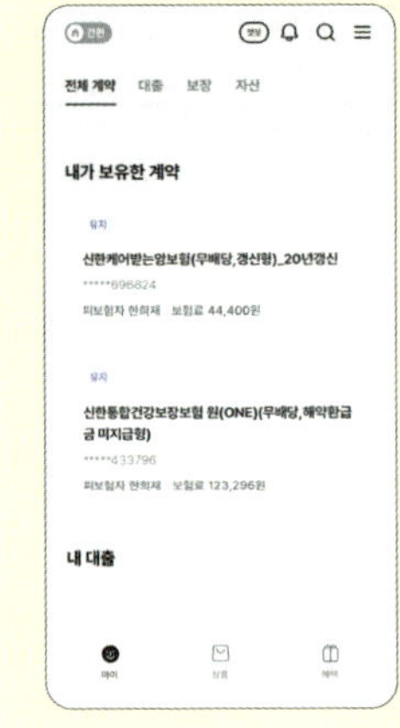
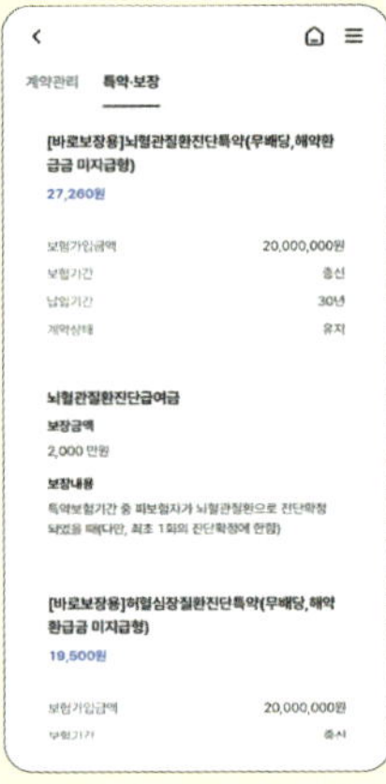

4) 연령대별 보험 추천

연령대별로 가져가면 좋은 월 보험료 수준을 예시로 정리해보자. 먼저 20대 초반이라면 손해보험사의 실손보험 1만 원대 1개와 손해보험사의 질병보험 4만 원대 1개 정도면 월 5만 원 선에서 기본적인 보장을 갖출 수 있다.

20대 후반은 손해보험사 실손보험 1개를 기본으로 두고, 여유가 없다면 손해보험사 질병보험 5만 원대 1개만 준비해도 된다. 다만 여유가 있다면 여기에 생명보험사의 질병보험을 8만~10만 원 수준으로 추가하기를 추천한다.

30대의 경우에는 2~3만 원대 손해보험사 실손보험 1개와 함께

12~15만 원대 생명보험사 질병보험을 가져가는 구성이 적절하다.

40~50대부터는 5만 원대 손해보험사 실손보험 1개와 20만 원대 생

명보험사 건강보험을 기본으로 하고, 소득 여유가 된다면 30만 원

대 종신보험까지 추가로 가지고 있는 편이 좋다.

연령대	필수 보험	추천 구조	월 납입 예시
20대 초반	손보 실손보험 + 질병보험	기본 보장 최소 세팅	약 5만 원
20대 후반	손보 실손보험 + 생보 질병보험	여유 시 종신보험 추가	8~10만 원
30대	실손보험 + 생보 질병보험	하이브리드형 종신 검토	15만 원
40~50대	실손보험 + 건강보험 + 종신보험	상속·노후까지 대비	25~30만 원

CHAPTER 4.

나만의 월급 가계부 만들기

대부분의 사람들은 '돈을 얼마나 아끼느냐'에만 집중한다. 하지만 이 생각부터 바꿔야 한다. 내 월급이 300만 원이라면, 한 달 동안 아무리 악착같이 절약해도 아낄 수 있는 돈은 최대 300만 원이 전부다. 그것이 절약의 한계다. 반대로 돈을 버는 능력, 돈을 불리는 능력에는 상한선이 없다. 300만 원이 3,000만 원이 될 수도 있고, 3억이 될 수도 있다. 그래서 우리는 정해놓은 생활비 안에서는 죄책감 없이 자유롭게 쓰되, 그 외의 시간과 에너지는 모두 '돈을 더 벌고, 더 잘 굴리는 일'에 써야 한다.

1. 월급 가계부 — 월급날 한 번으로 끝내는 재테크 시스템

아끼는 데에는 한계가 있지만, 불리는 데에는 한계가 없다. 이게 바로 진짜 부자의 사고방식이다. 월급 가계부의 목적은 허리띠를 졸라매는 것이 아니라, '돈이 들어오는 시스템을 설계하는 것'이다. 한 번 제대로 세팅해두면 돈이 어디로 빠져나가는지가 선명하게 보이고, 그다음부터는 오롯이 자산을 불리는 일에 집중할 수 있다.

이번에는 '나만의 월급 가계부'를 만드는 방법에 대해 이야기해보자. 사람들은 보통 가계부라고 하면 '오늘 얼마 썼는지 기록하는 지출 목록'을 떠올린다. 하지만 여기서 말하는 월급 가계부는 전혀 다르다. 단순히 소비 내역을 적어두는 도구가 아니라, 월급이 들어오는 순간 한 달 재테크 계획을 완성하는 시스템이다.

한마디로 돈이 들어올 때부터 어디에, 얼마를 보낼지 미리 설계해두는 '재테크용 가계부'다. 한 달에 한 번, 월급날마다 작성하는 월간 재테크 설계도라고 생각하면 된다. 이 안에는 수입과 고정비, 나의 한 달 생활비(용돈)는 물론이고 적금, 청약, ISA, 연금저축펀드, 현금보유 등 각종 재테크 투자 금액까지 한눈에 들어온다.

2. 월급 가계부의 구성 이해하기

월급 가계부는 한 달에 한 번, 월급날에 작성하는 나만의 재테크 플랜 시트다. 한눈에 내가 번 돈, 쓸 돈, 그리고 투자할 돈이 모두 정리된다. 구성은 다음과 같다. 작성 방법을 보면서 나에게 맞게 엑셀 파일로 직접 만들어도 좋다.

1. 수입 체크

항목	내용	금액
월급	급여 25일	3,000,000
수입 계		**3,000,000**

고정지출	**3. 생활비 결정**		1,308,865
유동비용			1,691,135
순수 생활비	40%	하나	676,454
지출 계			**1,985,319**

재테크 가능 금액			1,014,681
ISA	30%	키움증권	304,404
연금저축펀드	5%	키움증권	50,734
주택청약	월 고정	KB국민	100,000
비상금(현금)	15%	IBK투자증권	152,202
기념일 비용	1,500,000	삼성증권	125,000
비상금(현금)	남는 돈	IBK투자증권	282,340

4. 재테크 배분

남는 금액			1

2. 고정비 관리

고정비				
구분	지출명	카드/이체	은행	금액
휴대폰 요금	핸드폰	삼성00카드	KB국민	22,000
인터넷 요금	LG유플러스	삼성00카드	KB국민	25,190
월세	월세	이체	한국씨티	400,000
관리비	관리비	삼성00카드	KB국민	105,940
도시가스	관리비	삼성00카드	KB국민	32,570
대출이자	신용대출	삼성00카드	KB국민	152,013
구독료	구독 합계	자동이체	우리	70,000
보험료	○○보험	자동이체	우리	101,152
보험료	△△보험	자동이체	우리	400,000
합계				**1,308,865**

1월 5. 은행별 이체

은행명	금액
우리	571,152
KB국민	437,713
한국씨티	400,000
키움증권	355,138
삼성증권	125,000
하나	676,454
IBK투자증권	434,542
	-
	-
계	**3,000,000**

1. 수입 및 고정비 관리

- 먼저 이번 달 수입, 즉 월급과 부수입을 모두 적는다.
- 그다음 핸드폰 요금, 통신비, 월세, 보험료처럼 매달 빠져나가는 고정비를 적어넣는다.
- 이번 달에 고정비를 제외하고 내가 실제로 움직일 수 있는 돈이 얼마인지 한눈에 알 수 있는 단계다.

2. 생활비 및 투자비 배분

- 이제 유동 가능 금액 중에서 생활비를 몇 퍼센트로 쓸지 결정한다.
- 나머지는 모두 재테크 용도로 배분한다. 예를 들어 생활비를 제외한 금액을 ISA 30%, 연금저축펀드 5%, 비상금 15%, 보험 10%와 같이 나눠담는 식이다.
- 이렇게 하면 '얼마를 투자에 쓰고 있는지'가 감이 아니라 숫자로 정리된다.

3. 은행별 이체 금액 확인

- '생활비 통장에는 67만 원, 고정비 통장에는 120만 원'처럼 각 계좌에 얼마를 보내야 하는지 바로 확인할 수 있다.
- 월급날에 이 숫자대로만 이체하면, 그 순간 한 달치 가계부와 재테크 계획이 완성되는 구조이다.

이제 월급날에는 딱 한 번만 작성하고, 작성한 금액대로 각 통장에 이체만 하면 한 달 재테크가 끝난다. 다음 내용에서 구체적인 작성 방법을 배워보자.

3. 월급 가계부 작성 순서

1단계 – 고정비 작성

가장 먼저 고정비를 적어야 한다. 휴대폰 요금, 인터넷 요금, 관리비, 월세, 구독료, 보험료처럼 매달 빠져나가는 돈을 모두 적는다. 어느 은행, 어떤 카드에서 빠져나가는지도 같이 기록해야 한다. 파트 1에서 정리한 '자산 건강검진표' 내용을 그대로 옮기면 된다.

고정비				
구분	**지출명**	**카드/이체**	**은행**	**금액**
휴대폰 요금	핸드폰	삼성00카드	KB국민	22,000
인터넷 요금	LG유플러스	삼성00카드	KB국민	25,190
월세	월세	이체	한국씨티	400,000
관리비	관리비	삼성00카드	KB국민	105,940
도시가스	관리비	삼성00카드	KB국민	32,570
대출이자	신용대출	삼성00카드	KB국민	152,013
구독료	구독 합계	자동이체	우리	70,000
보험료	○○보험	자동이체	우리	101,152
보험료	△△보험	자동이체	우리	400,000
합계				1,308,865

2단계 – 월급 및 수입 입력

다음으로 이번 달 수입을 적는다. 월급과 부수입을 모두 더한 금액이다. 예를 들어 월급 300만 원, 부수입이 별도로 없다면 수입은 그대로 300만 원이 된다. 여기서 고정비 130만 원을 빼면 유동 가능한 금액 170만 원이 자동으로 계산된다.

항목	내용	금액
월급	급여 25일	3,000,000

항목	내용	금액
수입 계		3,000,000
고정지출		1,308,865
유동비용		1,691,135
순수 생활비	40%	하나	676,454
지출 계		1,985,319
재테크 가능 금액		1,014,681
ISA	30%	키움증권	304,404
연금저축펀드	5%	키움증권	50,734
주택청약	월 고정	KB국민	100,000
비상금(현금)	15%	IBK투자증권	152,202
기념일 비용	1,500,000	삼성증권	125,000
비상금(현금)	남는 돈	IBK투자증권	282,340
남은 금액		1

3단계 – 생활비 비율 설정

이제 유동 금액 중에서 생활비 비율을 정해야 한다. 예를 들어 생활비를 40%로 잡으면 약 67만 원이 계산된다. 이 돈이 이번 달에 내가 자유롭게 쓸 수 있는 생활비다.

4단계 – 재테크 비율 설정

생활비를 뺀 나머지 금액은 모두 재테크용으로 배분한다. 예를 들어 ISA 30%, 연금저축펀드 5%, 비상금 15%, 보험 10%처럼 비율을 나눈다. 비율을 입력하면 각 항목별 재테크 금액이 자동으로 계산된다. ISA에서 어떻게 투자하면 좋을지 자세한 상품별 비율과 금액은 뒤에서 다룰 '불리기' 파트를 참고하면 된다.

5단계 – 은행별 이체 금액 확인

마지막으로 은행·증권사별 이체 금액 합계를 본다. 우리는 이미 통장 세팅을 끝냈기 때문에 여기서 숫자만 채우면 된다. 예를 들어 '우리은행 생활비 통장-57만 원', '국민은행 카드 통장 – 43만 7,000원'처럼 적는다. 이렇게 정리한 뒤 월급날 한 번에 이체까지 끝내면, 10분 안에 한 달 자금 분배가 완료된다.

1월

은행명	금액
우리	571,152
KB국민	437,713
한국씨티	400,000
키움증권	355,138
삼성증권	125,000
하나	676,454
IBK투자증권	434,542
	-
	-
계	3,000,000

4. 월급 가계부의 핵심 — 월급날 단 한 번만!

월급 가계부는 매일 쓰는 노트가 아니라 월급날 단 한 번만 작성하면 되는 시스템이다. 그날 정해둔 금액대로 각 통장에 이체하고, 한 달 동안은 그 범위 안에서만 생활하는 구조다. 한 번의 세팅만으로 그 달의 소비와 재테크가 자동으로 관리되는 셈이다. 이 시스템의 장점은 2가지다.

1) 스트레스가 없다

매일 100원, 500원을 아끼려고 신경 쓸 필요가 없다. 이미 월급날에 이번 달 한도를 정해두었기 때문이다. '이번 달 생활비는 60만 원'이라고 정했다면, 그 안에서는 마음 편히 쓰면 된다. 오늘 커피를 마셔

도, 친구와 밥을 먹어도 미리 정해둔 예산 안이라면 죄책감을 느낄
이유가 없다.

2) 재테크 집중력이 높아진다

매일 영수증을 확인하며 가계부를 적느라 스트레스 받을 시간에, 그
에너지를 재테크·투자 공부에 쓰는 편이 훨씬 낫다. 월급 가계부는
소비를 감시하는 일기장이 아니라 돈을 모으는 시스템이다. 내가 통
제해야 할 대상은 개별 지출이 아니라, 월급이 들어와 흘러나가는
전체 '흐름'이다.

Part 2 부록 :
부자들의 소비 습관 5가지

우리는 돈이 많은 사람들의 삶을 부러워하는 데에서 끝낼 게 아니라, 그들의 방식을 따라야 한다. 돈은 무조건 아끼기만 한다고 쌓이지 않는다. 어디에, 어떻게 쓰느냐에 따라 커지기도 하고 줄어들기도 한다.

그동안 내가 만나고 관찰해온 많은 부자들에게는 공통된 생활 습관이 있었다. 그중에서 우리에게 특히 도움이 될 만한 5가지를 소개하고자 한다. 부자들의 소비 습관을 보면, 하나같이 '돈을 어떻게 흘려보낼 것인가'에 대한 기준이 분명하다. 5가지 원칙만 기억해도, 소비가 단순한 지출이 아니라 자산이 되는 구조를 만들 수 있다.

1. 명품 대신 환금성 있는 자산에 쓴다

명품 액세서리 하나쯤 갖고 싶은 마음은 누구나 있다. 하지만 부자들은 이런 소비에서도 가장 먼저 이렇게 묻는다. "이걸 나중에 다시 현금으로 바꿀 수 있을까?"

그래서 티파니, 까르티에 같은 브랜드보다 언제든 팔 수 있는 실물 자산을 선택한다. 반지나 목걸이를 사고 싶다면 백화점 명품 코너 대신 종로에서 24K 금반지를 사는 편이 훨씬 현명하다. 금은 브랜드값이 아니라, 순수한 금속 자체의 가치가 가격을 결정한다. 필요할 때 바로 현금화할 수 있고, 시간이 지나면 오히려 값이 오를 가능성도 크다.

명품은 유행이 지나면 중고가가 급격히 떨어지거나, 아예 가치가 제로에 가까워질 수 있다. 하지만 금은 10년 뒤에도 여전히 내 자산으로 남는다. 보이는 사치보다, 언제든 다시 돈으로 바꿀 수 있는 자산을 선택하는 것. 이게 바로 부자들의 소비 기준이다.

2. 비싼 옷보다 깔끔하게 관리된 옷을 입는다

부자들은 명품 옷에 집착하지 않는다. 대신 '옷을 어떻게 관리하느냐'에 돈을 쓴다. SPA 브랜드 옷이라도 구김 없이 다려 입고, 보풀 제거기를 돌려 정리하고, 구두를 깨끗이 닦아 신는 편이 훨씬 더 품격 있어 보인다. 진짜 중요한 핵심은 옷에 붙은 로고가 아니라 디테일을 관리하는 힘이다. 손톱 정리, 옷의 주름, 신발 상태 같은 사소한 요소들이 결국 그 사람의 전체 인상을 만든다. '비싼 옷'보다 '깨끗한 옷'을 입는 것, 이게 진짜 부자들의 미학이다.

3. 보여주기용 소비를 하지 않는다

부자들은 남들에게 보이기 위해 소비하지 않는다. 샤넬 립밤, 디올 향수, 프라다 핸드크림처럼 '겉멋'이 전부인 소비에는 관심이 없다. 실제로 국내 대기업 오너들이 사용하는 물건을 보면 대부분 가격이 부담스럽지 않고 실용적인 제품이다.

이재용 회장이 썼다고 알려진 립밤은 5천 원도 안 하는 제품이었고, 이부진 사장이 이마트에서 사갔다고 화제가 된 로션도 5천 원대 로션이었다. 이들이 말해주는 메시지는 단순하다. 진짜 부자일수록 겉모습이 아니라 실질적인 가치를 본다는 것이다. 브랜드가 아니라 본질을 사고, 남에게 보여주기 위한 소비가 아니라 정말 나에게 필요한 것을 산다.

4. 몸값을 올리는 경험에 투자한다

부자들은 물건보다 경험에 돈을 쓴다. 물건은 사는 순간 가치가 떨어지지만, 경험은 시간이 지날수록 나를 성장시키는 자산이 된다. 책, 강의, 자격증, 세미나, 여행 같은 경험은 결국 나의 몸값을 올리는 투자다. 부자들은 이 사실을 일찍 안다. 그래서 명품 가방보다 나를 성장시킬 수 있는 배움에 돈을 아끼지 않는다. 돈을 쓸 때마다 이렇게 물어보자. "이건 나를 성장시키는 소비인가?" 그렇다면 그건 지출이 아니라, 투자다.

5. 시간을 아끼는 데 돈을 쓴다

마지막으로, 부자들의 공통점은 시간을 돈처럼 쓴다는 점이다. 택시비 2만 원이 아깝다고 1시간을 지하철에서 보내는 대신 그 시간에 계약을 하나 더 따내고, 책 한 챕터를 더 읽는다. 부자들은 '돈으로 시간을 산다'.

시간을 줄여주는 소비는 낭비가 아니라 효율에 대한 투자다. 예를 들어 영상 편집을 하는 사람이라면, 좋은 노트북을 사는 건 사치가 아니라 생산성 투자다. 렌더링 몇 분, 작업 속도 몇 초 차이가 쌓이면 하루의 여유, 한 달의 여유가 생긴다. 돈을 아끼는 절약도 중요하지만, 시간을 잃으면서까지 아끼는 소비야말로 진짜 낭비다.

PART 3.

모으기

CHAPTER 1.

친구·연인과 함께 주식·금 투자하기

생일, 기념일마다 사라지는 선물을 주고받기보다, 그날을 서로의 자산을 늘리는 날로 바꾸는 방법을 소개한다. 친구·연인·가족과 함께 '금 모으기 운동', '주식 모으기 운동'을 만들어 매달 소액을 모으고, 생일마다 금이나 주식을 선물하면 의무적인 소비가 자동 저축·투자가 된다. 특별한 투자 실력 없이도 시간과 복리의 힘으로 자산이 자연스럽게 쌓이고, 동시에 돈 이야기를 편하게 나누는 건강한 관계도 만들어진다. 케이크는 하루면 없어지지만, 자산 선물은 평생 남는다는 사실을 몸으로 느끼게 해주는 장기 프로젝트다.

1. 선물도 하고 자산도 모으는 방법

친구 생일이 다가오면 누구나 비슷한 고민을 한다. "이번엔 뭐 사줘야 하지?", "얼마짜리가 적당할까?", "이 친구 생일도 곧이네."

우리는 생일, 발렌타인 데이, 각종 기념일, 어버이날, 스승의 날, 빼빼로데이까지 1년에 수십 번 '의무적인 소비'를 반복하며 산다. 하지만 이렇게 나가는 돈이 과연 모두 가치 있는 지출일까?

사실 대부분의 선물은 기프티콘, 향수, 케이크, 핸드크림처럼 잠깐의 기쁨만 주고 금방 잊힌다. 받는 사람도 고맙기는 하지만, 막상 필요하지 않으니 서랍에 넣어두거나 중고 거래로 내놓는 경우도 적지 않다. 실제로 당근마켓에서 '핸드크림'을 검색해보면, 카카오톡 선물하기 랭킹 10위 안에 드는 논픽션, 조말론, 록시땅 같은 제품들이 저렴한 가격에 쏟아져 나온다. 대부분의 사람이 '생일은 챙겨야 하니까'라는 생각으로 필요하지 않은 물건을 주고받고 있다는 증거다.

나는 이런 생일 선물이 결국 카카오톡과 스타벅스만 배부르게 하는 소비라고 생각한다. 그렇다고 "앞으로 선물 안 할게"라고 선언할 수도 없다. 친구, 연인, 부모님 생신과 각종 기념일을 완전히 무시하고 살 수는 없기 때문이다. 우리는 어쨌든 사회생활을 해야 하는 존재가 아닌가.

그래서 나는 생각했다. 이 기념일들을 조금만 다르게, 조금 더 현명하게 챙길 수는 없을까? 이제 우리는 스마트하게 돈도 모으면서 생일을 활용해야 한다. 그렇다고 너무 인색하게 굴 필요는 없다. 다만 '돈이 줄어드는 선물' 대신 '돈이 불어나는 선물'을 하면 된다. 이

것은 절약이 아니라, 현명한 재테크 습관을 만드는 과정이다.

이런 고민 끝에 친구, 연인, 가족 모두에게 적용할 수 있는 '돈을 모으면서 생일도 챙기는 방법'을 만들었다. 지금도 내가 직접 실천하고 있는 방법이며, 누구나 쉽게 따라 할 수 있다. 이제부터 그 현실적인 2가지 방법을 소개하겠다.

2. 생일 금 모으기 운동 – 골드바 챙기기

나는 대학교 친구들과 함께 '금 모으기 운동', 옛날 말로 하면 일종의 '계'를 만들어서 지금까지 거의 10년째 이어오고 있다. 시작 이유는 단순했다. 서로의 생일이 돌아올 때마다 선물 고민이 늘 반복됐기 때문이다. 그래서 나는 친구들에게 이런 제안을 했다.

"금 1돈씩 선물하면 어때? 매달 5만 원씩 모으고, 생일 되면 금 1돈을 주자. 대신 다른 선물은 없고, 생일인 사람이 밥 사기."

그때는 다들 웃었다. 누가 생일 선물로 금을 주냐면서 말이다. 하지만 지금은 모두가 나에게 고맙다고 말한다. 왜냐하면 금 가격이 폭등했기 때문이다.

우리는 이렇게 시작했다. 매달 모임 통장에 5만 원씩 자동 이체로 돈을 모으고, 생일이 되면 생일인 친구가 밥을 사고, 나머지 친구들이 모아둔 돈으로 금 1돈을 선물하는 방식이다. 그렇게 시작한 모임이 어느덧 10년째다.

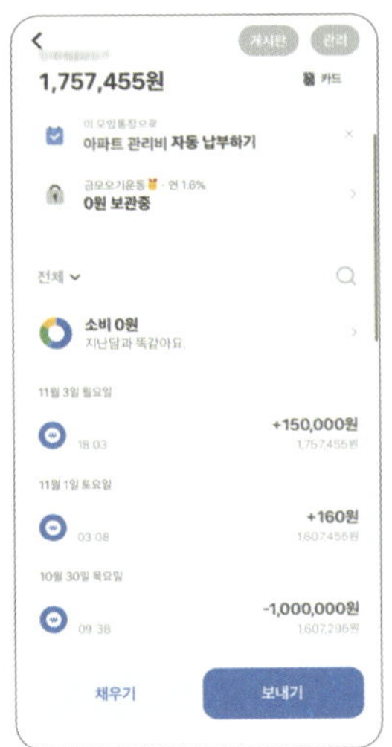

자료: 금 모으기 운동 계좌와 생일에 받은 금

처음 시작했을 때 금 1돈 가격은 20만 원대였다. 지금은 90만 원을 훌쩍 넘어섰다. 단순 계산으로 수익률 3~4배다. 우리는 특별히 투자 공부를 한 것도 아니고, 트레이딩을 한 것도 아니다. 그저 생일을 챙기자는 이유로 돈을 모았을 뿐인데, 그 사이 자산이 알아서 모이고 불어난 셈이다.

내가 생일마다 받은 금만 해도 10돈이 넘는다. 나는 최근 이 금들을 모두 팔아 그 돈으로 주식을 매수했다. 처음에는 친구들이 "굳이 왜 귀찮게 금이야?"라고 했지만, 지금은 오히려 다른 투자 계도 하나 더 만들자고 먼저 제안한다.

이 방법의 장점은 단순하지만 꽤 강력하다.

1. 선물 부담이 줄어든다.

뭘 사야 할지 고민할 필요가 없고, 가격대도 모두에게 합리적이다.

2. 가치가 떨어지지 않는다.

향수는 2년이면 사라지지만, 금은 시간이 지날수록 가치가 오를 가능성이 크다.

3. 투자 마인드가 생긴다.

모임 통장으로 금을 사다 보니 친구들도 자연스럽게 주기적으로 금값을 확인하고, 왜 금값이 오르내리는지 함께 공부하게 된다.

방법은 단순하다. 매달 모임 통장에 돈을 모으고, 각자의 생일이 되면 그 돈으로 금 1돈을 선물하면 된다. 실물 금이 부담된다면, 금 관련 금융 상품을 선물하는 방법도 좋다. 예를 들어 ACE KRX 금 현물(1주 약 28,150원대), SOL 국제금(1주 약 13,125원대) 같은 금융 상품을 카카오페이증권이나 토스증권에서 부담 없이 사고, 선물하기 기능으로 주고받을 수 있다.

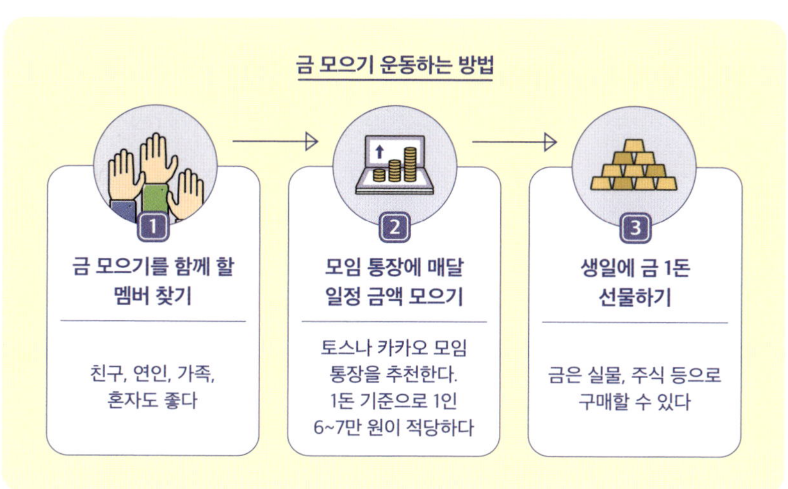

결국 중요한 것은 형태가 아니라 가치다. 실물이든, ETF든, 시간이 지날수록 사라지는 선물이 아니라 가치가 쌓이는 선물이면 된다. 지금도 나는 주변 사람들에게 이렇게 말한다. "케이크는 하루면 없어지지만, 금은 평생 남아."

생일 선물로 금을 주는 일은 단순한 이벤트가 아니라, 서로의 미래를 축하하는 가장 현명한 방법이다. 의미 있게 돈을 모으는 하나의 재테크 습관인 셈이다. 참고로 나는 2025년에 금 가격이 너무 많이 올라 잠시 금 대신 ISA 통장에서 미국 지수 ETF에 투자하는 방식으로 바꾸어 진행했다. 다만 금 가격이 어느 정도 안정되면, 다시 생일 선물을 금으로 돌릴 예정이다.

3. 주식 모으기 운동 — 기념일에 함께 투자하기

설명:실제 누나에게 선물한 주식

금이 부담스럽다면 '주식 모으기 운동'을 추천한다. 내가 지금도 실제로 하고 있는 방법이다. 나는 고향 친구들과 함께 매달 3만 원씩 모아서, 서로의 생일마다 주식 30만 원어치를 선물하는 모임을 운영하고 있다. 우리가 투자하는 종목은 대부분 미국 S&P 500 ETF, 나스닥100 ETF, 애플·테슬라·마이크로소프트처럼 안정적이면서도 성장성이 있는 대표 기업들이다.

한 번의 선물은 작아 보이지만, 매달 쌓이고 해마다 반복되면 그

가치는 점점 커진다. 예를 들어 한 번에 3만 원씩 1년 동안 모으면 36만 원, 5년이면 180만 원이 된다. 여기에 주가 상승까지 더해지면 그 금액은 자연스럽게 불어난다. 이건 단순한 선물이 아니라 함께 불어나는 자산, 그리고 시간이 지나도 사라지지 않는 추억을 동시에 쌓는 방법이다.

나는 2020년에 이 운동을 처음 시작했다. 처음에는 "이거 너무 귀찮은 거 아니야?"라고 말하던 친구들도 있었지만, 5년이 지난 지금 우리의 평균 수익률은 100%를 넘는다. 친구들이 "네가 나한테 생일 선물로 줬던 그 주식인데, 지금 2배야!"라고 자랑할 때마다 '이게 진짜 의미 있는 선물이구나'라는 생각이 든다.

주식 선물하는 방법

1. 카카오페이 앱을 켜고 '주식 선물하기'를 검색한다.
2. 선물할 주식을 고르고 금액(1만~30만 원 정도)을 입력한다.
3. 카카오톡 친구에게 전송하면 끝.

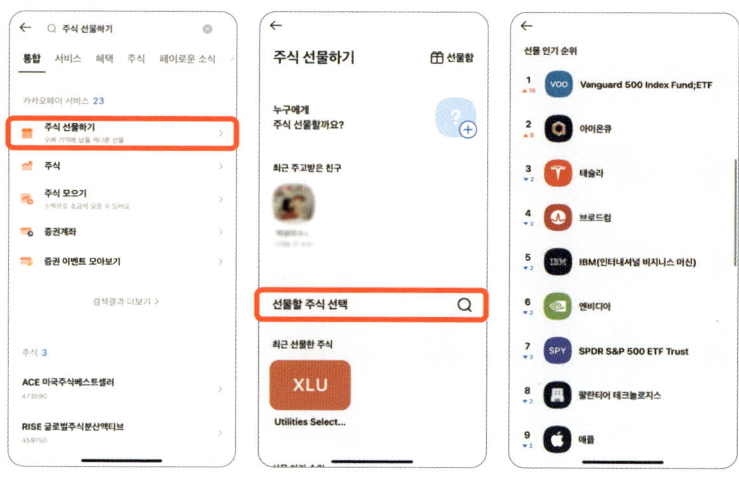

주식 모으기 운동의 장점은 실행이 쉽고, 누구와도 할 수 있다는 점이다. 직장 동료, 커플, 친구, 가족끼리도 충분히 가능하다. 특히 요즘은 주식 선물하기 기능이 워낙 잘 되어 있어서, 복잡한 절차 없이 얼마든지 실천할 수 있는 방법이다.

만약 친구나 동료와 함께 이런 모임을 만들기 어렵다면, 주식 선물하기 기능을 이용해 1만 원에서 3만 원 정도의 소액 주식 선물부터 시작해보자. 커피 쿠폰보다 훨씬 의미 있고, 받는 사람도 신기해한다. 특히 직장 동료나 연인에게 이런 주식 선물을 해보면 그날의 대화가 달라진다. "그 주식, 지금 수익률 얼마야?" 자연스럽게 돈 얘기와 투자 얘기를 하게 되고, 그 속에서 재테크 감각도 함께 자란다.

이제 생일은 단순히 돈을 쓰고 끝나는 날이 아니라, 서로의 자산이 자라는 날이 될 수 있다. 선물도 하고, 수익도 얻고, 추억도 쌓는 소비가 된다. 기념일을 챙기면서 돈을 모으는 법, 그게 바로 '주식 모으기 운동'이다.

CHAPTER 2.

돈을 3배 빠르게
불리는 방법

이번 챕터에서는 왜 단순히 저축만 해서는 가난해질 수밖에 없는지, 숫자로 냉정하게 보여준다. 인플레이션이 해마다 우리 돈의 가치를 갉아먹는 구조, 예·적금 이자가 물가상승률을 따라잡지 못하는 현실을 짚어보고, 돈을 지키고 불리려면 최소한 복리와 72법칙 정도는 이해해야 한다고 설명한다. 1억 원이 단리와 복리에서 얼마나 극적으로 다른 결과를 만드는지, 부자들이 왜 '조금 더 오래 기다리는 사람들'인지 실제 사례와 함께 보여준다. 마지막으로 시드머니×이율×시간이라는 단순한 공식을 통해, 소득은 그대로여도 재테크 공부와 시간 관리만으로 자산 성장 속도를 2~3배까지 끌어올릴 수 있음을 정리한다.

1. 인플레이션이 우리 돈을 갉아먹는다

우리는 왜 돈을 모으고 불려야 할까? 이유는 간단하다. 돈을 그대로 두면 돈의 가치가 떨어지기 때문이다. 요즘 누구나 느끼고 있듯이, 코로나 이후 전기세·버스비·식비 등 모든 생활비가 급격하게 올랐다. 이건 굳이 뉴스나 통계를 보지 않아도 알 수 있다. 점심 한 끼만 사 먹어도 바로 체감된다.

예전엔 5,000원, 6,000원이면 먹던 순댓국이 이제는 기본 1만 원을 훌쩍 넘는다. 이 말은 무엇일까? 예전에는 만 원으로 순댓국 두 그릇을 먹을 수 있었는데 이제는 한 그릇도 먹기 힘들어진 것이다. 물가는 올랐고, 돈의 가치는 떨어졌다. 이게 바로 인플레이션이다.

조금 더 정확히 설명하면 인플레이션은 해마다 물가가 얼마나 올랐는지를 나타내는 연간 물가상승률이다. 물가는 대체로 매년 조금씩 오르고, 그만큼 내 돈의 '실질 가치'는 줄어든다. 숫자로 보자. 연평균 인플레이션이 3%라고 가정하면 오늘의 1,000만 원은 시간이 지나면서 이렇게 줄어든다.

- **5년 후**: 약 858만 원 (약 14% 하락)
- **10년 후**: 약 737만 원 (약 26% 하락)
- **30년 후**: 약 401만 원 (약 59% 하락)

즉, 오늘의 1,000만 원은 30년 뒤에는 400만 원 정도밖에 되지 않는다. 지갑에 넣어두기만 해도 600만 원이 공기처럼 사라지는 셈이다. 그렇다고 인플레이션이 무조건 나쁜 것만은 아니다. 국가가 성장하고 경제가 건강하게 돌아가기 위해서는 연 2~3% 수준의 물가 상승이 필요하다. 전 세계적으로도 연평균 3% 안팎의 인플레이션은 경제가 안정적으로 성장하고 있다는 신호로 본다.

물가는 매년 오르는데 월급이 제자리라면, 우리는 가만히 있어도 자연스럽게 '가난해지는 구조'에 놓이게 된다. 그럼 방법은 뭘까? 정답은 단순하다.

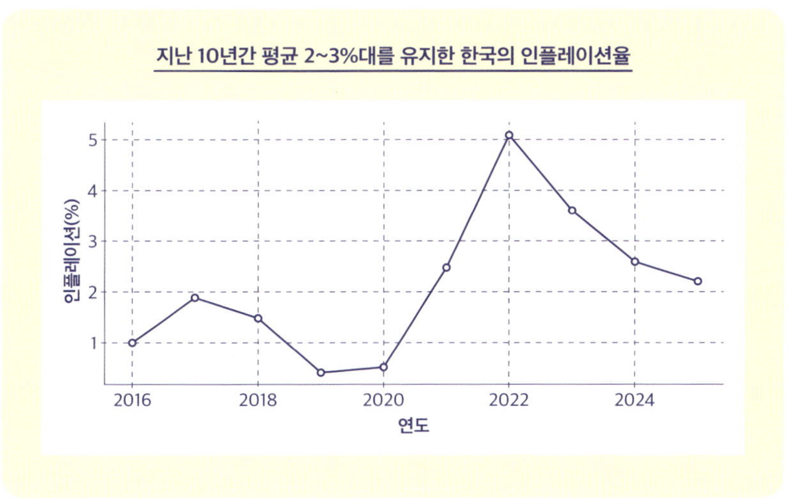

물가상승률 이상으로 내 돈을 불려야 한다. 즉, 내 돈의 가치를 지키려면 최소 연 3% 이상의 수익률로 굴려야 자산이 제자리라도 유지된다는 의미다. '가만히 있는 게 제일 안전하다'고 생각하기 쉽지만, 사실은 '가만히 있는 게 제일 위험한 시대'다. 그래서 우리는 단순히 돈을 모으는 데서 멈추면 안 된다. 돈의 가치를 지키고, 불릴 줄 알아야 한다.

2. 예금과 적금만 하면 안 되는 이유

시골에서 자란 나는 어렸을 때부터 이런 말을 귀에 못이 박히도록 들었다. "공무원이 최고야." "주식하면 집안 망한다." "차곡차곡 적금을 들어야지."

그런데 지금도 사람들이 꾸준히 들고 있는 예금과 적금, 정말 나를 위한 선택일까? 나는 지금도, 앞으로도 예금과 적금을 하지 않을 생각이다. 왜냐하면 이 구조는 솔직히 말해 우리 돈으로 은행만 배불리는 시스템이기 때문이다.

1) 예금과 적금의 차이

2가지 모두 은행에 돈을 맡기고 이자를 받는다는 점에서는 같다. 다만 언제, 어떻게 돈을 넣느냐에 따라 성격이 완전히 달라진다.

예금

- 한 번에 목돈을 은행에 맡기고, 만기(예: 1년)에 원금 + 이자를 받는 방식이다.
- 예시: 1,200만 원을 한 번에 넣고, 연 3% 금리로 맡김
- 1년 뒤 받는 금액 = 원금 1,200만 원 + 이자 36만 원 = 1,236만 원

적금

- 매달 일정 금액을 꾸준히 넣는 방식이다.
- 예시: 매달 100만 원씩 12개월, 연 3% 금리
- 1년 뒤 받는 금액 = 원금 1,200만 원 + 이자 약 19만 5천 원 = 1,219만 5천 원

왜 적금 이자가 더 적을까? 예금은 처음부터 1,200만 원이 통장에 있어서 1년 내내 1,200만 원이 이자를 벌지만, 적금은 100만 원씩

'나눠서' 넣기 때문에 6개월 평균치(즉, 약 600만 원 수준)에 대해서만 이자가 붙기 때문이다.

2) 실제 받는 금액(이자소득세 15.4% 차감 후)

그럼 내 손에 진짜 들어오는 금액은 얼마일까? 여기서는 이자소득세 15.4%를 빼야 한다. 그래야 진짜 실수익률을 알 수 있다.

예금 (연 3%)
- 총 이자: 36만 원
- 세금: 36만 원 × 15.4% = 55,440원
- 실제 수령 이자: 304,560원
- 실수익률: 약 2.54%

적금 (연 3%)
- 총 이자: 약 195,000원
- 세금: 195,000원 × 15.4% = 30,030원
- 실제 수령 이자: 약 164,970원
- 실수익률: 약 1.37%

3) 예금과 적금은 돈을 지킬 수 없는 구조

예금이든 적금이든 받는 이자는 고작 연 2% 남짓이다. 그런데 물가는 매년 평균 3% 이상 오른다. 이자를 받아도 물가를 반영하면 실질적으로는 매년 1%씩 돈을 잃고 있는 셈이다. 은행은 우리가 맡긴 돈을 6~8%대 이자로 빌려주며 이익을 남기고, 우리는 2~3% 이자에 만족해한다.

결국 은행은 이런 구조 덕분에 매년 사상 최대 실적을 경신하고, 우리는 돈을 꾸준히 모았다며 마음의 위안만 얻는다. 이게 바로 예금과 적금이 '돈을 지키는 구조'가 아니라, 조용히 돈을 잃어가는 구조인 이유다.

누군가는 이렇게 말할 수 있다. "아닌데? 금리 10% 주는 적금 상품들도 있던데?" 맞다. 높은 금리의 적금 상품도 있다. 하지만 자세히 들여다보면 월 납입액 한도가 10만 원, 30만 원 정도로 매우 작고, 우대금리를 받기 위한 조건이 지나치게 많다.

급여 이체, 자동 이체 3건, 체크카드 사용 실적, 앱 출석 로그인 등 여러 조건을 모두 채워야 겨우 안내된 우대금리가 적용되는 경우가 대부분이다. 결국 조건을 깔끔하게 채우지 못하면 기본 금리만 적용되고, 생각보다 이자는 거의 차이가 나지 않는다. 남는 것은 약간의 이자와 그보다 더 큰 '시간과 에너지 소모'인 경우가 많다.

다만 여기서 국가에서 지원하는 청년 적금, 신혼부부 적금 등 정책성 상품은 예외다. 이런 상품은 해야 한다. 아니, 할 수 있다면 반드시 하는 편이 좋다.

이제 우리는 안전하게 돈을 잃는 구조에서 벗어나야 한다. 통장 잔고 숫자만 늘어나는 착시가 아니라, 실제로 돈을 불리는 방법을 찾아야 한다. 그게 바로 재테크의 진짜 시작이다.

3. 꼭 알아야 하는 개념, 복리

대한민국 사람이라면 '복리'라는 단어를 한 번쯤 들어봤을 것이다. 하지만 복리가 얼마나 강력한지, 숫자로 제대로 체감해본 사람은 많지 않다. 다음 표를 보면 1억 원을 연 10%로 투자했을 때, 단리와 복리의 차이가 얼마나 극적으로 벌어지는지 바로 느낄 수 있다.

연 10% 이율로 투자했을 때 단리와 복리의 차이

	단리	복리
0년 후	100,000,000	100,000,000
1년 후	110,000,000	110,000,000
5년 후	150,000,000	161,051,000
10년 후	200,000,000	259,374,246
15년 후	250,000,000	417,724,817
20년 후	300,000,000	672,749,995
30년 후	400,000,000	1,744,940,227
50년 후	600,000,000	11,739,085,288

1) 단리와 복리의 차이, 숫자로 보면 이렇게 다르다

단리는 매년 처음 넣은 원금 1억 원에만 이자가 붙는다. 그래서 1년 차에는 10%인 1,000만 원, 2년 차에도 또 1,000만 원, 10년 뒤에는 1억 원+(1,000만 원×10년)=2억 원이 된다.

반면 복리는 이자에도 다시 이자가 붙는 구조다. 1년 차에는 원금 1억 원에 대한 10%가 붙지만, 2년 차에는 1억 1,000만 원(원금 1억 원+1년 차 이자 1,000만 원) 전체에 10%가 붙는다. 이렇게 시간이 지날수록 이자 위에 또 이자가 쌓이기 때문에 돈이 마치 눈덩이처럼 기하급수적으로 불어나는 것이 복리다.

- **10년 후:** 단리 2억 원 / 복리 2.6억 원
- **20년 후:** 단리 3억 원 / 복리 6.7억 원
- **50년 후:** 단리 6억 원 / 복리 117억 원

표를 보면 처음에는 차이가 미미하지만, 시간이 길어질수록 복리의 힘은 압도적이다. 같은 연 10% 수익이라도 단리로는 6억 원에 그치지만, 복리로는 117억 원까지 불어난다. 이게 바로 '시간이 돈을 만든다'는 말의 진짜 의미다.

그래서 우리는 무조건 복리 상품에 투자해야 한다. 부자들이 공통적으로 택하는 투자 방식이 바로 복리다. 복리는 돈이 돈을 버는 시스템이다. 내가 일하지 않아도 내 자산이 스스로 불어나는 구조다. 그래서 재테크를 할 때는 단순히 '얼마 벌었냐'보다 '내 수익률이 복리로 얼마씩 굴러가고 있느냐'를 기준으로 봐야 한다.

2) 72법칙 — 내 돈이 2배 되는 기간 계산법

이제부터 우리가 투자할 때 꼭 알아야 할 개념이 있다. 바로 72법칙이다. 방법은 아주 간단하다. 숫자 72에다가 연이율을 나누면 내 돈이 2배가 되는 데 걸리는 기간이 나온다. 예를 들어 보자.

- 연 6% 수익률이면 → 72 ÷ 6 = 12년 → 약 12년 뒤 돈이 2배
- 연 10% 수익률이면 → 72 ÷ 10 = 7.2년 → 약 7.2년 뒤 2배
- 연 15% 수익률이면 → 72 ÷ 15 = 4.8년 → 약 4.8년 뒤 2배

즉, 수익률이 조금만 올라가도 돈이 2배가 되는 속도는 폭발적으로 빨라진다.

3) 투자할 때 반드시 72법칙을 적용해보자

우리는 흔히 주변에서 어떤 주식이나 펀드가 좋다는 말에 따라 투자하곤 한다. 하지만 진짜 똑똑한 투자자는 투자 전에 반드시 이렇게 계산해본다. "이 상품의 평균 수익률이 8%면, 내 돈이 2배 되는 데 약 9년 걸리겠네." 이게 바로 72법칙이다.

예를 들어 내가 '재리전자'라는 회사를 좋아해서 1,000만 원으로 주식을 사려고 한다고 하자. 이때는 단순히 감으로 투자하는 것이 아니라, 과거 5년간 평균 수익률이 몇 퍼센트였는지, 앞으로의 전망은 어떤지를 보고 "내 돈이 몇 년 뒤 얼마쯤이 될까?"를 계산해보는 습관이 필요하다. 이렇게 계산을 해보는 사람과 그렇지 않은 사람은 10년, 20년 뒤 결과가 완전히 달라진다.

복리는 단순한 숫자의 마법이 아니라, 시간을 내 편으로 만드는 기술이다. 단기적으로는 큰 차이가 나지 않아 보이지만, 10년, 20년이 지나면 그 차이가 삶의 수준으로 드러난다.

따라서 앞으로 우리가 어떤 투자를 하든, 단리로 잠깐 돈을 버는 구조가 아니라 복리로 자산을 쌓는 구조를 만들어야 한다. 그것이 바로 부자들이 말하는 진짜 돈이 일하게 만드는 방법이다.

4. 부자의 노하우를 배우자

열심히 모아서 1억 원을 만들고, 그 돈을 투자해서 2억 원까지 만드는 데 성공했다고 가정해보자. 이때 대부분의 사람들은 이렇게 생각한다. "이 정도면 됐어. 여기서 멈추자." 그리고 바로 수익을 확정하고, 투자했던 돈을 모두 빼버린다. 복리가 이제 막 힘을 발휘하려는 순간, 스스로 성장을 멈추는 셈이다. 돈이 더 크게 자라기 전에 성장을 끊어버린다.

하지만 부자는 다르게 행동한다. 그들은 "2억 원이 됐네, 이제 진짜 시작이구나."라고 말한다. 복리의 진짜 힘이 시간에서 나오기 때문이다. 연 12% 수익률로 계속 투자한다고 가정해보자.

- 6년 후: 1억 → 2억
- 12년 후: 2억 → 4억
- 18년 후: 4억 → 8억
- 24년 후: 8억 → 16억

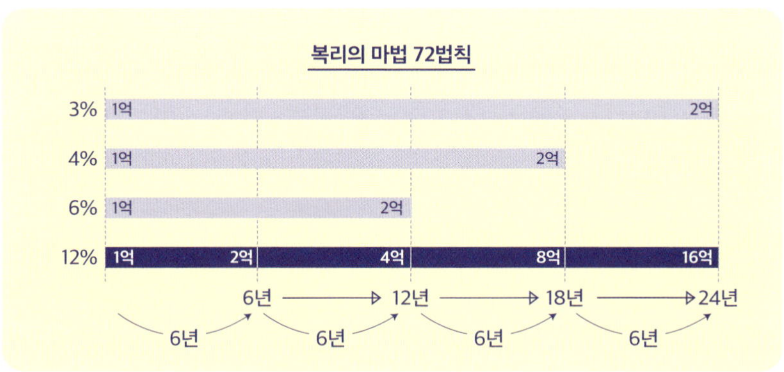

한 번 더 기다리면 2억이 4억이 되고, 다시 한 번 더 기다리면 4억이 8억이 된다. 부자들은 '한 번 더'의 차이를 안다. 그래서 남들보다 조금 더 오래 기다리고, 결국 훨씬 큰 부를 쌓는다.

나는 수백 권의 재테크 책을 읽고, 수천만 원을 들여 강의를 듣고, 수많은 시행착오를 겪으면서 결국 하나의 진리를 깨달았다. 부자가 되는 공식은 생각보다 아주 단순하다. 지금부터 소개할 공식은 내가 그동안 배운 모든 재테크의 본질을 한 줄로 압축한 문장이다.

부자가 되는 공식

시드머니 × 이율 × 시간

1) 시드머니 – 돈이 일할 '씨앗' 모으기

부자가 되기 위해 가장 먼저 시드머니(Seed Money)가 필요하다. 돈이 돈을 벌게 하려면, 먼저 돈이 들어가 자랄 '씨앗통'을 채워야 하기 때문이다. 시드머니는 '큰돈'이 아니라 '시작할 수 있는 돈'이다. 어떤 사람에게는 100만 원일 수 있고, 또 다른 사람에게는 1,000만 원일 수 있다. 중요한 것은 금액의 크기가 아니라, 매달 꾸준히 투자할 수 있는 구조를 만드는 것이다.

2) 이율 – 공부로 올릴 수 있는 나의 수익률

똑같은 시드머니라도 어떤 상품에 투자하느냐에 따라 결과는 완전히 달라진다. 예를 들어 1,000만 원을 연 2%로 굴리면 1년 뒤

1,020만 원이 되지만, 연 10%로 굴리면 1,100만 원이 된다. 1년만 보면 차이가 작아 보이지만, 10년이 지나면 1,243만 원과 2,593만 원으로 2배 이상 차이가 난다. 즉, 이율은 내가 공부해서 바꿀 수 있는 영역이다. 부자는 돈을 더 벌기 위해 야근하는 방법이 아니라, 수익률을 높이는 방법을 공부한다.

3) 시간 – 복리를 완성하는 결정적인 요소

시드머니와 이율이 같아도, 얼마나 오래 두느냐에 따라 결과는 완전히 달라진다. 복리의 마법이 바로 여기에서 나온다. 1억 원을 연 10% 복리로 10년 굴리면 약 2.6억 원이 되지만, 이 투자를 20년 유지하면 약 6.7억 원, 30년 동안 유지하면 약 17억 원까지 불어난다. 시간은 복리를 완성시키는 유일한 재료다. 그래서 부자들은 단기 차익에 집착하지 않고, 장기 복리 구조를 만드는 데 집중한다.

결국 돈을 모으고 불리는 과정은 생각보다 복잡하지 않다. 열심히 일해서 시드머니를 만들고, 공부를 통해 이율이 높은 상품을 찾고, 복리의 효과를 누리기 위해 충분히 기다린다. 3가지만 꾸준히 지키면 누구나 부에 가까워질 수 있다.

그렇다면 이제 이런 질문이 생긴다. "시드머니를 어떻게 불릴 수 있을까?" "어떤 상품에 투자해야 복리 효과를 극대화할 수 있을까?" 이제 다음 파트 '불리기' 편에서 구체적인 방법을 살펴보자.

꼭 알아야 하는 필수 세금 정보

재테크 초보라면 꼭 알아야 할 세금 상식 3가지만은 짚고 넘어가자. 재테크에서 절대 빠질 수 없는 게 바로 세금이다. 세금을 모르면 이익이 나도 손에 쥐는 돈이 적다. 같은 수익이라도 세금이 얼마나 붙느냐에 따라 실제 수익률은 완전히 달라진다. 그래서 꿀팁에서 꼭 알아둬야 할 '세금 3형제'를 알려주겠다.

1. 이자·배당소득세 ─ 15.4%는 자동으로 빠져나간다

은행 예금에서 이자를 받거나, 주식에서 배당금을 받을 때 우리는 '입금됐다'고만 생각한다. 하지만 그 순간 이미 세금이 먼저 빠져나가고 있다. 예를 들어 은행 예금에 1,000만 원을 넣고 1년 뒤 이자로 30만 원을 받았다면, 그중 15.4%인 4만 6,200원이 세금으로 나간다. 실제로 내 통장에 들어오는 돈은 25만 3,800원뿐이다.

배당도 마찬가지다. 삼성전자에서 배당금 100만 원을 받았다면, 그중 15만 4,000원이 세금으로 빠져나가고 실제로 내가 손에 쥐는 돈은 84만 6,000원이다. 이것이 바로 이자·배당소득세 15.4%다.

가만히 있어도 내 이자·배당소득의 6분의 1이 자동으로 빠져나가는 구조다. 이렇게 처음부터 떼고 들어오는 방식을 '원천징수'라고 한다. 우리는 모르는 사이에 이미 세금을 내고 있는 셈이다.

2. 비과세 — 세금 자체를 '안 내는' 혜택

비과세는 말 그대로 세금 계산 자체를 하지 않는다. 세금을 깎아주는 것이 아니라 아예 면제해주는 제도다. 예를 들어 ISA 계좌 안에서 투자해 연 5% 수익을 냈다고 해보자. 일반 계좌였다면 그 수익의 15.4%를 이자·배당소득세로 내야 한다. 하지만 ISA는 비과세 한도 안에서는 세금이 0원이다. 수익이 100만 원이라면, 100만 원 전부가 온전히 내 돈이다. 단순하게 비교하면 이렇게 된다.

- 일반 계좌: 100만 원 수익 → 세금 15만 4,000원 → 실수익 84만 6,000원
- ISA 비과세: 100만 원 수익 → 세금 0원 → 실수익 100만 원

같은 투자라도 어디에서 하느냐에 따라 결과가 달라진다. 비과세 통장에서 투자하면 세금을 아예 내지 않는다. 그래서 나는 늘 이렇게 말한다. "세액공제보다 더 좋은 건, 애초에 세금을 안 내는 비과세다."

3. 세액공제 — 이미 낸 세금을 돌려받는 구조

세액공제는 말 그대로 내가 낸 세금에서 직접 빼주는 제도이다. 즉, 올해 납부한 세금 중 일부를 다시 돌려받는 구조다. 대표적인 예가 바로 연금저축펀드 세액공제다. 예를 들어, 연봉 5,500만 원 이하인 사람이 연금저축펀드에 600만 원을 납입했다고 해보자. 이 경우 그 금액의 16.5%, 즉 99만 원을 세금 환급으로 돌려받는다.

중요한 점은 내가 납입한 600만 원은 그대로 연금저축 계좌 안에서 투자로 굴러가고, 세금 99만 원은 따로 현금처럼 돌려받는다는 것이다. 은행 적금에 비유하면 600만 원 넣고 99만 원 이자를 바로 받는 셈이다. 이게 연 16.5% 수익률과 같은 효과라는 뜻이다.

CHAPTER 3.

ISA 계좌로 절세와 재테크 동시에 잡기

재테크를 시작할 때 가장 먼저 해야 할 일은 '정부가 주는 혜택을 최대한 챙기는 것'이다. 같은 상품에 투자하더라도 어떤 통장에서 하느냐에 따라 손에 남는 돈이 달라진다. ISA 계좌는 한 통장 안에서 다양한 금융상품에 투자할 수 있고, 세금 혜택까지 동시에 누릴 수 있는 통장이다. 의무 가입 기간도 3년으로 비교적 짧아, 결혼 자금이나 주택자금처럼 몇 년 안에 모아야 하는 목돈을 마련하는 데 특히 적합하다. 재테크 초보라면, ISA는 고민이 아니라 가장 먼저 열어야 할 기본 통장이다.

1. 정부가 우리에게 세금 혜택을 주는 이유

정부는 국민이 스스로 돈을 모아서 노후를 준비하고 안정적으로 살기를 바란다. 그렇다고 돈을 직접 나눠줄 수는 없다. 국가 재정에 부담이 너무 크기 때문이다. 그래서 선택한 방식이 바로 '세금 혜택'이다. 국민이 자발적으로 저축하고 투자하도록 유도하기 위해 아예 세금을 면제해주는 비과세 제도, 이미 낸 세금을 돌려주는 세액공제 제도를 만들어놓았다.

예를 들어보자. 내가 회사에서 월급 300만 원을 받는데, 실제 통장에 찍히는 금액은 266만 원 정도라고 하자. 소득세, 지방세, 4대 보험 등 각종 세금이 빠지기 때문이다. 그런데 어느 날 사장님이 이렇게 말한다. "이번 달부터 월급을 B통장으로 받으면 세금 안 떼고 300만 원 전부 받을 수 있어요."

그럼 당연히 통장을 바꿀 것이다. ISA 통장은 바로 그 '세금을 덜 떼는 통장'이라고 이해하면 쉽다. ISA는 개인종합자산관리계좌(Individual Savings Account)의 약자로, 보통 줄여서 ISA라고 부른다. 여러 금융 상품을 한 계좌에서 운용할 수 있고, 발생한 수익에 대해 세제 혜택을 주는 '통합 투자 계좌'다. 같은 투자라도 어떤 통장에서 하느냐에 따라 내 손에 남는 수익이 달라진다.

2. 하나의 통장에서 간편하게 투자하기

예전에는 돈을 굴리려면 상품마다 통장을 따로 만들어야 했다. 예금·적금은 은행, 주식·ETF는 증권사, 연금 상품은 보험사에서 각각 계좌를 만들어야 했는데 ISA는 이걸 한 번에 합쳐놓은 통합 계좌다.

ISA 안에서는 예금, 적금, 펀드, ETF, 국내 채권, 국내 주식, 국내에 상장된 해외 ETF까지 한 통장에서 모두 투자할 수 있다. 다만 ISA에서는 미국 개별 주식처럼 해외 주식을 직접 살 수는 없다. 대신 국내 자산운용사가 만든 해외 ETF를 통해 우회해서 투자할 수 있다.

예를 들어 ISA로 '테슬라 주식'을 직접 매수할 수는 없지만, 테슬라 관련 기업들을 묶어 만든 'ACE 테슬라밸류체인 ETF'에는 투자할 수 있다. 즉, ISA에서는 해외 기업 주식을 직접 사는 대신, 그 기업과 관련된 국내 상장 해외 ETF를 통해 거의 같은 방향으로 투자할 수 있다고 이해하면 된다.

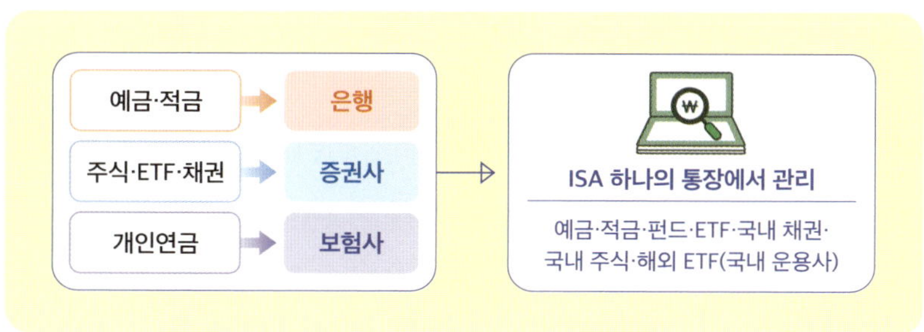

3. ISA의 첫 번째 장점 — 단기 3년 목돈 만들기에 딱 좋다

ISA의 기본 가입 기간은 3년이다. 이 구조는 결혼 자금, 전세 자금, 자동차 구입 자금처럼 3년 안에 만들어야 할 돈이 있을 때 특히 유리하다. 3년 동안은 예금처럼 안전하게 넣어둘 수도 있고, ETF나 펀드에 투자해 조금 더 높은 수익을 노릴 수도 있다. 물론 3년을 채우기 전에 해지한다고 해서 돈을 못 찾는 것은 아니다. 다만 세금 혜택을 온전히 받으려면 최소 3년은 유지해야 한다.

그래서 ISA는 한마디로 '3년만 버텨도 혜택이 확정되는 단기 재테크 통장'이다.

4. ISA의 두 번째 장점 — 세금이 거의 없다

ISA의 가장 큰 장점은 바로 세금 혜택이다. 보통 우리는 예금에서 이자를 받거나 주식에서 배당을 받으면 15.4%의 세금을 낸다. 해외 주식도 마찬가지다. 해외 주식에서 수익이 나면 22%의 양도소득세를 낸다. 그런데 ISA 안에서는 이 세금을 거의 내지 않는다. ISA 통장 안에서 발생한 이자·배당·매매 차익 중 비과세 한도까지는 세금이 0원이고, 그 초과분도 낮은 세율의 분리과세로 끝난다.

일반 계좌에서는 보통 15.4%의 세금을 내지만, ISA에서는 비과세 구간과 9.9% 저율 분리과세 덕분에 훨씬 적은 세금만 내거나 아예 내지 않아도 된다. 2025년 기준으로 일반형 ISA는 순이익 200만 원

	상품A (일반 계좌)	ISA (일반형)	ISA (서민형)
기간	3년	3년	3년
이자+배당 소득	400만 원	400만 원	400만 원
이자소득세	616,000원 (15.4%)	198,000원 (9.9%)	없음 (0%)
과세 기준	전액 과세	200만 원 비과세, 200만 원 분리과세	전액 비과세

까지, 근로소득 5,000만 원 이하(종합소득 3,800만 원 이하)인 서민·농어민형 ISA는 순이익 400만 원까지 비과세 혜택을 받을 수 있다. 같은 투자라도 어디에서 하느냐에 따라 손에 남는 수익이 완전히 달라지는 이유가 여기에 있다.

5. 9.9% 분리과세 이해하기

분리과세는 조금 생소한 개념일 수 있지만, 간단히 말하면 '세금을 따로 계산해서 더 적게 내게 해주는 제도'이다. 우리나라 소득세 구조는 돈을 많이 벌수록 세율이 높아지는 누진세이다. 예를 들어 연봉 5,000만 원이면 세율 15%, 7,000만 원이면 24% 구간에 해당한다. 그래서 일반 계좌에서 이자·배당 소득이 많이 나면 그 금액이 연봉에 합산되어, 전체 소득세율이 높아질 수 있다.

그런데 ISA에서는 그걸 피할 수 있다. ISA 통장에서 발생한 수익은 연봉과 합산하지 않고, 무조건 9.9% 분리과세로 끝낸다. 소득이 늘어나도 세율 구간이 올라가지 않는다는 뜻이다. 그래서 ISA는 소득이 높아질수록 더 빛나는, 매우 강력한 절세 통장이다.

비과세, 저율 분리과세

- 순이익 200만 원까지 비과세(서민형 400만 원)
- 비과세 대상 초과 금액에 대해서는 9.9% 분리과세

1) 예시: 배당금 수령 "일반계좌(종합위탁) vs 중개형 ISA"

종목	받을 배당금	배당소득세 (15.4%)	최종 수령 배당금	
			일반 계좌로 투자한 경우(과세)	중개형 ISA로 투자한 경우(비과세)
A	1,000,000원	154,000원	846,000원	1,000,000원

* 위와 같은 상황에서 중개형 ISA를 통해 투자 시 배당소득세 154,000원을 아낄 수 있다. (단, 의무 가입기간 3년 유지 필수)

2) 중개형 ISA 저율 분리과세란?
비과세 한도액을 넘은 수익금에 대해서는 배당소득세 15.4%가 아닌 9.9%의 분리과세율이 적용된다.

종목	일반 계좌로 투자	ISA 계좌
국내 주식(매매 차익)	비과세	비과세 (손실 금액은 손익 통산 O)
국내 채권(매매 차익)	비과세	비과세 (손실 금액은 손익 통산 X)
국내 주식(배당 수익)	• 원천징수 15.4% • 금융소득 2,000만 원 초과시 종합과세 49.5%~6.6%	• 손익 통산 후 순수익 200만 원(서민형 400만 원)까지 비과세 • 비과세 대상금액 초과시 9.9% 분리과세
국내 채권(이자 수익)		
국내 상장 해외 ETF/ETN		
해외 펀드		
ELS/DLS		
RP		

6. ISA는 무조건 증권사에서 만들어야 한다

ISA는 은행에서도 만들 수 있지만, 절대 비추천이다. 은행 ISA는 '신탁형'이라서 내가 직접 주식을 사고팔 수 없고, 은행이 대신 운용하는 펀드에만 맡겨야 한다.

우리가 필요한 계좌는 주식을 직접 사고팔 수 있는 '중개형 ISA'다. 이건 반드시 증권사에서만 개설할 수 있다. 키움증권, NH투자증권, 삼성증권, 미래에셋증권, 한국투자증권 등 웬만한 증권사에서는 모두 중개형 ISA 개설이 가능하다. 방법도 어렵지 않다. 증권사 앱을 실행해 'ISA 계좌 개설'을 검색하고 안내에 따라 진행하면, 보통 10분 안에 개설이 끝난다.

은행 vs 증권사 ISA 선택 가이드

구분	은행	증권사
주요 상품	신탁형 ISA (예·적금, 펀드 중심)	중개형 ISA (주식, ETF, 펀드 등 투자 가능)
투자 방식	은행에서 운용 및 상품 편입을 대행	고객이 직접 투자 상품을 선택하고 운용
장점	안정성을 중시하는 투자자에게 적합	다양한 금융 상품을 직접 선택하여 투자 가능
단점	투자 상품 선택의 폭이 좁음	투자 지식 및 경험이 필요
개설 방법	은행 앱이나 영업점	증권사 앱이나 영업점

7. ISA에 얼마를 넣고, 뭘 사야 할까

요즘 SNS에서는 "ISA는 1년에 2,000만 원 꽉 채워야 한다"는 말을 종종 보게 된다. 하지만 솔직히 말해 현실적으로 쉽지 않은 금액이다. 한 달에 166만 원씩 꼬박 넣어야 하는 수준이라, 사회초년생이나 신혼부부에게는 상당한 부담이다. 그래서 나는 이렇게 말한다.

"한도 채우기가 아니라 꾸준한 유지가 중요하다."

월급 가계부에서 계산한 재테크 가능 금액의 30~50%만 ISA에 넣어도 충분하다. 예를 들어 재테크 가능 금액이 월 100만 원이라면, 그중 30~50만 원을 ISA로 자동 이체해두자.

여기에 상여금, 연말정산 환급금, 부수입이 생기면 그때그때 ISA에 추가 입금하면 더 좋다. 이렇게만 3년을 채워도 어느 순간 적지 않은 목돈이 쌓여 있음을 확인하게 된다.

그럼 ISA에서는 어떤 투자 상품을 사야 좋을까. ISA는 3년 단기 목돈 만들기가 목적이기 때문에, 큰 변동성이 있는 종목보다는 안정적인 자산 위주로 구성하는 편이 좋다. 대표적으로는 다음과 같은 상품을 추천한다.

- 국내 배당주
- 국내 상장 해외 ETF (S&P 500, 나스닥100, 해외 대표 지수 등)
- 국내 채권형 ETF

이런 상품들은 배당이나 이자가 꾸준히 발생해 ISA의 세금 혜택을 효율적으로 누리기에 좋다. 나는 개인적으로 삼성화재, SK텔레콤 같은 국내 우량 배당주도 ISA에 일부 담고 있다. 국내 주식의 매매 차익은 일반 주식계좌에서도 비과세라 일반 계좌에서 사고팔아도 상관 없지만, ISA 안에서 배당을 받으면 배당소득세를 줄일 수 있고, 동시 에 3년 단기 목돈 모으기 용도로 함께 관리할 수 있어서 효과적이다.

8. 초보라면 무조건 ISA부터 시작하라

ISA는 초보 투자자에게 가장 좋은 출발점이다. 3년만 유지해도 세 금 혜택이 확정되고, 적금보다 유연하면서도 일반 주식 투자보다 안 전하게 운용할 수 있다. 그래서 나는 늘 "1년 안에 급하게 써야 할 큰돈이 없다면, 주식 투자는 ISA에서 시작하자."라고 말한다.

그게 세금을 가장 적게 내면서, 가장 현명하게 돈을 불리는 첫걸 음이다. ISA는 단순한 투자 계좌가 아니라, 국가가 제도적으로 인정 한 '합법적인 절세 통장'이다. 지금 당장 ISA를 개설하기, 거기서부 터 재테크가 제대로 시작된다.

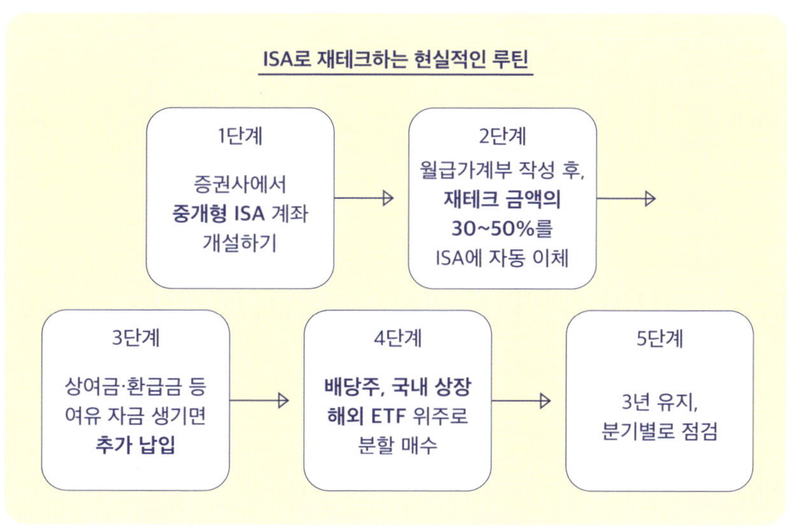

CHAPTER 4

16.5% 이자 주는 상품이 있다면 가입할까? 연금저축펀드

만약 지금 누군가가 당신에게 "연 16.5% 이자를 주는 적금이 있다"고 말한다면 가입하겠는가? 나라면 전 재산을 털어서라도 가입할 것이다. 놀랍게도 그런 상품이 실제로 존재한다. 바로 연금저축펀드다. 이번 챕터에서는 단순한 노후 대비용 상품이 아니라, 세금을 아끼면서 복리로 돈을 불리는, 진짜 부자들의 장기 전략인 연금저축펀드에 대해 이야기해보겠다.

1. 대한민국의 3층 연금 구조 이해하기

우리나라의 연금 구조는 크게 세 단계로 나뉜다. 1층은 국민연금이다. 직장인이든 자영업자든 나라에서 의무적으로 걷는 연금으로, 회사에 다닌다면 급여명세서에서 자동으로 빠져나간다. 선택이 아니라 말 그대로 '국민의 의무'인 연금이다.

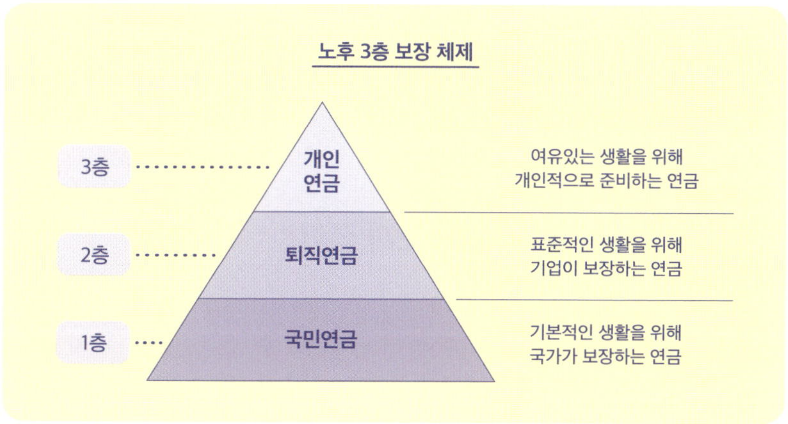

2층은 퇴직연금(IRP 포함)이다. 직장인이 퇴사할 때 받는 퇴직금을 굴리는 장치로, 회사 형태에 따라 DB형, DC형, 그리고 개인형 IRP 등으로 나뉜다. 회사에서 이미 제도가 갖춰져 있거나, 퇴직 후에는 본인이 IRP 계좌를 통해 직접 관리한다.

그리고 마지막 3층이 바로 개인연금, 즉 연금저축계좌다. 이는 누구나 선택적으로 가입할 수 있는 계좌다. 나라에서는 이런 메시지를 주는 셈이다. "이건 억지로 하라고 하진 않을게. 그래도 준비하면 세금으로 이익을 돌려줄테니까 제발 좀 알아서 준비해줘."

정리하자면 1층은 의무(국가가 준비해주는 연금), 2층은 회사(퇴직연금), 3층은 나 스스로 준비하는 연금(연금저축계좌)이라고 할 수 있다. 진짜 재테크 관점에서 내가 선택하고 설계할 수 있는 영역은 바로 3층의 연금저축계좌다.

연금저축계좌는 크게 2가지로 나뉜다. 연금저축펀드와 연금저축보험이다. 이름에서 알 수 있듯이 연금저축펀드는 증권사에서 가입하는 상품이고, 연금저축보험은 보험사에서 판매하는 연금 상품이다. 우리 책에서는 ETF와 같은 투자 상품을 운영할 수 있는 연금저축펀드를 기준으로 설명하겠다.

2. 연금저축펀드로 두 마리 토끼 잡기

연금저축펀드는 만 55세 이후부터 수령할 수 있는 장기 투자 계좌이다. 짧게는 10년, 길게는 20~30년까지 꾸준히 투자하게 되며, 이 기간 동안 복리 효과를 가장 크게 누릴 수 있다.

이 계좌의 핵심은 2가지다. 첫째, 복리 효과와 둘째, 세금 혜택(세액공제)이다. 일반 투자 계좌에서는 수익이 나면 그만큼 세금을 내야 하지만, 연금저축펀드는 세금 부담이 거의 없다. 게다가 매년 납입한 금액의 일부를 연말정산에서 세액공제로 돌려받을 수 있다.

연금저축펀드는 ISA 계좌에서 거래 가능한 상품 구성과도 매우 비슷하다. 이 안에서 예금, 적금, 펀드, ETF, 국내 채권, 국내 주식, 그리고 국내에 상장된 해외 ETF까지 한 번에 투자할 수 있다. 다만, 연금저축펀드에서도 미국 개별 주식 같은 해외 직접투자는 불가능하다.

연금저축계좌 혜택

구분	연금저축계좌
세액공제 한도	분리과세(16.5%) or 종합과세(6.6~49.5%) 중 선택
세액공제율	연간 총급여 5,500만 원(종합소득 4,500만원) 이하 16.5% / 초과 13.2%
과세 방식	배당소득세를 당장 납부하지 않아도 되며, 연금 수령 시 연금소득세만 과세
연금 소득세	수령 시기(나이)에 따라 3.3% / 4.4% / 5.5% 부과
연금소득 분리과세 기준 초과시	분리과세(16.5%) or 종합과세(6.6~49.5%) 중 선택

3. 16.5% 이자의 비밀은 세액공제 구조

연금저축펀드는 1년에 최대 600만 원까지 세액공제를 받을 수 있다. IRP 계좌에 300만 원을 추가 납입하면 합산해서 총 900만 원까지 공제가 가능하지만, 사회초년생이 매년 900만 원을 노후 계좌에 묶어두는 건 부담이 크다. 무엇보다 이런 절세 상품은 중간에 해지하면 지금까지 받았던 세금 혜택을 다시 토해내야 하기 때문에, 욕심내기보다 감당 가능한 수준에서 시작하는 게 중요하다. IRP는 기본적으로 이직하면서 정산하거나 정년으로 회사를 퇴사할 때 받는 퇴직금을 중심으로 운용하길 추천한다.

그래서 나는 연금저축펀드에 대해서는 '연 600만 원 한도, 16.5% 세액공제'까지만 활용해도 충분하다고 말한다. 구조는 간단하다. 연봉 5,500만 원 이하라면 세액공제율이 16.5%다. 1년 동안 연금저축펀드에 600만 원을 납입하면, 그중 16.5%인 최대 99만 원을 세금 환급으로 돌려받는다. 연봉 5,500만 원을 초과하면 공제율은 13.2%로 낮아지지만, 그래도 여전히 일반 예금·적금과 비교하면 매우 높은 수준이다.

정리하자면 1년에 600만 원을 연금저축펀드에 넣고 연말정산에서 99만 원을 돌려받는다면, 이는 은행 적금 기준으로 보면 연 16.5% 이자를 먼저 받는 것과 같은 효과다. 바로 이것이 내가 말하는 '연 16.5% 이자 주는 상품'의 진짜 정체, 바로 연금저축펀드의 세액공제 구조다.

총급여액(종합소득 금액)	5,500만 원 이하(4500만 원 이하)	
세액공제율	16.5%	
공제 대상 저축액	연금저축 600만 원	IRP 합산 900만 원
최대 절세 금액	연금저축 99만 원	IRP 합산 148만 5,000원
총급여액(종합소득 금액)	5,500만 원 초과(4500만 원 초과)	
세액공제율	13.2%	
공제 대상 저축액	연금저축 600만 원	IRP 합산 900만 원
최대 절세 금액	연금저축 79만 2,000원	IRP 합산 118만 8,000원

출처: NH투자증권

4. 연금저축펀드는 모두에게 필요할까

꼭 그렇지는 않다. 세액공제는 '세금을 낸 사람'만 받을 수 있는 혜택이다. 연금저축펀드 한도인 600만 원을 꽉 채운다고 해서 모두가 99만 원을 돌려받는 것은 아니다. 내가 실제로 낸 소득세가 99만 원이 되지 않으면, 600만 원을 채울 이유가 없다.

그래서 먼저 해야 할 일은 내가 1년 동안 소득세를 얼마나 냈는지 확인하는 단계이다. 잘 모르겠다면 회사 급여명세서를 보고 소득세와 지방소득세를 더한 뒤 그 금액에 곱하기 12개월을 하면 된다.

만약 소득세를 거의 내지 않는 사람이라면 세액공제 혜택도 거의 없기 때문에, 아래에 해당된다면 굳이 연금저축펀드에 서둘러 가입할 필요는 없다. 이런 경우에는 ISA 계좌를 더 잘 활용하는 편이 낫다. 그래도 노후를 대비하고 싶다면 비과세 혜택이 있는 연금저축보험을 추천한다.

• 중소기업 취업자 감면 혜택을 받고 있다면
→ 이미 소득세의 90%를 감면받고 있기 때문에, 연금저축펀드로 돌려받을 세금이 거의 없을 가능성이 크다.

• 연봉이 4,000만 원 이하라면
→ 통계적으로 연말정산에서 이미 대부분 환급을 받았을 가능성이 높다.

• 월세를 50만 원 이상 내고 있다면
→ 월세 세액공제만으로도 상당 부분 절세되고 있어, 연금저축펀드 추가 혜택이 크지 않을 수 있다.

정리하자면, 세액공제를 이미 충분히 받고 있는 사람이라면 연금저축펀드를 꼭 서둘러 시작할 필요는 없다. 반대로, 내가 내는 세금이 많고 연말정산 때 돌려받는 금액이 거의 없다면 그때는 연금저축펀드가 지금 바로 시작해야 할 필수 계좌가 된다.

5. IRP와 연금저축펀드의 차이

많은 사람이 가장 헷갈려 하는 부분이 바로 IRP다. "둘 다 세액공제 된다면서요? 뭐가 다른 거예요?"라는 질문을 정말 많이 듣는다. 두 상품은 비슷해 보이지만, 구조와 성격에서 큰 차이가 있다.

먼저 연금저축펀드는 내가 직접 운용하는 완전 개인 계좌다. 주식이나 ETF를 100%까지 자유롭게 투자할 수 있고, 어떤 상품에 얼마나 투자할지 스스로 결정한다. 말 그대로 내가 운전대를 잡고 운전하는 투자형 연금이다.

절세계좌 3종 비교

	중개형 ISA	연금저축펀드	IRP 계좌
목적	목돈 마련	노후 자금 마련	노후 자금 마련
가입 요건	19세 이상 누구나 (15~19세 미만은 근로·사업소득 있으면 가능)	제한 없음 (*연금 수령 요건: 만 55세 이후 수령 가능)	근로소득자, 자영업자, 프리랜서 등 소득이 있는 사람 누구나
가입 기관	은행, 증권사, 보험사 ※ ISA 유형별로 가입기관 다름	증권사, 보험사	은행, 증권사, 보험사
의무가입기간	3년(최대 5년)	5년 이상(연금 수령 최소 기간 10년)	
납입 한도	연 2,000만 원, 최대 1억 원 (5년 납입 기준, 납입한도 이월 가능)	연금저축+IRP 합산 연 1,800만 원	
중도 인출	세액공제 받지 않은 금액(원금)은 자유롭게 인출 가능		불가 (법적 예외 조건 충족시에만 가능)
투자 가능한 상품	국내 주식, ETF/ETN, 펀드, ELS/DLS, 채권, 예금, RP 등 ※ 해외 주식 투자 불가	펀드, ETF, 리츠 ※ 레버리지, 인버스 ETF 투자 불가	① 원리금보장 상품: 예금, RP, 보험, 국공채 등 ② 비보장 상품: 펀드, ETF, 리츠, ELS 등 ※ 레버리지, 인버스 ETF 투자 불가
투자 제한	제한 없음	제한 없음 (위험자산 100% 투자 가능)	위험자산 비중 70% 제한

반면 IRP는 퇴직금을 포함하는 계좌라서, 나라에서 위험 자산 비중에 제한을 두고 있다. 최소 30% 이상은 예금, 적금, 채권형 펀드 같은 안전 자산에 넣어야 한다. 쉽게 말해 '퇴직금이 들어 있는 만큼 너무 위험하게 굴리지 말라'는 취지다. 그래서 IRP는 수익성보다는 안정성에 초점을 둔 계좌에 가깝다. 정리하면 이렇게 볼 수 있다.

- 연금저축펀드: 내가 스스로 굴리는 투자형 연금
- IRP: 회사 퇴직금이 섞여 있는 안정형 연금

둘 다 가져가면 좋지만, IRP는 굳이 추가 납입을 많이 하지 않아도 된다. 회사에서 주는 퇴직금만 IRP로 받아서 운용해도 충분하다. 재테크 초보라면 그보다 먼저 연금저축펀드가 나에게 진짜 이득이 되는지부터 확인해야 한다. 앞에서 말했듯이 내 연말정산 내역에서 소득세를 얼마나 내고 있는지를 체크한 뒤, 세액공제 효과가 의미 있을 만큼 나온다면 그때 연금저축펀드 가입을 진지하게 고려하면 된다.

재리 꿀팁

연금저축펀드, 어디서 어떻게 관리해야 할까?

요즘은 카카오페이, 토스 같은 앱에서 '연금' 탭만 눌러봐도 지금까지 얼마를 납입했는지, 올해 세액공제를 얼마나 받을 수 있는지 한 번에 확인할 수 있다. 그만큼 연금 관리가 훨씬 쉬워진 셈이다. 연금저축펀드에 납입하면 올해 예상 환급액이 자동으로 계산되고, 현재 수익률까지 한눈에 볼 수 있으니 꼭 이런 서비스들을 활용해보자.

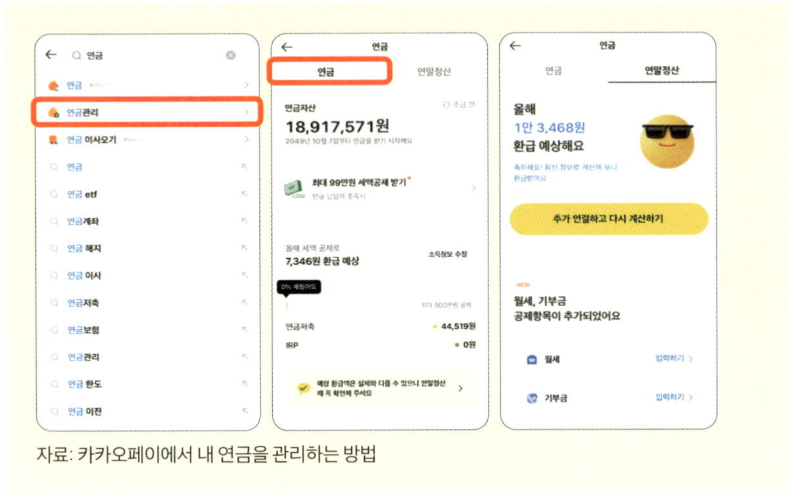

자료: 카카오페이에서 내 연금을 관리하는 방법

6. 연금저축펀드, 얼마나 넣어야 할까

연금저축펀드는 당장 몇 년 안에 쓸 돈이 아니라, 최소 55세 이후를 바라보고 가져가야 하는 자금이다. 그래서 지금 생활에 무리가 가지 않는 수준으로만 넣어야 한다.

내가 추천하는 기준은 월급 가계부에서 계산한 '재테크 가능 금액'의 5~10%다. 예를 들어 재테크 가능한 금액이 월 100만 원이라면, 그중 5~10만 원만 연금저축펀드에 넣어도 충분하다. 결혼, 출산, 집 구매 같은 인생 이벤트는 언제든 생길 수 있다. 이런 상황에서도 '이 돈은 몇십 년 동안 건드리지 않아도 괜찮다'라고 생각되는 금액만 넣어야 연금저축펀드를 오래 유지할 수 있다.

연금저축펀드는 단순한 노후 자금이 아니다. 세금 환급 + 복리 효과를 동시에 누릴 수 있는 합법적인 세금 절약 통장이다. 은행 예금보다 유연하고, ISA보다 더 길게 가져갈 수 있다. 55세 이후, 꾸준히 넣어둔 돈이 이자와 함께 연금으로 돌아오는 순간 그동안 버틴 시간이 절대 아깝지 않을 것이다. 그래서 이렇게 정리할 수 있다.

- 단기 목돈은 ISA
- 장기 노후 자금은 연금저축펀드

우리는 2가지만 제대로 굴려도 이미 절반은 '부자의 시스템'을 만든 셈이다.

Part 3 부록 :
10년 안에 목돈을 만들고 싶다면
단기납 종신보험 & 홍콩 역외보험

ISA로 3년 단기 목돈을 만들고, 연금저축펀드로 30년 장기 자산을 키우는 방법까지 배웠다면, 이제 그 사이 '10년 안에 중간 단계 목돈을 만드는 법'을 살펴볼 차례다. 많은 사람은 단기·장기 투자는 알면서도 정작 '10년짜리 중기 재테크'는 놓치고 있다.

특히 자녀가 있다면 10년 뒤에 필요할 중·고등학교 학원비, 대학 등록금, 자녀가 없다면 40대 중반쯤 맞이할 전세보증금, 이사 자금처럼 '10년 뒤 꼭 필요한 돈'을 미리 준비해야 한다. 이때 적금은 금리가 너무 낮고, 주식은 10년을 버티기엔 변동성이 너무 크다. 그래서 이 둘의 중간에 있는 보험 상품이 좋은 대안이 될 수 있다.

1. 우리가 잘 모르는 금융사 — 바로 보험사

사람들은 돈을 굴리려 하면 대부분 증권사부터 떠올린다. 주식, ETF, 펀드 같은 투자 상품이 다 모여 있기 때문이다. 그렇다면 보험사는 어떨까? 보험사 입장에서는 "이러다 고객 다 증권사에 뺏기겠다…" 싶은 상황이다. 그래서 정부는 보험사에도 일정 부분 '투자형 상품'을 허용했다. 그중에서 눈여겨볼 만한 상품이 바로 단기납 종신보험이다.

2. 단기납 종신보험 — 10년 목돈 만들기의 정석

이름은 복잡해 보이지만, 원리는 의외로 단순하다.

- 일반 종신보험: 20~30년 동안 길게 납입
- 단기납 종신보험: 5년 또는 7년만 납입하고 끝

그리고 일정 기간 유지 후, 가입 후 10년이 지나면 내가 납입한 금액보다 더 많은 돈을 돌려주는 구조다. 예를 들어보자. 매달 20만 원씩 5년 동안 총 1,200만 원을 납입했다고 하자. 5년 납입 후에는 더 이상 보험료를 내지 않고 5년 동안 그대로 두는 거치 기간을 거친다. 즉, 5년 납입+5년 거치=총 10년 유지 후 해지했을 때 환급률이 130%라면

• 납입 원금: 1,200만 원

• 해지 환급금: 1,560만 원(환급률 130%)

이렇게 360만 원의 이익을 얻는 구조다. 단순히 계산해도, 이 정도 수익률은 10년간 은행 적금으로는 내기 어려운 수준이다. 그래서 '10년 뒤 확실한 목돈'이 필요한 사람에게 단기납 종신보험은 충분히 고려해볼 만한 중기 재테크 수단이다.

단기납 종신보험 수익률 비교표 (2025년 11월 기준 신한라이프)

납입/거치	월 납입액	총 납입액	10년 후 수령액	총 수익	수익률
5년 납 / 5년 거치	30만 원	1,800만 원	2,208만 원	+408만 원	122.7%
	50만 원	3,000만 원	3,681만 원	+681만 원	122.7%
	100만 원	6,000만 원	7,362만 원	+1,362만 원	122.7%
	200만 원	1.2억 원	1.4724억 원	+2,724만 원	122.7%
7년 납 / 3년 거치	30만 원	2,520만 원	3,011만 원	+491만 원	119.5%
	50만 원	4,200만 원	5,019만 원	+819만 원	119.5%
	100만 원	8,400만 원	1억 380만 원	+1,638만 원	119.5%
	200만 원	1.68억 원	2억 76만 원	+3,276만 원	119.5%

참고로 단기납 종신보험의 해지환급률은 시장 금리의 영향을 아주 크게 받는다. 2023년 1월, 금리가 약 3.5%로 높았을 때는 해지환급률이 140%까지 나오는 상품도 있었다. 나도 이 시기에 해당 상품에 가입했다.

하지만 지금은 기준금리가 2.5% 수준으로 내려오면서, 시중 단기납 종신보험들의 해지환급률은 대부분 130% 이하로 떨어진 상태다. 앞으로 금리가 더 내려간다면 환급률은 더 낮아질 수 있고, 그때는 상품 매력이 크게 줄어들 수 있다. 따라서 금리와 환급률을 반드시 함께 확인하고 가입해야 한다.

3. 단기납 종신보험의 핵심 장점 — 세금이 '0원'

이 상품의 진짜 매력은 비과세다. 가입 후 10년이 지나면 해지환급금에 대해 세금을 전혀 내지 않는다. 예를 들어 총 납입 원금이 1,200만 원이고 수익이 360만 원이라면 예금이었다면 이 360만 원에 대해 15.4% 이자소득세를 내야 해서 약 55만 원이 세금으로 빠져나간다. 결국 내 손에 남는 이자는 305만 원 정도다.

하지만 단기납 종신보험은 10년 이상 유지 시 전액 비과세이기 때문에, 360만 원 수익을 온전히 360만 원 그대로 가져갈 수 있다. '세금도 안 내고, 적금보다 금리는 높고, 10년 뒤 목돈도 생기는 구조'가 바로 단기납 종신보험이 중기 재테크의 대표 상품으로 불리는 이유다.

4. 단기납 종신보험의 주의점

다만, 중간에 해지하면 손해가 크다. 이 부분이 정말 중요하다. 5년 또는 7년 납입을 끝까지 채우고, 이후 10년 시점까지 유지해야 해지환급률이 높아진다. 중간에 그만두면 납입한 원금보다 덜 받고 끝날 수도 있다. 그래서 반드시 기억해야 할 원칙은 하나다. "내가 5년 동안 부담 없이 납입할 수 있는 금액만큼만 가입한다." 나는 이렇게 자산 배분을 추천한다.

- 재테크 가능 금액의 30~50%는 ISA,
- 5~10%는 연금저축펀드,
- 그리고 그 외 여유 자금 중 일부를 단기납 종신보험에 배치하는 방식이다.

3가지가 합쳐지면 3년(ISA) - 10년(단기납 종신) - 30년(연금저축펀드)로 이어지는, 말 그대로 완성형 자산 설계 라인업이 된다.

5. 두 번째 중기 전략 — 홍콩 역외보험

조금 더 공격적으로 운용하고 싶다면 홍콩 역외보험도 고려해볼 만하다. '역외보험'이란 내가 사는 나라(대한민국)가 아닌 다른 나라의 보험사 상품에 가입하는 것을 말한다. 그중 홍콩은 아시아 대표 금융 중심지로, 보험 상품 경쟁력이 높은 편이다.

홍콩 보험의 특징은 크게 3가지다.

- 금리가 상대적으로 높고
- 세금 부담이 거의 없고
- 상품 종류가 다양하다

특히 홍콩에서 판매되는 단기납 종신보험은 한국 상품보다 납입 기간이 짧고, 해지환급률이 더 높은 경우가 많다. 예를 들어 한국 상품이 10년 후 환급률 130%라면, 홍콩 상품은 140~150% 수준까지도 가능하다.

물론 단점도 분명하다. 해외 상품이기 때문에 예금지 보호기 되지 않고, 상품 설명서와 계약 관련 서류가 모두 영어로 제공된다. 따라서 반드시 공식 인증된 역외보험 전문 컨설턴트를 통해 가입해야 하며, 단순히 '금리가 높다'는 이유만으로 성급하게 계약하는 것은 위험하다.

6. 중기보험 전략 요약

구분	상품명	납입 기간	투자 기간	세금	특징
단기납 종신보험	국내 보험사	5~7년	약 10년	비과세	확정환급형, 안정적
홍콩 역외보험	홍콩 보험사	3~5년 (2년 이내 상품도 존재)	약 10년	비과세 or 저세율	금리 높지만 환율· 언어 리스크 존재

7. 결론 — 보험은 '리스크 헤지 + 중기 자산 형성'의 두 마리 토끼

많은 사람은 보험을 그냥 '보장만 받는 상품'이라고 생각한다. 하지만 실제로 보험은 금융상품 중 세금 혜택이 가장 강력한 투자 수단이다. ISA로 3년짜리 단기 목돈을 만들고, 연금저축으로 30년 장기 자산을 키우고, 그 사이 10년 중기 상품으로 단기납 종신보험을 넣으면 당신의 자산 포트폴리오는 거의 완성에 가깝다.

은행 예금보다 수익률은 높고, 주식보다 마음은 덜 불안하고, 세금은 0원에 가깝다. 이보다 더 현실적이고 균형 잡힌 재테크 구조는 많지 않다. 그리고 이 모든 시작은 단 하나의 질문에서 출발한다. "10년 후의 나에게, 정확히 얼마가 필요할까?" 그 답을 정하는 순간, 돈을 모으고 굴리는 방향도 함께 선명해진다.

PART 4.

벌기

CHAPTER 1.

퇴근 후 1시간, 나를 부자로 만드는 두 번째 월급

이제 우리는 돈을 모으는 법을 넘어서, 돈을 버는 힘을 길러야 한다. 많은 사람이 재테크를 시작하면 먼저 절약과 소비 통제에 집중한다. 물론 절약은 중요하지만, 한정된 월급 안에서 아낄 수 있는 돈은 한계가 있다. 진짜 부자가 되려면, 이제는 '더 버는 구조'를 만들어야 한다. 이번 챕터에서는 단순히 어떤 부업이 돈이 된다고 말하지 않는다. '나에게 맞는 부업은 무엇이고, 어떻게 시작해야 실패하지 않는가'에 초점을 맞춘다. 퇴근 후 1시간, 혹은 주말 하루로 시작할 수 있는 현실적인 부업부터 그 부업이 나의 커리어, 브랜딩, 자산 성장으로 연결되는 단계까지 구체적으로 안내한다.

1. 부자가 되기 위해 부업이 필수인 시대

많은 사람은 재테크를 시작한다고 하면 먼저 돈을 아껴야 한다, 소비를 줄여야 한다는 말부터 떠올린다. 물론 절약도 중요하다. 하지만 이제는 관점을 조금 바꿔야 한다. 절약에는 분명한 한계가 있다. 월급이 250만 원인 사람이 한 달 내내 죽어라 아껴도, 최대로 절약할 수 있는 금액은 250만 원이 전부다.

하지만 '버는 구조'를 만들면 이야기 자체가 달라진다. 내 시간과 노력을 들여 새로운 수익원을 하나 만든다면, 250만 원이 아니라 2,500만 원, 나아가 2억 5,000만 원까지도 얼마든지 확장할 수 있다. 돈을 아끼는 사람은 자신의 한계를 지키는 사람이고, 돈을 버는 구조를 만드는 사람은 그 한계를 깨는 사람이다.

우리는 이미 앞에서 월급 가계부를 통해 고정비를 관리하고, 생활비를 통제하는 법을 배웠다. 이제 남은 과제는 단 하나다. 남은 시간으로 '돈을 더 벌 수 있는 구조'를 만들자. 앞으로 부자가 되기 위해 반드시 필요한 다음 단계다.

2. 회사만 믿는 시대는 끝났다

부업의 필요성은 단순히 "돈을 더 벌고 싶다"는 욕심에서 출발하지 않는다. 이제는 아주 현실적인 생존의 문제이다. 우리나라의 평균 첫 취업 나이는 31세 전후, 하지만 공무원과 공기업을 제외하면 대부분 49세 전후에 회사를 떠난다. 즉, 우리가 월급을 받을 수 있는 기간은 고작 18년 남짓이다.

반대로 평균 수명은 100세에 가까워지고 있다. 일을 그만두고 난 이후 남은 50년의 삶은 결국 스스로 책임져야 한다. 직장을 나가면 재취업은 쉽지 않고, 자영업의 5년 생존율은 30%도 되지 않는다. 결국 은퇴 이후의 삶을 지탱해줄 수 있는 힘은 지금부터 만들어두는 '나만의 수익 구조'뿐이다.

나 역시 이 사실을 회사에서 뼈저리게 깨달았다. 첫 대기업에 입사한 해, 20년을 근무한 부장님이 조직 개편 한 번으로 하루아침에 퇴직 통보를 받는 장면을 지켜봤다. 그때 나는 세상을 배웠다. 회사는 내 미래를 책임져주지 않는다. 내 인생의 안전망은 내가 직접 만들어야 한다.

그날 이후 나는 100세까지도 스스로 돈을 벌 수 있는 방법을 더 적극적으로 찾고, 실제로 실행하기 시작했다.

3. 회사에서 벌 수 있는 돈의 한계를 알아야 한다

지금 내 월급으로 평생 일해서 부자가 될 수 있을까? 숫자로 계산해보면 답은 금방 나온다. 월급 250만 원으로 시작해 매년 3.7%씩 오른다고 가정해보자(우리나라 평균 연봉 인상률 기준).

- 5년간 벌 수 있는 총액: 약 1억 6,000만 원

월급이 400만 원으로 조금 높아져도 10년간 약 5억 8,000만 원, 20년간 약 14억 원 수준이다. 그런데 2025년 기준 서울 아파트 평균 가격은 이미 14억 원을 넘었다. 즉, 20년 동안 한 푼도 쓰지 않고 모은다고 가정해도 서울에서 집 한 채 사기가 쉽지 않다는 뜻이다.

이제는 회사에서 받는 월급만으로 내 집 마련, 결혼, 육아, 노후 준비까지 모두 감당하기 어려운 구조다. 회사에서 벌 수 있는 돈에는 분명한 상한선이 있다. 하지만 부업과 N잡으로 벌 수 있는 돈에는 상한선이 없다. 그래서 지금부터는 '월급 안에서 아끼는 법'을 넘어 '월급 밖에서 버는 구조'를 반드시 만들어야 한다.

4. 소득의 2가지 종류: 액티브 인컴 vs 패시브 인컴

부업을 시작하기 전에 반드시 짚고 넘어가야 할 개념이 있다. 바로 소득의 종류다. 소득은 크게 2가지로 나눌 수 있다.

1) 액티브 인컴(Active Income)

내가 시간과 노동을 직접 투입한 만큼 버는 소득이다. 회사 월급, 프리랜서 수입, 아르바이트 급여, 강의료 등이 모두 여기에 해당한다. 일을 멈추면 수입도 바로 멈춘다. 즉, '내가 일하는 시간 = 돈이 들어오는 시간'인 구조다.

2) 패시브 인컴(Passive Income)

패시브 인컴은 내가 직접 일하지 않아도, 돈이 나를 대신해 일하는 구조다. 주식 배당금, 부동산 월세, 예금·채권 이자, 저작권 수익 같은 종류가 대표적이다. 또 한 번 세팅해두면 자동으로 돌아가는 시스템 수익도 패시브 인컴이다. 예를 들어 아래의 수익이 해당한다.

- 네이버 블로그 광고 수익
- 스마트스토어 자동 판매
- 에어비앤비 임대 수익

우리는 액티브 인컴으로 번 돈을 패시브 인컴을 만드는 데 재투자해야 한다. 그래야 내가 일하지 않아도 돈이 계속 들어오는 구조가 완성된다.

정리하면 액티브 인컴은 '지금의 노동'으로 버는 돈이고, 패시브 인컴은 '과거의 노력'이 지금 돈을 벌어주는 구조이다. 부자가 되려면 액티브 인컴만 키우는 것이 아니라, 시간이 지날수록 패시브 인컴의 비중을 점점 늘려가는 것이 핵심이다.

5. 부업의 핵심은 나의 가치와 연결된 일

많은 사람이 부업을 시작할 때 가장 먼저 하는 실수가 있다. 남들이 하는 부업을 그대로 따라 하는 것이다.

"스마트스토어가 돈이 된다더라." "요즘 무인카페가 대세래." "인플루언서 수입이 장난 아니래.”

물론 이런 부업들이 나쁘다는 뜻은 아니다. 다만 여기서 가장 중요한 기준은 따로 있다. 바로 “나의 가치와 커리어를 함께 올릴 수 있는 부업인가?”이다.

내 경험을 예로 들어보겠다. 나는 대학생 때 시급 5,000원을 받고 고깃집 아르바이트를 했다. 그러다 “내 시간당 가치를 한 번 올려보자”는 생각에 시급 12,000원짜리 학원 조교, 시급 3만 원짜리 과외를 시작했다. 겉으로 보면 훨씬 더 많이 벌었지만, 문제는 흥미도 없고, 내 커리어와도 전혀 연결되지 않았다는 점이다.

그래서 방향을 완전히 바꿨다. 내가 진짜 좋아하고, 앞으로도 계속 성장할 수 있는 일을 찾기로 한 것이다. 그때 선택한 것이 블로그였다. 블로그를 꾸준히 운영하며 콘텐츠를 만들다 보니 그 경험으로 대기업 서포터즈와 인턴 기회를 얻었고, 그 과정에서 자연스럽게 마케팅을 배웠다. 결국 나는 그 경험들을 기반으로 대기업 마케터로 입사하게 됐다.

결과적으로 나는 ‘돈을 버는 부업’으로 시작해 ‘가치를 높이는 커리어’로 확장한 케이스다. 이처럼 부업은 단순히 월급을 보완하는 수단에서 끝나면 안 된다. 나의 커리어를 확장시키고, 시간당 가치를 높이는 도구로 활용될 때, 비로소 진짜 의미가 생긴다.

퇴근 후 1시간을 허투루 보내지 말자. 그 1시간이 쌓여 1년, 5년이 지나면 결국 당신의 인생을 완전히 바꾼다. 이제 회사는 더 이상 당신의 미래를 보장해주지 않는다. 스스로 돈을 벌고, 스스로 자산을 불릴 구조를 만들어야 한다.

처음엔 단돈 5만 원이라도 괜찮다. 중요한 건 금액이 아니라 지속
성이다. 액티브 인컴으로 번 돈을 차근차근 패시브 인컴으로 옮기
고, 내 시간당 가치를 올려주는 부업을 선택하라. 그 지점부터가 진
짜 재테크의 시작이다.

CHAPTER 2.

직장인도 가능한
나만의 부업 찾기

부업을 단순히 '돈을 버는 수단'으로만 생각하면 오래가기 어렵다. 이번 챕터에서는 나의 가치를 높이면서 동시에 소득까지 만들 수 있는 부업을 찾는 방법을 이야기하려 한다. 많은 사람은 부업을 시작할 때 "누가 이걸로 돈 벌었대", "이거 하면 수익 잘 난대" 같은 말에 이끌려 남들이 하는 일을 그대로 따라 한다. 하지만 진짜 중요한 건 '나에게 맞는 부업'을 찾는 것이다. 이제 우리는 남들이 이미 만들어놓은 길을 무작정 따라가는 대신, 내가 지금 단계에서 순차적으로 할 수 있는 부업은 무엇인지, 내 상황에 맞는 현실적인 부업은 무엇인지 차근차근 찾아볼 것이다.

1. 나의 가치를 높이면서 소득을 만드는 부업

부업의 출발점은 '돈'이 아니라 '나 자신'이다. 돈을 벌기 위해 시작하더라도, 결국 오래가는 사람은 그 일이 나에게 의미가 있고 성장의 기회가 된다고 느끼는 사람이다.

예를 들어 블로그나 인스타그램으로 수익을 내는 사람들을 보자. 단순히 광고비만 버는 것이 아니라 그 과정에서 글쓰기 실력, 콘텐츠 기획력, 마케팅 감각까지 함께 키워간다. 그러다 보면 이 능력이 본업에도 그대로 쓰이게 된다.

이처럼 부업은 '돈'과 '성장'이라는 두 축으로 접근해야 한다. 당장 얼마를 버느냐보다, 시간이 지날수록 내 커리어를 확장시키고 몸값을 올려주는 부업이 결국 가장 큰 자산이 된다.

2. 부업의 종류와 방향 설정

부업의 종류는 셀 수 없을 만큼 많다. 온라인에는 스마트스토어, 블로그, 쿠팡 파트너스, 전자책, 온라인 강의, 유튜브 등 다양한 수익 구조가 있고, 오프라인에는 배달, 중고 거래, 무인 창업, 주말 아르바이트 같은 선택지가 있다. 하지만 하나의 사실을 꼭 기억해야 한다.

"모두에게 맞는 부업은 없다."

유튜브로 성공한 사람이 있다고 해서, 모두가 유튜브로 돈을 벌 수 있는 것은 아니다. 각자의 성격, 환경, 가용 시간, 자본 상황이 모

두 다르기 때문이다. 그래서 부업을 선택할 때 가장 먼저 확인해야
할 질문은 "이 부업은 지금의 나에게 맞는가?"이다.

이 기준을 조금 더 구체적으로 만들기 위해, 다음 단계에서 나의
성향과 상황을 점검하고 부업의 방향을 정하는 방법을 살펴보자.

3. 나에게 맞는 부업 찾기 방법

먼저 빈 종이에 지금 떠오르는 부업 아이디어를 전부 적어보자. 너
무 고민하지 말고 정말 단순한 일부터 어려워 보이는 일까지, 어디
서 들은 아이디어든 상관없이 떠오르는 대로 써 내려가면 된다.

이 단계에서는 조건을 따지지 않는다. 지금 당장 할 수 있는 부업,
언젠가 꼭 해보고 싶은 부업을 가리지 말고, 하고 싶은 일·관심 있는
일·수익이 날 것 같은 일들을 자유롭게 적어보자.

빈 종이는 말 그대로 '아이디어 쏟아내기' 공간이다. 잘 쓰려 하지
말고, 최대한 많이 적는 것이 목표다.

다 적었다면 이제 내가 쓴 부업 리스트를 조금 더 체계적으로 정
리해볼 차례이다. 180쪽에 있는 표를 종이의 남는 공간에 크게 그려
놓고 해당하는 칸에 내가 적은 부업을 하나씩 넣어볼 것이다. 그러
기 위해 먼저 표의 구조를 이해하자.

참고할 만한 부업 리스트

아이디어가 잘 떠오르지 않는다면, 아래 부업 리스트를 참고해도 좋다. 전부 다 할 필요는 없고, 이 중에서 지금 나와 잘 맞을 것 같은 항목만 체크해보자.

- **온라인 판매·리셀 계열**

  스마트스토어, 위탁 판매, 쿠팡 파트너스, 해외 직구·구매대행, 리셀(스니커즈·중고폰·한정판 등), 공방·핸드메이드 제품 판매, 굿즈 디자인 판매, 온라인 서점 셀러(예스24, 교보 전자책 등), 중고 거래

- **콘텐츠·브랜딩 계열**

  블로그 운영, 인스타그램 브랜딩, 틱톡 콘텐츠 제작, 유튜브·유튜브 쇼츠 채널, 전자책·뉴스레터 발행, 전자책 판매, 요약 뉴스·블로그 운영, 블로그 체험단·리뷰 활동, 인스타그램 협찬 운영

- **디지털 상품·자동화 계열**

  디지털 템플릿 판매(노션, 가계부, 플래너 등), PPT·엑셀 양식 제작 및 판매, AI 툴 자동화 대행(챗GPT, 캔바, 재피어 등), 유튜브 자막·요약 알바, 디지털 마케팅 대행

- **프리랜서·재능 판매 계열**

  프리랜서 디자인(썸네일, 카드뉴스, 로고 등), 글쓰기·블로그 대행, 영상 편집 외주, 번역·통역, 온라인 강의(클래스101, 탈잉 등), 코칭·컨설팅(세무, 재테크, 취업, 자기계발 등), 크몽·숨고 재능 판매, 카카오 이모티콘 제작

- **오프라인·시간 판매형 부업**

  배달(쿠팡이츠, 배민커넥트 등), 대리운전, 택배 상하차, 전단지 아르바이트, 편의점·카페·주유소 주말·야간 알바

- **소액·앱테크·기타**

  페이백 이벤트 참여, 앱테크(캐시워크, 토스 퀴즈, 설문 앱 등), 설문조사 참여, 자기계발 강의 후기·리뷰 작성 등

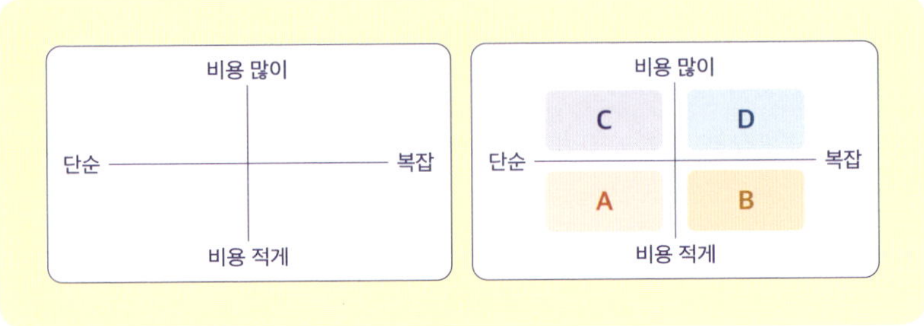

가로축(왼쪽↔오른쪽)

- 왼쪽: 준비 과정이 단순하고, 시간이 많이 들지 않는 부업
- 오른쪽: 준비 과정이 복잡하고, 시간이 많이 드는 부업

세로축(아래↔위)

- 아래: 초기 비용이 거의 들지 않거나 아주 적게 드는 부업
- 위: 초기 투자 비용이 많이 필요한 부업

이 기준에 따라 내가 떠올린 부업 아이디어를 다음 네 칸에 나눠 적어본다.

- **A칸**: 단순하고 비용이 거의 들지 않는 일
- **B칸**: 준비 과정은 다소 복잡하지만, 비용은 적게 드는 일
- **C칸**: 구조는 단순하지만 비용이 많이 드는 일
- **D칸**: 복잡하고 비용도 크게 드는 일

이제 방금 종이에 적어둔 '나의 부업 리스트'를 하나씩 보면서, 각 아이템이 A, B, C, D 중 어디에 해당하는지 적어보자. 어떤 부업이 지금 나에게 가장 현실적인 선택인지, 어떤 부업은 나중에 자본과 시간이 더 생겼을 때 시도해야 할지 한눈에 보이기 시작할 것이다.

4. 각 단계별 부업 예시

예를 들어 나의 부업 아이디어를 네 칸에 나눠보면 이렇게 정리할 수 있다.

A칸(단순 + 비용 적게 드는 일)에는 블로그·티스토리 글쓰기(광고 수익), 설문·포인트 앱 같은 앱테크, 집에 있는 물건을 처분하는 중고 거래, 크몽·숨고 같은 재능 마켓에 글쓰기·PPT·번역 작업을 등록하는 일을 넣을 수 있다. 준비 과정이 단순하고, 당장 큰돈이 들지 않는 일이다.

B칸(복잡 + 비용은 적게 드는 일)에는 전자책 만들기 및 판매, 유튜브 채널 운영, 노션·엑셀 템플릿 제작 후 판매, 탈잉·클래스101 등에서 디지털 강의를 제작해 올리는 일을 넣을 수 있다. 돈은 많이 들지 않지만, 기획-제작-업로드-운영까지 생각할 요소가 많기 때문에 준비 과정이 A칸보다 더 복잡하다.

C칸(단순 + 비용 많이 드는 일)에는 중고 명품 리셀, 무인매장 운영, 디자인·편집 소프트웨어를 유료로 구매해서 본격적으로 작업을 시작하는 일을 넣을 수 있다. 구조는 비교적 단순해 보여도 초기 자본이나 셋업 비용이 제법 드는 편이라 자금 여력이 필요하다.

D칸(복잡 + 비용도 많이 드는 일)에는 자체 제품을 만드는 브랜드 창업, 사입·재고를 직접 떠안는 온라인 쇼핑몰 운영, 인플루언서 마케팅 사업처럼 시스템·자본·시간이 모두 많이 필요한 일을 배치하면 된다. 이 영역은 준비도 어렵고 돈도 크게 들어가기 때문에, 지금 당장보다는 중·장기 목표로 가져가는 편이 좋다.

이렇게 네 칸에 나눠보면 지금 당장 시작할 일(A, B)과 준비가 더 필요하거나 나중에 도전할 일(C, D)이 훨씬 선명하게 보인다.

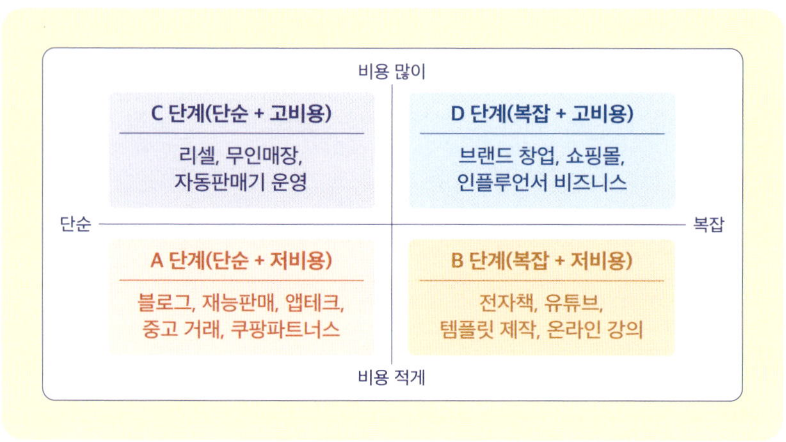

5. 부업은 A 단계에서 시작해 D 단계로 발전한다

이제 내가 적어둔 부업 리스트를 바탕으로, A→ B→ C→ D 단계 순서로 하나씩 단계를 올라간다고 생각하면 된다. 순서를 이렇게 정한 이유는 단 하나, 비용과 리스크를 최소화하기 위해서다.

많은 사람이 처음부터 D 단계처럼 '한 번에 큰돈 버는 부업'을 꿈꾼다. 하지만 우리는 아직 부업 초보다. 처음부터 돈과 시간이 크게 드는 일에 들어가면, 실패했을 때 타격도 그만큼 크다. 그래서 비용과 시간 부담이 적은 단계부터 차근차근 시작하는 접근이 가장 현명하다.

현실에서 대부분의 성공적인 부업은 A 단계에서 출발한다. 처음에는 단순하고 쉬운 일부터 시작하는 편이 좋다. 블로그를 운영하며 글을 쓰고, 그 경험을 바탕으로 전자책을 만들고, 이후에는 나만의 온라인 강의를 만드는 식으로 자연스럽게 확장되는 구조가 이상적이다. 처음에는 돈보다 '경험'을 쌓는 데 초점을 두자. 수익은 그다음에 따라온다. 한 번에 100만 원, 1,000만 원이 아니라 처음엔 1만 원부터 시작해도 충분하다.

그리고 꼭 이 점을 기억했으면 한다. 나는 디자인을 잘할 것 같다고 생각해서 디자인 부업을 시작했는데 막상 해보니 잘 안 맞을 수도 있고, 반대로 한 번도 해보지 않았던 스마트스토어를 시작했는데 예상외로 대박이 날 수도 있다. 내가 말하고 싶은 핵심은 어떤 부업이 나에게 잘 맞고, 실제로 잘될지는 해보기 전엔 모른다는 것이다. 그래서 시간과 비용이 적게 드는 A 단계 부업부터 효율적으로 시도해보고, 조금씩 자신에게 맞는 방향을 찾아가길 바란다.

6. 부업의 진짜 목적: 시간을 더 가치 있게 만들기

부업의 핵심은 단순히 '돈을 더 버는 것'이 아니다. 진짜 목적은 내 시간을 점점 더 비싸게 만드는 것이다. 처음에는 내 노동 시간을 직접 팔아서 돈을 번다. 하지만 결국에는 '돈이 나 대신 일하는 구조'를 만들어야 한다.

예를 들어 블로그에 올린 글이 시간이 지나도 계속 조회 수를 가져다주고, 한 번 만든 전자책이 꾸준히 판매되고, 예전에 만들어둔 강의가 지금도 수강생을 모아주는 구조가 그렇다.

결국 부업의 끝은 시간의 자유를 사는 것이다. 이 구조를 빨리 세울수록 경제적 자유에 더 빨리 가까워진다.

실제 사례 – 문제집 출간으로 부업 성공

내 수강생 중 한 명은 '부업 찾기' 과정을 통해 본인 가치를 올리면서 돈도 버는 구조를 만드는 데 성공했다. 지금은 그 책에서 나오는 인세, 즉 패시브 인컴으로 꾸준히 수입을 얻고 그 돈을 다시 투자에 활용하고 있다.

이 수강생은 처음 회사 취업을 준비할 때 지원 회사의 기출문제집이 없어서 친구들과 직접 기출문제를 만들고, 그 경험에서 부업 아이디어를 얻었다. "예전의 나처럼 우리 회사의 취업을 준비하는 사람들에게 기출문제를 정리한 문제집이 있으면 얼마나 좋을까?" 그래서 실제로 해당 회사 취업 준비용 기출문제집을 기획했고, 나는 여러 출판사와 연결을 도왔다. 마침내 그 문제집이 정식으로 출간되었고, 그 회사 취업을 준비하는 사람들에게는 사실상 '필수 구매서'가 되었다.

그 결과, 그는 책이 꾸준히 팔리며 인세 수입을 안정적으로 받

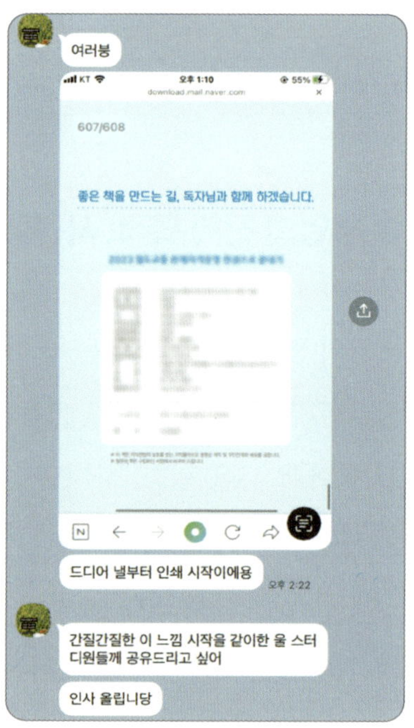

게 되었고, 회사 내에서도 '지원자 입장에서 우리 회사를 연구하고, 실제로 책까지 만들어낸 사람'으로 인정받았다. 단순히 부업으로 돈만 번 게 아니다. '수익 + 커리어 + 브랜드'를 동시에 얻은 셈이다.

이처럼 나의 가치를 높이는 부업은 통장에 찍히는 숫자를 넘어 내 삶의 방향, 커리어의 레벨 자체를 바꿀 수 있다. 부업을 고민할 때, "얼마 버냐"보다 먼저 "이 일이 나를 어떻게 성장시킬까?"를 함께 생각해야 하는 이유가 여기에 있다.

7. 지금이 바로 부업을 시작할 순간

완벽한 계획은 필요 없다. 지금 당장 내가 할 수 있는 부업, 해보고 싶은 부업을 적어보자. 그 리스트가 앞으로 당신의 인생을 바꿀 첫 번째 설계도가 된다. 기억해야 할 점은 단 하나.

부업은 단순히 돈을 버는 일이 아니라, 나의 시간을 더 가치 있게 만드는 과정이다. 오늘의 30분이 내일의 자유를 만든다.

다음 챕터에서는 스마트스토어, 블로그, 인스타그램, 창업 등 내가 직접 경험해본 대표적인 부업들의 장단점을 구체적으로 비교해보 겠다. 그 과정을 따라가다 보면 어느 순간, "아, 이게 바로 나에게 딱 맞는 부업이구나."라는 확신이 들 것이다.

CHAPTER 3.

부업의 장단점:
스마트스토어, 네이버 블로그,
인스타그램, 창업 등

이번 챕터에서는 대한민국에서 가장 많이 하는 대표 부업을, 실제로 해본 경험을 바탕으로 소개한다. 나는 회사를 다니면서 블로그와 스마트스토어를 운영했고, 직접 카페를 창업해봤다. 인스타그램과 온라인 강의, 공간대여 서비스까지 다양한 부업도 경험했다. 이제부터는 책이나 유튜브에서 들은 이론이 아니라, 내가 직접 부딪히고 시행착오를 겪으면서 느낀 점을 바탕으로 각 부업의 현실적인 장점과 단점을 솔직하게 정리해보려 한다. 단순히 '이 부업은 좋다'가 아니라 어떤 사람에게 잘 맞는지, 어느 순간부터 힘들어지는지, 실제로 돈은 얼마나 벌 수 있는지까지 함께 이야기하겠다.

1. 네이버 블로그 — 나의 첫 번째 부업이자, 커리어의 시작

나는 22살 때 처음 네이버 블로그를 시작했다. 계기는 단순했다. 주변에 마케터로 일하던 친한 형이 있었다. 형은 회사에 다니면서도 자기 블로그를 운영했는데 매일 같이 좋은 제품을 협찬받았고, 맛집 협찬을 받을 때면 나를 데리고 같이 다녔다.

그렇게 계기가 되어 별 생각 없이 시작했다. 주제도 거창하지 않았다. 시골에서 상경한 청년이 서울에서 무엇을 먹고, 무엇을 쓰고, 어디를 다니는지를 기록하는, 그야말로 평범한 '일상 블로그'였다. 그냥 하루하루를 기록하듯 글을 올렸을 뿐인데, 어느새 누적 방문자 수가 670만 명을 넘었고 나는 '파워 블로거'가 되어 있었다. (지금은 운영을 중단한 지 3년이 넘어서 그대로 방치된 상태다.) 블로그는 단순한 취미를 넘어서 내 인생을 바꾸는 시작점이 되었다.

이 블로그 덕분에 나는 대기업 서포터즈에 합격했고, 건축 전공이었음에도 다양한 마케팅 경험을 인정받아 대기업 인턴까지 경험할 수 있었다. 결국 이 블로그가 나의 첫 취업 포트폴리오가 되었고, 첫 직장으로 이어지는 징검다리 역할을 했다.

지금은 재테크 전문 블로그를 따로 운영하고 있다. 하루 방문자가 약 1,500명 정도 되는데, 이 블로그를 통해 기업이나 브랜드로부터 광고 제안을 받고 있다. 포스팅 한 건당 대략 15~30만 원 정도의 수익이 발생한다.

자료: 커리어의 시작이 되어준 첫 블로그

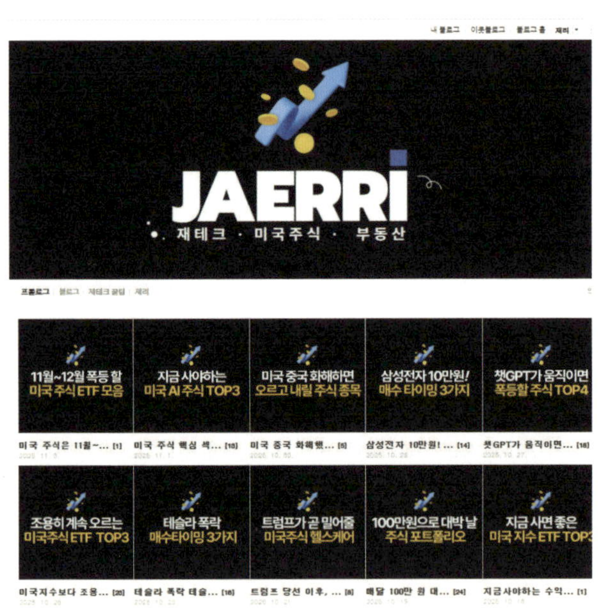

자료: 현재 운영하는 재테크 전문 블로그

흥미로운 점은 요즘 챗GPT를 활용해 초안을 뽑기 때문에 하루 10분 투자로 20만 원을 벌 때도 있다는 사실이다. 직장인이 퇴근 후 1시간을 투자해 20만 원을 번다고 생각해보자. 이보다 효율적인 부업이 또 있을까?

장점

- 초기 비용이 들지 않는다.
- 글쓰기, 마케팅, 브랜딩 등 본업에도 바로 이어지는 기술을 함께 키울 수 있다.
- 한 번 쓴 글이 시간이 지날수록 조회 수와 수익을 만들어주는 '자산형 콘텐츠'이다.

단점

- 눈에 보이는 성과가 나기까지 최소 3~6개월은 꾸준히 포스팅해야 한다. 대부분은 한두 달 하다가 포기한다.
- 파워 블로거와 인플루언서들이 이미 포진해 있어 진입장벽이 높은 편이다.
- 키워드 경쟁이 치열하고, 네이버 알고리즘에 따른 변동성이 크다.

추천 대상: 대학생 · 사회초년생 · 육아맘

- 대학생: 전공과 관심사를 살린 블로그 운영으로 대외활동, 포트폴리오, 취업 자기소개서에 쓸 '실전 사례'를 만들 수 있다. 협찬과 광고 수익까지 더하면 생활비를 보탤 수 있는 최고의 부업이다.
- 사회초년생: 업무 경험·커리어와 연결된 콘텐츠를 꾸준히 기록하면 이직 제안, 강의 요청, 협업 문의 등 예기치 못한 기회로 이어진다. 협찬을 통해 미용·생활비도 크게 줄일 수 있다.
- 육아맘: 육아 일상을 공유하는 것만으로도 아이용품, 영양제, 유아복, 여행 숙소 등 다양한 협찬을 받을 수 있어, 아이에게 더 많은 경험을 선물하면서 동시에 부수입을 만들 수 있다.

아직 대학생이거나 사회초년생이라면 본인의 전공과 커리어를 살린 블로그 운영을 강력히 추천한다. 요즘 블로그는 30~50대 이용자가 많지만, 여전히 '정보 검색' 용도로 활발하게 사용되고 있다.

대학생이라면 블로그 경험이 대외활동 자기소개서, 포트폴리오, 입사 지원 시 강력한 무기가 된다. 실제로 나 역시 블로그를 기반으로 50회 이상 기업 서포터즈 활동을 했고, 그 과정에서 월 200~300만 원의 협찬비와 광고비를 받았다.

가전제품 협찬도 다양하게 받았다. 삼성전자에서는 에어드레서를, LG전자에서는 맥주 제조 기기 등 고가의 가전을 협찬받았고, 한 번은 사물인터넷(IoT) 회사의 전체 협찬으로 집 전체 인테리어를 지원받아 블로거 자격으로 유튜브 콘텐츠에도 출연했다.

자료: 블로그를 통해 벌어들인 수입

블로그는 단순한 취미가 아니라, 부업·커리어·브랜딩을 동시에 가져다주는 강력한 플랫폼이다. 그 돈으로 나는 투자를 시작했고, 그것이 지금의 재테크 기반이 되었다. 직장인이라면 자신의 커리어와 관련된 내용을 블로그에 꾸준히 기록해보자. 이직 제안, 강의 요청, 협업 문의 등 생각지 못한 기회로 자연스럽게 이어질 수 있다.

요즘은 AI를 활용해 블로그를 자동 운용하는 방식도 많다. 광고비는 이웃 수와 일일 방문자 수에 따라 달라지며, 광고 형태는 보통 다음과 같이 나뉜다.

- 정보성 포스팅(제품·서비스 소개)
- 제품 협찬 리뷰
- 맛집·미용실 등 체험 서비스 후기

예를 들어 네일샵, 미용실, 피부관리실, 헬스장, 필라테스 같은 생활 밀착형 업종은 하루 방문자 100명만 되어도 협찬 제안을 받을 수 있다. 나 역시 서른 살 이전까지 파마나 염색을 돈 주고 한 적이 거의 없을 정도로 협찬을 적극적으로 활용했다. 이런 협찬은 특히 대학생과 사회초년생에게 생활비를 절약하는 또 다른 월급이 된다.

데이트 때 맛집 협찬을 활용하면 덤으로 밥값 절약도 가능하다. 꾸준히 운영하면 월 200~300만 원 수준의 협찬·광고 수익을 얻는 것도 충분히 가능하다. 특히 육아맘이라면 아이용품, 영양제, 유아복, 숙소 협찬 등에서 큰 도움을 받을 수 있다. 실제 내 친구 한 명은 육아 블로그를 운영하는데, 아이 옷부터 가족 여행 숙소까지 거의 모두 협찬으로 해결한다. 매주 주말마다 가족과 여행을 다니며 블로그 덕분에 아이에게 더 많은 경험을 선물할 수 있다고 말한다.

네이버 블로그는 단기간에 큰돈을 버는 부업이 아니다. 대신 시간이 지날수록 가치가 쌓이는 자산형 부업이다. 글을 쓰며 나를 표현하고, 그 기록이 시간이 지나 나의 커리어와 수익으로 돌아오는 구조다. 결국 필요한 건 꾸준함 하나다.

하루 30분의 기록이 6개월 뒤에는 포트폴리오가 되고, 1년 뒤에는 수익이 되고, 3년 뒤에는 나만의 브랜드가 된다.

2. 스마트스토어
— 누구나 시작할 수 있는 현실적인 온라인 창업

나는 3년 전부터 네이버 스마트스토어를 운영하고 있다. 에스테틱 샵에서만 판매하던 프리미엄 화장품을 온라인으로 유통하기 시작했고, 그 결과 2024년 매출은 약 4,690만 원, 순수익은 약 50% 수준이었다. 2025년 10월 기준 이미 3,500만 원 매출을 달성했다.

처음에는 주문 확인, 택배 포장, 발송, CS(고객 문의) 응대까지 모든 과정을 혼자 했다. 지금은 프리랜서 직원 한 명을 두고 주문이 들어오면 주문 접수부터 발송, CS까지 전부 관리를 맡긴다. 나는 재고 관리와 프로모션 기획만 챙기고 있어 스마트스토어는 거의 자동으로 돌아가는 구조가 완성된 셈이다.

스마트스토어의 가장 큰 매력은 진입 장벽이 낮다는 점이다. 사업자등록만 하면 누구나 판매자가 될 수 있고, 네이버라는 거대한 플랫폼이 기본적인 고객 유입을 대신해준다. 별도의 마케팅 지식이 없어도 상품 등록만 하고 최소한의 세팅만 하면 판매를 시작할 수 있다는 뜻이다. 여기에 네이버 블로그, 인스타그램을 함께 운영하며 홍보를 더하면 매출 상승 효과는 훨씬 커진다.

요즘 직장인들 사이에서 스마트스토어가 '가장 현실적인 부업'이라고 불리는 이유도 여기에 있다. 출퇴근 시간이나 점심시간에 스마트폰으로 주문만 확인해도 운영이 가능하기 때문이다. 나 역시 출장 중이거나 해외여행을 갈 때도 노트북 없이 스마트폰 하나로 주문, 발송, 매출 현황까지 전부 관리했다.

자료: 네이버 스마트스토어의 2024년, 2025년 매출

장점

- 진입 장벽이 낮다 : 초보자도 사업자등록만 하면 바로 시작할 수 있다. 유튜브에서 스마트스토어 개설 방법만 검색해도 하루 만에 쉽게 오픈이 가능하다.
- 자동화가 가능하다 : 주문·배송·CS를 시스템화하면 직장인도 충분히 병행할 수 있다. 다만 처음 1~2년 정도는 본인이 직접 전 과정을 경험해봐야 한다. 내가 해봐야 직원에게 맡겼을 때 문제가 생겨도 스스로 해결할 수 있다.
- 상품 선택이 곧 수익이다 : 아이템만 잘 선정하면 꾸준한 매출과 수익을 기대할 수 있다.

단점

- 경쟁이 치열하다 : 인기 상품 카테고리에는 수많은 판매자가 자리 잡고 있다.
- 재고 부담이 있다 : 직접 사입 방식으로 운영하면 초기 비용이 크게 들어간다.
- 고객 응대와 반품 관리가 필요하다 : 생각보다 신경 쓸 일이 많고, 에너지가 많이 드는 부분이다.

'구매대행'으로 시작하라

구매대행은 재고를 보유하지 않고 판매하는 방식이다. 고객이 내 스토어에서 주문을 하면, 나는 해외 사이트나 도매처에 대신 주문을 넣고 해당 업체가 고객에게 직접 배송을 한다. 즉, 내 돈이 선투입되지 않는다.

처음에는 상품 사진과 설명만 올려두면 되기 때문에 초기 비용이 거의 없고, 재고 위험도 전혀 없다. 다만 직접 사입(재고를 미리 구매해두는 방식)보다 마진율은 낮지만 그만큼 안정적이다. 그래서 처음 시작하는 사람이라면 구매대행으로 경험을 쌓고, 이후 자본과 노하우가 쌓이면 사입 방식으로 확장해가는 방식을 추천한다.

나는 22살 때 나이키 조던과 해외 한정판 의류를 판매하는 작은 구매대행 회사에서 인턴을 했다. 그때 처음 스마트스토어 시스템을 접했고, "나도 이렇게 내 브랜드를 만들 수 있겠구나"라는 확신이 생겼다.

구매대행은 단순히 물건을 파는 게 아니라, 국내에서 구하기 어려운 상품을 대신 찾아주는 서비스다. 예를 들어 일본 한정판 피규어, 미국에서만 판매되는 운동화 같은 품목이다. 이런 상품은 경쟁이 적고, 고객 충성도가 높고, 객단가도 높아서 몇 개만 판매해도 월 100만 원 정도는 부업으로 충분히 벌 수 있다. 최근 인기를 끌었던 팝아트 라부부 제품 리셀로 돈을 번 사례가 많다.

추천 포인트

스마트스토어는 자본이 적고, 퇴근 후 1~2시간 정도만 투자할 수 있는 사람에게 특히 추천한다. 핸드폰 하나로도 운영이 가능하고, 어느 정도 자리가 잡히면 자동화 시스템으로 수익이 '꾸준히 들어오는 구조'를 만들 수 있다. 무엇보다 네이버라는 플랫폼 자체가 이미 높은 신뢰와 탄탄한 트래픽을 가지고 있다는 점이 큰 장점이다.

추천 대상: 직장인 · 대학생 · 초보 창업자

- 직장인: 출퇴근 시간과 점심시간을 활용해 운영할 수 있고, 주문·배송·CS를 자동화하면 본업과도 무리 없이 병행할 수 있다.
- 대학생: 구매대행 형태로 시작하면 큰 자본 없이도 창업 경험을 쌓을 수 있고, 자연스럽게 비즈니스 감각과 온라인 판매 구조를 익힐 수 있다.
- 초보 창업자: 재고 없이 시작할 수 있어 실패 부담이 적고, 작은 규모로 테스트 해보며 점차 확장하기에 좋다.

스마트스토어는 단순히 '물건을 파는 곳'이 아니다. 온라인에서 나만의 브랜드를 만드는 출발점이다. 누구나 시작할 수 있지만, 누구나 성공하는 것은 아니다. 중요한 건 차별화된 아이템 선택, 꾸준한 고객 관리, 그리고 시스템 자동화다. 이 3가지만 갖추면 스마트스토어는 '퇴근 후 1시간 부업'에서 '진짜 수익 구조'로 충분히 성장할 수 있다.

3. 카페 창업 — 많은 직장인이 꿈꾸지만, 현실은 다르다

2023년 9월, 나는 서울 사당동에서 프랜차이즈 배달 카페를 직접 창업했다. 커피를 좋아했고, 언젠가 '나만의 공간을 운영해보고 싶다'는 꿈도 가지고 있었다. 마침 프랜차이즈 본사에서는 "직원을 두면 거의 자동 운영이 가능하다"는 말까지 덧붙였다. 퇴근 후에도, 주말에도 수익이 나는 구조라니, 얼마나 매력적으로 들렸겠는가.

하지만 현실은 전혀 달랐다. 직원 관리, 재고 관리, 매출 관리, 고객 컴플레인까지 매일 크고 작은 문제가 끊이지 않았다. 내 인생에서 가장 힘든 시기였다. 어느 순간부터는 계산기를 두드리는 시간이 더 많아졌다.

다행히 장사가 잘되어 3개월 만인 2023년 12월, 가게를 권리금을 받고 양도할 수 있었고, 그 과정에서 순수익 4,000만 원을 얻었다. 하지만 누군가 나에게 "다시 할 거냐?"라고 묻는다면, 나는 주저 없이 이렇게 말할 것이다. "절대 아니다."

장점

- 장사가 잘되면 단기간에 큰 수익을 낼 수 있다.
- 내가 만든 공간에서 고객을 직접 만나며 일하는 보람이 있다.
- 믿고 맡길 직원이 있다면 본업과 병행해 운영하는 것도 가능하다.

단점

- '무인 운영'은 현실적으로 불가능에 가깝다. 하루만 손을 놓아도 문제가 생긴다.
- 인건비, 임대료, 재료비 등 고정비가 많아 손에 남는 돈이 생각보다 적다.
- 기계 고장, 재고 누락, 알바 구인 실패, 고객 불만 등 예기치 못한 일이 발생한다.
- 육체적 피로와 정신적 스트레스가 크고, 온전히 쉴 수 있는 시간이 거의 없다.

자영업은 단순히 '사장이 되는 일'이 아니다. 운영·회계·인사·마케팅·CS까지 모든 일을 스스로 책임져야 한다. 회사에서는 여러 팀이 나눠서 하던 일을, 가게에서는 사장 혼자 전부 감당해야 한다.

하루 매출이 100만 원이 나와도 재료비, 인건비, 임대료 등을 제하고 나면 실제 손에 남는 돈은 30만 원도 되지 않는 경우가 많다. 그마저도 날씨나 유동인구에 따라 매출이 크게 출렁인다. 요즘 유행하는 '무인카페', '무인빨래방', '무인스터디룸'도 결국은 완전 무인이 아니라 '반(半)무인'에 가깝다. 기계가 멈추면 직접 나가서 확인해야 하고, 청소·관리·고장 수리도 결국 사람이 한다.

직장 다니면서 부업으로 카페 운영이 가능하다는 말은 정말 극히 일부 사례일 뿐, 대부분에게는 현실적으로 거의 불가능하다고 보는 게 맞다.

추천 포인트

카페 창업은 여유 자금이 충분하고, 시간을 스스로 조절할 수 있는 사람에게만 추천한다. 특히 직장인이라면 당장 퇴사 후 무작정 시작하기보다, 최소 1년 이상은 시장조사·상권 분석·자금 계획을 충분히 세운 뒤에 도전하는 편이 안전하다. 카페 창업이 잘 맞는 사람은 대체로 이런 유형이다.

추천 대상

- 회사 경력 10년 이상, 어느 정도 자본과 여유가 있는 과장급 이상 직장인
- 프리랜서나 자영업 경험이 있어 시간과 에너지를 장사에 집중할 수 있는 사람
- 진심으로 장사를 좋아하고, 사람을 상대하는 일을 즐기는 사람

카페 창업은 겉으로 보기에는 멋있고 여유로워 보이지만, 막상 들어가보면 로맨스보다 현실이 훨씬 많다. 회사 생활이 힘들다고 도피하듯 선택하기에는, 그보다 더 큰 책임과 리스크가 기다리고 있다.

"나도 언젠가 내 카페를 차려야지"라는 꿈이 있다면, 지금 당장은

그 돈으로 투자 공부를 하거나 스마트스토어·블로그 같은 온라인 부업부터 시작해보자. 그런 경험이 쌓여야 비로소 진짜 사업 감각이 생긴다. 카페 창업은 '두 번째 도전'으로는 좋지만, 첫 번째 부업으로 선택하기에는 절대 만만한 일이 아니다.

4. 인스타그램 — 나의 '브랜드'로 돈을 버는 가장 빠른 방법

나는 현재 11만 명의 팔로워를 보유한 재테크 인플루언서로 활동하고 있다. 주로 미국 주식, 월 500만 원으로 투자 시작하기, 직장인 부업 재테크 같은 현실적인 주제를 다룬다. 내 콘텐츠의 핵심은 '누구나 작게 시작해도 돈을 불릴 수 있다'는 메시지다.

처음에는 그저 정보를 공유하고 싶어서 가볍게 올리기 시작했다. 하지만 지금 인스타그램은 내 브랜드이자 비즈니스의 중심이 되었다. 시작 당시 팔로워는 100명도 되지 않았다. 퇴근 후 밤마다 릴스를 찍고, 대본을 쓰고, 썸네일을 만들며 꾸준히 올렸다. 그렇게 3개월쯤 지나자 한 영상이 알고리즘을 타면서 팔로워가 하루에 수백 명씩 늘기 시작했고, 6개월 만에 10만 팔로워 인플루언서가 되었다.

그 이후부터 삶이 눈에 띄게 달라졌다. 브랜드 협찬과 광고 제안이 들어오기 시작했고, 지금은 릴스 광고 1건당 약 300만 원, 강의 제안은 1회당 약 200만 원 수준으로 받고 있다. 좋아서 시작한 일이 이제는 하루 1시간짜리 부업이자, 월 1,000만 원 규모의 수입원이 되었다.

인스타그램은 더 이상 단순한 SNS가 아니다. 지금은 '개인의 영향력으로 돈을 버는 플랫폼'이다. 팔로워가 많지 않아도, 꾸준히 콘텐츠를 올리며 자신만의 주제와 캐릭터를 만들면 누구나 브랜딩을 통해 돈을 벌 수 있다. 중요한 건 '완벽한 콘텐츠'가 아니라 '계속 올리는 지속성'이다.

장점

- 초기 비용이 0원이다. 핸드폰 하나면 충분하다. 나도 아이폰으로 시작했다.
- 성장 속도가 빠르다. 알고리즘을 타면 한 달 만에 팔로워가 1~2만 명씩 늘어나는 경우도 많다.
- 브랜딩·마케팅·콘텐츠 제작 능력이 자연스럽게 향상된다.
- 내가 좋아하는 분야(재테크, 요리, 패션, 뷰티 등)를 기반으로 콘텐츠를 만들기 쉽다.

단점

- 알고리즘이 자주 바뀐다. 조회 수 변동이 크고 꾸준한 관리가 필요하다.
- 팔로워 숫자보다 '참여율(좋아요, 댓글, 저장률)'이 중요하다. 실제 수익은 충성도에 따라 달라진다.
- 콘텐츠 제작에 시간과 정성이 많이 든다. 기획-촬영-편집-업로드를 모두 직접 해야 한다.

추천 포인트

인스타그램은 누구에게나 열려 있는 가장 빠른 수익화 채널이다. 요즘처럼 개인의 영향력이 곧 브랜드가 되는 시대에는, 내가 잘하는 분야가 그대로 자산이 된다. 재테크를 주제로 하든, 요리·패션·여행·뷰티·육아처럼 나의 취향과 일상을 주제로 하든 상관없다. 중요한 건 단 하나, '꾸준히, 진심으로, 나답게'다. 처음부터 수익이 생기지 않지만, 시간이 쌓이면 콘텐츠가 자산이 되고, 그 자산이 브랜드가 되고, 브랜드가 결국 수익을 만든다.

추천 대상: 모두 (난이도 하)

- 직장인: 퇴근 후 짧은 시간으로도 운영 가능
- 대학생: 관심 분야를 살린 포트폴리오 구축에 최적
- 전업맘: 육아·살림 콘텐츠로 협찬 및 광고 수익 창출 가능
- 프리랜서: 자신의 전문성을 브랜딩해 강의, 컨설팅으로 확장 가능

책 출간, 강의, 대기업 협업 제안까지 인스타그램은 내 인생의 확실한 전환점이 되었다. 이 책을 읽는 당신에게 부업 하나만 추천하라면, 나는 주저 없이 이렇게 말할 것이다. "인스타그램을 시작하라."

돈이 없어도, 시간은 누구에게나 있다. 오늘 올린 짧은 릴스 하나가 내일의 '브랜드'가 되고, 1년 뒤에는 당신의 새로운 월급 통장이 될 수 있다.

재리 꿀팁

'주제'와 '톤'을 명확히 정하라

인스타그램에서는 무엇보다 '주제의 명확함'이 중요하다. 내 계정이 어떤 사람에게, 어떤 이유로 필요한 공간인지가 한눈에 보여야 한다. 예를 들어

- 재테크 계정이라면 → "월급 300만 원으로 시작하는 투자법"
- 패션을 좋아한다면 → "직장인 데일리룩 10가지"
- 육아맘이라면 → "아이와 함께할 집콕 놀이 5가지"

이렇게 구체적인 한 줄 주제로 시작하면, 팔로워는 '정보를 얻으러' 계정에 들어온다. 그리고 그 정보가 신뢰로 바뀌면, 그다음부터는 자연스럽게 광고주와 협찬 제안이 들어온다.

5. 온라인 강의
─ 지식을 자산으로 만드는 가장 확실한 방법

나는 클래스101에서 강의를 판매하고 있다. 솔직히 말하면 큰돈을 벌 수 있는 구조는 아니다. 수익 배분 구조가 강사보다는 플랫폼 회사에 더 유리하게 설계되어 있기 때문이다. 하지만 강의는 '브랜딩'과 '신뢰 자산'을 쌓는 데 압도적으로 유리한 수단이다. '이 사람은 가르칠 수 있는 사람이다'라는 사회적 신뢰가 쌓이면, 그다음부터는 강의료 외에도 컨설팅, 강연, 협업 제안이 자연스럽게 들어온다.

장점

- 내가 알고 있는 지식을 콘텐츠로 만들어 자산화할 수 있다.
- 한 번 만들어두면 추가 노동 없이도 지속적인 수익이 발생한다.
- 개인 브랜드를 구축하는 데 매우 효과적이다.

단점

- 기획, 촬영, 편집 등 초기 준비에 시간이 많이 든다.
- 수익 배분 구조가 플랫폼 중심이라 단기 수익은 낮은 편이다.

추천 포인트

온라인 강의는 단기 수익을 노리기보다 '전문가로 자리 잡는 과정'이라고 생각하는 편이 좋다. 강의 콘텐츠를 꾸준히 쌓으면, 어느 순간부터는 신뢰가 곧 수익이 되는 구조로 발전한다.

6. 부업은 결국 나를 성장시키는 일이다

부업은 단순히 돈을 더 버는 수단이 아니다. 나를 더 깊이 이해하고, 내 시간을 더 가치 있게 만드는 과정이다. 블로그를 하며 글로 생각을 정리하고, 스마트스토어를 운영하며 상품과 비즈니스 흐름을 배우고, 인스타그램으로 나만의 브랜드를 만들고, 온라인 강의로 지식을 나누며 신뢰를 쌓는다. 겉으로는 서로 다른 일처럼 보이지만, 이 모든 부업은 결국 한 점으로 모인다. 바로 '나'라는 브랜드를 성장시키는 일이라는 점이다.

부업을 선택할 때 "얼마나 벌 수 있지?"보다 "이 일을 통해 내가 얼마나 성장할 수 있을까?"를 기준으로 삼자. 그 순간부터 부업은 단순한 부수입이 아니라, 앞으로의 커리어와 삶 전체를 키워주는 진짜 자산이 된다.

부업보다 '본업'이 먼저다

요즘 정말 많은 사람이 부업에 관심을 가진다. 퇴근 후 부업, 주말 부업, N잡러까지, 이제는 부업을 하지 않는 사람이 오히려 소수인 시대이다. 그만큼 부업이 우리 삶에 자연스럽게 스며들었고, 경제적으로 중요한 선택이 된 것도 사실이다. 하지만 나는 여기서 꼭 강조하고 싶은 말이 있다.

"부업보다 본업이 먼저다."

이 말을 듣고 의아할 수 있다. "요즘 세상에 월급만 믿고 어떻게 살아?", "부업으로 돈 벌어야지, 본업만 하면 늦는다"라고 말하는 사람도 많다. 물론 나도 부업의 힘을 누구보다 잘 안다. 지금의 나 역시 부업으로 시작해 내 브랜드를 만들었고, 지금은 여러 수입원을 가지고 있다. 하지만 그 출발점은 언제나 본업이었다.

회사에서 일하며 배운 보고서 작성법, 마케팅 전략, 팀워크, 협업 능력 등이 나중에 부업을 할 때도, 내 사업을 운영할 때도 모두 큰 자산이 되었다. 특히 사회초년생이라면 더더욱 그렇다. 이 시기에는 '돈을 많이 버는 것'보다 일을 배우는 것이 훨씬 더 중요하다.

일의 구조를 배우고, 사람을 배우고, 조직의 논리를 익히는 경험은 나중에 내가 돈을 벌고 사업을 할 때 훨씬 더 큰 힘이 된다. 그럼에도 많은 사람이 조바심을 낸다. "퇴근하고 돈을 더 벌어야지.", "유튜브 시작해서 수익을 내야겠다."

하지만 정작 본업이 흔들리면 모든 게 무너진다. 회사에서 성과가 떨어지고, 부업도 오래가지 못한다. 결국 본업도, 부업도 다 놓치는 경우가 생각보다 많다.

부업보다 돈을 훨씬 안정적으로, 크게 벌 수 있는 건 사실 본업이다. 회사에서 더 많은 연봉을 받고, 승진을 하고, 커리어를 쌓으면 그건 매달 '확실한 수입'으로 들어온다. 그리고 안정적인 수입이 있어야 부업이든, 투자든, 어떤 도전이든 마음 편히 할 수 있다. 부업으로 월 50만 원 버는 일도 대단하지만, 본업에서 연봉 500만 원 올리는 게 훨씬 빠르고 안정적이다. 결국 부업은 본업의 '대체재'가 아니라, 본업의 확장판이다. 그래서 나는 많은 사회초년생에게 이렇게 말한다.

"지금은 돈을 벌기보다, 일을 배워야 할 때이다."

회사에서 배우는 보고서 작성 능력, 기획력, 커뮤니케이션 스킬은 혼자 공부해서 얻기 어렵다. 본업을 어느 정도 마스터하면, 그다음부터 부업도 훨씬 더 잘할 수 있다. 회사에서 익힌 체계적인 사고, 일정 관리, 실행력은 그대로 부업이나 창업에서도 통하기 때문이다.

결론적으로 부업은 '돈을 더 벌기 위한 수단'이고, 본업은 '돈을 오래 벌기 위한 기반'이다. 기반이 튼튼하지 않으면 그 위에 쌓는 모든 것은 언젠가 무너진다. 지금 부업을 고민하고 있다면, 이렇게 정리해보자.

1. 먼저 본업에서 배우고 성장할 수 있는 부분을 최대한 흡수한다.
2. 그 안에서 얻은 경험과 지식을 바탕으로 부업을 시작한다.
3. 부업은 본업을 버티게 해주는 힘이 되어야지, 본업을 흔드는 이유가 되어서는 안 된다.

"부업은 나를 부자로 만들고, 본업은 나를 단단하게 만든다." 진짜 부자는 이 2가지를 모두 잘 다루는 사람이다. 하지만 순서는 항상 본업이 먼저, 그리고 그다음이 부업이다. 당신이 지금 사회초년생이라면, 조급해하지 말고 당장의 돈보다 내 커리어의 근육을 키우는 일에 집중하자. 그게 결국 당신을 더 크게, 더 오래 버티게 만드는 진짜 재테크다.

PART 5-1.

불리기:
주식

CHAPTER 1.

주식 투자로 돈 잃는 이유:
실패하는 사람들의 공통점

주식 투자로 돈을 잃는 사람들에게는 뚜렷한 공통점이 있다. "내가 시장을 이길 수 있다"는 착각이다. 저점에서 사서 고점에서 팔 수 있다고 믿고, 뉴스 한 줄에 흔들리고, 감정이 움직이는 대로 매매한다. 이번 챕터에서는 내가 실제로 겪었던 실패 경험을 바탕으로, 왜 많은 개인 투자자들이 결국 주식시장을 떠나게 되는지 그 핵심 원인을 솔직하게 이야기한다. 또한 같은 실수를 반복하지 않기 위해 어떤 관점을 가져야 하는지도 함께 다룬다. 결국 핵심은 단순하다. 투자는 기술 이전에 '심리전'이고, 그 심리를 통제하지 못하면 어떤 전략도 소용없다. 여기서부터 진짜 투자 공부가 시작된다.

1. 사람들은 왜 주식으로 돈을 잃을까

주식에서 돈을 잃는 이유는 생각보다 단순하다. "내가 타이밍을 맞출 수 있다"는 착각 때문이다. 올라갈 때는 더 오를 것 같고, 떨어질 때는 더 떨어질 것 같다. 그래서 대부분 가장 높은 가격에 사고, 가장 낮은 가격에 판다.

나도 처음엔 똑같았다. 주가가 오르면 팔까 말까 고민하다가 놓치고, 떨어지면 불안해서 손이 먼저 움직인다. 그러다 조금 회복하면 본전만 찾고 재빨리 매도한다. 아이러니하게도, 그 직후 주가는 급등한다. 이 패턴을 몇 번 반복하면 사람들은 결국 "주식은 나랑 안 맞아", "역시 예금이 최고야"라고 말한다. 하지만 문제는 주식이 아니라 투자자의 습관과 패턴이다.

나 역시 주식 세계에 막 입문했을 때는 아무것도 몰랐다. 주식은 위험하다고, 예금과 적금이 최고라고 말하는 부모님 밑에서 자랐고, 그 말을 의심 없이 믿었다. 하지만 현실을 마주해보니, 월급과 적금만으로는 자산을 키우기 어렵다는 사실을 알게 됐다. 언젠가는 '돈을 굴리는 법'을 배워야 했다.

그래서 내 첫 주식은 삼성전자였다. 42,300원에 생애 첫 1주를 샀다. 그날부터 나는 매일 네이버 증권을 새로고침했다. 오늘은 오를까, 떨어질까. 그러다 '토론방'이라는 곳을 알게 됐다. 그 안에는 온갖 말들이 넘쳐났다. "지금이 진짜 저점이다." "내일 급등 예정." 이런 글을 보며 나도 모르게 확신이 생겼다. 그러던 어느 날 '주식 리딩방'에 초대 링크를 발견하고 들어갔다.

"전문가가 매수·매도 타이밍을 알려드립니다."

처음엔 반신반의했지만, 방 안에서는 모두가 수익 인증을 올리고 있었다. 실제로 그들이 추천하는 종목이 며칠 만에 3%, 5%씩 오르는 걸 보면서 점점 믿음이 생겼다. 나도 소액으로 따라 해봤다. 그리고 실제로 돈을 벌었다. 그러자 욕심이 커졌다. 처음엔 10만 원, 그다음엔 100만 원, 500만 원까지 금액을 키웠다.

며칠 뒤 패턴이 달라졌다. 리딩방이 갑자기 유료로 바뀐 것이다. "진짜 정보를 얻으려면 프리미엄 방으로 오셔야 합니다." 그 말에 나는 군 적금을 해지해 500만 원을 송금했다. 결과는 어땠을까? 며칠 만에 거의 전액 손실이었다.

지금 생각하면 명확한 리딩방 사기였다. 하지만 그때의 나는 진심으로 '이번엔 다르다'고 믿고 있었다. 리딩방은 공짜 정보가 아니다. 정보를 미끼로 사람들의 탐욕과 불안을 이용하는 장사다. 그리고 그날 이후로 다짐했다. 다시는 남이 주는 정보와 소문으로 투자하지 않겠다고 말이다. 지금 이 책을 읽는 독자들도 누가 급등하는 주식을 알려준다고 가입을 유도하면 100% 사기이니 절대 빠지지 마라.

2. 평범한 사람도 주식으로 돈을 벌 수 있을까

그 일을 겪은 뒤, 나는 한동안 주식이 무서웠다. 하지만 시간이 지나면서 깨달았다. 세상에 위험하지 않은 돈은 없다. 부자가 된 사람 중 주식이나 부동산 없이 돈을 번 사람은 거의 없다. 결국 답은 하나였다. 공부하고, 내가 이해한 만큼만 투자해야 한다.

나는 여의도 증권가의 펀드매니저가 아니다. 블랙록이나 JP모건에 다니는 애널리스트도 아니다. 평범한 직장인이고, 하루 대부분은 회사 일에 묶여 있다. 그런 내가 그들보다 빠르게 정보를 얻을 수는 없다. 그래서 나는 시장을 이기려 하기보다 시장과 함께 가야 한다고 생각했다.

그때부터 '언제 사야 할까?'보다 '얼마나 오래 들고 있을까?'에 집중하기 시작했다. 나도, 여러분도 마찬가지다. 일확천금의 타이밍을 노리는 사람이 아니라 꾸준히 수익을 쌓는 투자자가 되어야 한다.

3. 실패의 진짜 이유는 공부하지 않기 때문

주식은 정보의 싸움이 아니라 '이해의 싸움'이다. 남이 던져준 종목으로는 절대 오래갈 수 없다. 내가 산 기업이 어떤 회사인지, 왜 사는지조차 모른다면 그건 투자가 아니라 도박이다.

많은 사람들은 종목 자체보다 가격에만 집중한다. 하지만 가격은 결과일 뿐이다. 기업의 본질은 보지 않은 채 차트만 들여다보면 결국 패턴은 똑같다. 오를 때 따라 사고, 떨어질 때 겁나서 손절한다.

나는 수강생들에게 이렇게 말한다. "주식 투자에서 제일 무서운 건 하락장이 아니에요. 아무것도 모르면서 버티는, 근거 없는 자신감이에요."

주식으로 돈을 벌고 싶다면 먼저 '나는 어떤 투자자인가'를 알아야 한다. 장기 투자자라면 기업의 성장성과 경쟁력을 봐야 하고, 단기 투자자라면 손익 관리 원칙을 먼저 세워야 한다. 이 원칙이 없으면 뉴스 한 줄에 흔들리고, 커뮤니티 댓글 하나에 마음이 무너진다.

리딩방 사기를 통해 내가 배운 건 단순하다. "공짜 정보가 가장 비싸다." 누군가 대신 종목을 골라준다면, 그 대가는 결국 당신의 돈이다. 주식은 남의 말대로 하는 게 아니다. 스스로 공부하고, 내가 납득할 수 있는 이유가 있을 때만 사야 한다.

그 이후 나는 투자 방식을 완전히 바꿨다. 단기 매매를 내려놓고, ETF를 중심으로 장기 투자에 집중했다. 더 이상 하루하루 주가를 들여다보지 않았다. 대신 회사의 실적, 산업의 흐름, 시장 금리와 환율 정도만 점검했다. 처음엔 수익률이 눈에 띄게 높지 않았다. 그래도 불안하지는 않았다. 그리고 3년이 지나자 수익은 조용히, 하지만 꾸준히 쌓여 있었다.

4. 주식은 돈을 잃는 게임이 아니라 '습관의 싸움'이다

주식 투자의 본질은 '돈을 벌기 위한 기술'이 아니라 '돈을 잃지 않기 위한 태도'다. 뉴스나 커뮤니티보다 언제나 '나의 원칙'이 더 중요하다. 남이 10% 벌었다는 말은 스쳐 지나가는 정보일 뿐이고, 내가 1%라도 꾸준히 버는 것이 진짜 성과다.

주식에서 돈을 잃는 사람 대부분은 '몰라서'가 아니라 알면서도 '지키지 않아서' 무너진다. 이제 당신의 투자에도 원칙을 세워라. 그리고 그 원칙을 기록으로 관리하라. 리딩방 대신 '리딩북', 즉 기록으로 스스로를 리딩하라. 그것이 내가 수많은 실패 끝에 깨달은 가장 현실적이고 가장 확실한 투자법이다.

핵심 요약 & 액션 플랜

- 주식으로 돈을 잃는 가장 큰 이유는 '타이밍을 맞출 수 있다'는 착각 때문이다.
- 리딩방과 공짜 정보는 결국 내 돈을 잃게 만드는 지름길이다.
- 평범한 직장인은 시장을 이기려 하지 말고, 시장과 함께 가는 전략을 세워야 한다.
- 단기 차익보다 '내가 왜 이 회사를 샀는가'라는 분명한 기준으로 투자하라.
- 주식은 기술이 아니라 습관이다. 꾸준히 공부하고, 기록하고, 원칙을 지켜라.

CHAPTER 2.

주식 투자 전 반드시 알아야 할 개념과 용어

주식을 시작하기 전에 꼭 알아야 할 기본 지식이 있다. 바로 '무작정 사는 법'이 아니라, 주식이 왜 오르고, 왜 떨어지는지에 대한 이해이다. 이 원리를 모르면 아무리 좋은 종목을 사도 결국 손실로 끝나기 쉽다. 이번 챕터에서는 주식 초보자도 이해할 수 있도록 내가 꼭 필요하다고 생각한 개념과 용어를 정리했다. 여기 나오는 내용은 한 번 읽고 끝내지 말고, 이해가 될 때까지 여러 번 반복해서 읽고, 찾아보고, 공부하길 바란다. 이 기본 개념과 용어만 제대로 익혀도 주식 공부는 물론, 주식으로 돈 버는 일도 훨씬 수월해진다. 이제 주식의 기초 개념을 가능한 한 쉽게 풀어서 정리해보자.

1. 주식 투자를 위한 필수 개념 정리

1) 금리 – 주식시장의 온도계

주식시장 전체의 '온도'를 결정짓는 가장 중요한 요소는 바로 금리다. 주식에 조금이라도 관심이 있다면 미국이 금리를 올렸다 혹은 내렸다는 뉴스에 따라 움직이는 투자자들을 자주 봤을 것이다. 그만큼 금리는 주식 투자 전에 반드시 이해해야 하는 핵심 개념이다.

금리는 쉽게 말해, 돈을 빌릴 때 내는 이자의 비율이다. 예를 들어 친구에게 100만 원을 빌리고 1년 뒤 105만 원을 갚기로 했다면, 빌린 돈 100만 원에 붙은 5만 원이 '이자'이고 이때 이율 5%가 바로 금리다.

금리가 1%라고 가정해보자. 우리가 은행에 100만 원을 예금하면 1년 뒤 이자 1만 원을 받을 수 있다. 그런데 금리가 1%에서 5%로 갑자기 오른다면 어떤 일이 생길까? 은행에 돈만 넣어도 연 5% 이자를 주니 사람들은 굳이 위험한 주식에 투자할 이유가 줄어든다.

"5% 가지고 사람들이 정말 주식을 안 할까?"라고 생각할 수 있지만, 개인 투자자에게 5%는 작아 보여도 세상의 큰돈을 움직이는 기관과 기업 입장에서는 5%라는 높은 금리만으로도 굳이 위험을 감수하며 주식을 할 필요가 없다는 의미가 된다.

결국 금리가 오르면 주식시장은 식고, 금리가 내려가면 다시 달아오른다. 그래서 우리는 한국은행이 발표하는 기준금리를 꼭 확인해야 한다. 이 금리가 앞으로 시장이 어느 방향으로 움직일지 알려주는 일종의 나침반 역할을 하기 때문이다.

2) 채권 – 돈을 빌려주고 갚는다고 약속하는 계약서

주식과 자주 비교되는 상품이 바로 채권이다. 채권은 쉽게 말해 '돈을 빌려주고, 나중에 갚겠다고 약속하는 증서'다. 예를 들어 내가 어떤 회사에 100만 원을 빌려주고 1년 뒤 105만 원을 돌려받기로 했다고 하자. 이때 그 회사가 "1년 뒤에 원금 100만 원과 이자 5만 원을 갚겠다"고 약속하면서 발행하는 것이 바로 채권이다.

정리하면 나는 투자자(돈을 빌려주는 사람), 회사나 정부는 돈을 빌리는 사람이 되고, 그 관계를 적어둔 '계약서'가 바로 채권이다.

그렇다면 금리가 오르면 어떤 일이 생길까? 금리가 5%라면 은행에 100만 원을 맡겨도 5만 원의 이자가 생긴다. 회사는 돈을 구하기 위해 은행보다 높은 수익률을 제공해야 한다. 즉 채권의 이율이 높아진다. 그럼 사람들은 주식보다 채권을 사기 시작한다. "안전하게 이자만 받아도 수익이 나는데, 굳이 위험한 주식을 할 필요가 있을까?"라는 심리가 강해지는 것이다.

그래서 금리(=채권 수익률)가 오르면 주식시장은 흔히 조정을 받는다. 이때 중요한 원리가 하나 있다. 금리가 오르면 채권 가격은 떨어지고, 금리가 떨어지면 채권 가격은 오른다. 즉, 금리와 채권 가격은 서로 반대로 움직인다는 점을 꼭 기억해두자.

3) 환율과 우리나라 주식의 관계

주식 투자를 하려면 꼭 함께 봐야 할 숫자가 있다. 바로 코스피 지수와 달러/원 환율이다. 코스피 지수는 한국 주식시장의 '평균 체력'을 보여주고, 달러/원 환율은 외국인 투자자들이 어디로 움직이고 있는지 알려주는 신호다.

우리나라 주가는 외국인 투자자의 영향을 크게 받는다. 외국인이 한국 주식을 사려면 먼저 달러를 우리나라 돈인 원화로 환전해야 한다. 여기서 환율이 중요해진다.

- **환율 상승**: 1달러=1,300원 → 1,400원처럼 달러 값이 비싸지고, 원화 값은 싸지는 상황을 말한다.

이렇게 환율이 오르면 보통 외국인 투자자들은 한국 시장을 부담스러워한다. 원화 가치가 계속 떨어지면 주가가 올라도 환차손(환율로 인한 손실)이 날 수 있기 때문이다. 그래서 "원화가 더 떨어지기 전에 빨리 돈을 빼자"는 심리가 생기고, 외국인 자금이 빠져나가면서 한국 주식이 하락하는 일이 자주 벌어진다. 반대 상황은 어떨까?

- **환율 하락**: 1달러=1,400원 → 1,300원처럼 달러 값이 내려가고, 원화 값이 강해지는 상황에서는 외국인 투자자에게 한국 투자가 더 매력적으로 보인다.

원화 가치의 강세가 예상되면 주가가 오르는 수익과 환율이 내려가며 생기는 환차익까지 기대할 수 있기 때문이다. 그래서 외국인 자금이 한국으로 들어오면서 코스피 지수도 함께 오르는 흐름이 자주 나타난다. 정리하면

- **환율이 급등하면**: 외국인 자금이 빠져나가며 코스피가 약해지기 쉽고
- **환율이 안정되거나 내려가면**: 외국인 자금이 유입돼 코스피가 힘을 받기 쉽다.

그래서 주식 투자자는 코스피 지수와 함께 달러/원 환율도 꼭 같이 확인해야 한다

핵심 요약
- 달러 강세 → 외국인 자금 이탈 → 코스피 하락
- 달러 약세 → 외국인 자금 유입 → 코스피 상승

---

4) 주식의 종류 – 성장주 vs 가치주

주식은 크게 성장주와 가치주로 나눌 수 있다. 먼저 성장주는 말 그대로 앞으로 더 성장할 가능성이 큰 기업이다. 테슬라, 엔비디아, 구글, 네이버, 카카오 같은 기업들이 대표적인 성장주다. 이런 기업은 당장의 이익보다 미래의 성장성을 보고 투자한다. 성장을 계속해야 살아남을 수 있기 때문에 주주에게 배당을 넉넉히 주기보다는 연구 개발비나 신사업 확장 등에 더 많은 돈을 쓰는 편이다.

반면 가치주는 이미 자리를 잡은 안정적인 기업이다. 현금흐름이 안정적이고, 배당도 꾸준히 주며, 주가가 저평가되어 있을 때 사두면 서서히 오르는 기업들이다. 대표적으로 은행주, 통신주, 보험주, 소비주 등이 여기에 속한다. 이런 기업들은 폭발적인 성장보다는 안정적인 사업 유지와 배당에 초점을 맞춘다. 그래서 주가 상승 폭은 크지 않을 수 있지만 그 대신 주주에게 꾸준하고 안정적인 이익을 돌려준다. 맥도날드, 코카콜라, 삼성화재 같은 기업들이 대표적인 가치주다.

정리하면 성장주는 성장 속도가 빠르지만 변동성이 크고, 가치주는 성장 속도는 느리지만 상대적으로 안정적이다.

자료: 성장주에 해당하는 테슬라 주가

자료: 가치주에 해당하는 맥도날드 주가

MDD(Maximum Drawdown)
투자 자산이 일정 기간 동안 최고점에서 최저점까지 얼마나 떨어졌는지를 나타내는 지표이며 우리 말로는 최대낙폭이라고도 한다.

예를 들어 테슬라의 MDD를 보면 가장 크게 떨어졌던 구간에서 -70% 이상 빠진 적이 있다. 반면 맥도날드의 MDD는 비슷한 시기에도 -15% 내외에 그쳤다. 즉, 테슬라 같은 성장주는 올라갈 때는 가파르게 오르지만, 내려갈 때도 그만큼 크게 떨어질 수 있다. 반대로 맥도날드 같은 가치주는 급등하는 종목은 아니지만, 하락장에서도 비교적 완만하게 움직이며 방어력이 강한 편이다.

그래서 투자 초보자는 먼저 스스로에게 "나는 빠른 성장을 원하나, 안정적인 수익을 원하나?"라는 질문부터 던져봐야 한다.

5) 금리와 주식시장의 관계 – 미국 금리는 꼭 알고 있어야 한다

주식시장의 큰 흐름은 결국 미국 금리가 어디로 가는지에 달려 있다. 왜냐하면 전 세계 금융시장의 중심이 바로 미국이기 때문이다. 예를 들어 미국이 금리를 내리면 전 세계에 있던 자금이 위험자산인 주식시장으로 흘러들어오기 쉬워진다. 반대로 미국이 금리를 올리면 한국을 포함한 전 세계 주식시장이 함께 흔들리며 하락하는 경우가 많다.

이유는 간단하다. 미국 금리가 오르면 전 세계 자금이 가장 안전하면서 이자까지 많이 주는 미국으로 이동하기 때문이다. 그래서 미국의 연방준비제도가 금리를 올릴지, 내릴지, 동결할지가 곧 한국 증시에도 직접적인 영향을 미치는 중요한 변수가 된다.

연방준비제도(Federal Reserve System, Fed, 줄여서 연준) 미국의 중앙은행 역할을 하는 기관으로, 달러의 공급량을 조절하고 기준금리를 결정하며 금융시장 안정과 물가 안정을 목표로 한다.

핵심 요약
- 미국 금리 인하 → 주가 상승
- 미국 금리 인상 → 주가 하락

6) 펀드와 ETF – 대신 굴려주는 주식 바구니

모든 사람이 매일 주식을 공부하고 직접 사고팔기는 어렵다. 그래서 만들어진 상품이 펀드와 ETF다.

먼저 펀드는 펀드매니저가 나 대신 종목을 고르고, 굴려주고, 그 대가로 수수료를 받는 구조다. 예를 들어 내가 가입한 펀드 안에 테슬라가 조금 들어 있다고 해보자. 어느 날 앞으로 테슬라가 더 오를 것 같고, 실적도 좋아 보여서 테슬라 비중을 좀 더 늘리면 좋겠다는 생각이 들 수 있다. 그렇다고 해서 우리가 펀드매니저에게 전화를 걸어 "테슬라가 더 올라갈 것 같으니, 우리 펀드에서 테슬라를 좀 더 사주세요"라고 요청할 수 있을까?

현실적으로는 전화도 못 할뿐더러, 그렇게 개인 요구대로 운용해주지 않는다. 이처럼 펀드는 주식 전문가가 내 돈을 대신 운용해주는 편리함이 있는 반면, 수수료가 높고 내가 원하는 시점에 원하는 종목을 더 사거나 팔기에는 제약이 있다.

이런 한계를 보완해서 나온 상품이 바로 ETF다. ETF(상장지수펀드)는 코스피, 나스닥 같은 지수(인덱스)를 그대로 따라가도록 만든 상품이다. 예를 들어 "테슬라, 애플이 포함된 미국 증시 전체에 투자하고 싶다"고 생각하면 미국 나스닥100을 따라가는 ETF를 1주만 사도 나스닥 대표 기업 100개에 동시에 분산 투자하는 효과를 얻을 수 있다. ETF의 장점은 크게 3가지다.

1. 수수료가 펀드보다 낮고,
2. 주식처럼 언제든 사고팔 수 있고,
3. 소액으로도 분산 투자가 가능하다.

그래서 초보 투자자에게 가장 먼저 추천하는 방식이 바로 ETF 투자다. 주린이라면, 개별 종목에 뛰어들기 전에 ETF부터 시작하는 것을 강력히 권한다.

7) 미국 주식시장 – 전 세계의 기준

전 세계 금융시장의 중심은 미국이다. 미국이 금리를 올리면 한국도 따라 올리고, 미국 증시가 상승세를 타면 한국 증시도 함께 움직이는 경우가 많다. 즉, 미국 시장을 공부하면 한국 주식의 방향도 어느 정도 미리 가늠할 수 있다. 테슬라, 애플, 구글, 아마존 같은 미국 기업들의 실적 발표가 곧 한국 증시에까지 직접적인 영향을 주는 이유가 여기 있다.

그래서 주식 투자를 제대로 하고 싶다면 미국의 금리, 환율, 물가, 주요 기업들의 실적 발표 일정은 반드시 함께 체크해야 한다. 미국의 기준금리는 연준이 연 8회 회의를 통해 결정하고 발표한다. 또한 엔비디아, 테슬라 등 미국에 상장된 대부분의 기업들은 분기(3개월)

에 한 번씩, 1년에 총 4번 실적을 발표한다. 나스닥 상장 기업들도 마찬가지로 분기별 실적을 공시한다.

각 기업의 구체적인 실적 발표일은 해마다, 분기마다 조금씩 달라지지만 보통 일정한 시기에 몰려서 발표된다. 요즘은 네이버나 구글에 '테슬라 실적 발표일'처럼 검색만 해도 손쉽게 확인할 수 있고, 토스증권의 증시 캘린더 기능을 활용하면 각 기업의 실적 발표 예정일과 실제 실적이 어땠는지까지 주린이도 한눈에 살펴볼 수 있다.

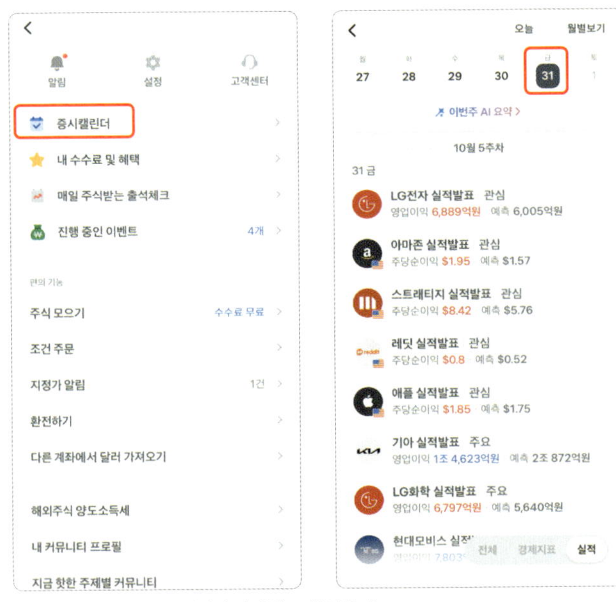

자료: 토스의 증시 캘린더에서 실적 발표 확인하기

- 1분기 (1월~3월 실적): 4월 중순부터 5월 말까지

- 2분기 (4월~6월 실적): 7월 중순부터 8월 말까지

- 3분기 (7월~9월 실적): 10월 중순부터 11월 말까지

- 4분기 (10월~12월 실적): 다음 해 1월 중순부터 2월 말까지

8) 해외 주식 거래를 위해 전용 계좌 개설은 필수

요즘은 해외 주식 투자도 예전보다 훨씬 쉬워졌다. 하지만 일반 주식 계좌만 있다고 해서 바로 해외 주식에 투자할 수 있는 것은 아니다. 해외 주식을 거래하려면 '해외 주식 거래가 가능한 증권사 계좌'를 따로 개설해야 한다. 대표적으로 토스증권, 한국투자증권, 키움증권, 미래에셋증권, NH투자증권 등이 있다.

또 중요한 요소는 환전이다. 한국 돈(원화)을 미국 주식을 사기 위한 달러로 바꿔야 실제로 매수가 가능하다. 환전은 대부분 증권사 앱에서 바로 할 수 있다. 예를 들어 토스증권 기준으로는 평일 오전 9시부터 오후 3시 20분 사이에 환전 수수료가 가장 저렴하다. 따라서 해외 주식을 자주 거래할 계획이라면 환전 시간대와 수수료 우대 조건을 꼭 확인해두는 준비가 필요하다.

주식은 결국 '경제의 언어'다 주식을 이해한다는 것은 단순히 종목 몇 개를 고르는 일이 아니다. 금리, 채권, 환율, 코스피, 달러, 미국 경제와 같이 모든 요소가 서로 얽혀 한꺼번에 움직인다. 이 흐름을 읽어내는 능력이 곧 '주식을 이해하는 힘'이다.

이 개념들을 알고 나면 왜 주가가 오르고, 왜 내리는지가 조금씩 눈에 들어오기 시작한다. 결국 주식 투자는 경제 공부다. 경제의 흐름을 읽을 줄 아는 사람이 장기적으로 시장을 이긴다.

- 주식 매수 시점보다 하루 전에 미리 환전해두면 유리하다.
- 환전 이벤트를 활용하면 수수료를 90% 이상 절약할 수 있다.

2. 주식 투자를 위한 기초 용어 총정리

주식을 시작하기 전에 꼭 알아야 할 기초 용어가 있다. 이 개념만 이해해도 뉴스를 볼 때 주식시장의 흐름이 전혀 다르게 보인다. 이제부터 하나씩 쉽게 풀어보자.

1) 코스피와 코스닥 — 한국 주식시장의 두 무대

	코스피	코스닥
기업 규모	자기자본 300억 원 이상	자기자본 30억 원
매출액	1,000억 원 이상	50~100억 원
영업 기간	설립 후 3년 이상 경과	설립 후 3년 이내
상장주식 수	100만 주 이상	공모 25% 이상
주주 수	일반주주 700명 이상	소액주주 500명

한국의 주식시장은 크게 코스피(KOSPI)와 코스닥(KOSDAQ)으로 나뉜다. 두 시장은 주로 기업 규모와 매출액 등으로 구분한다. 위 표를 함께 참고하자.

코스피는 쉽게 말해 우리가 떠올리는 대기업 무대다. 삼성전자, 현대자동차, SK하이닉스, LG화학처럼 이미 안정적인 수익과 규모를 갖춘 대형 기업들이 상장되어 있다. 코스닥에는 우리가 잘 들어보지 못한 생소한 이름의 회사도 많고, 스타트업이나 기술 중심 벤처기업, 중소형 기업이 주로 모여 있다.

앞에서 설명한 성장주와 가치주로 나누어보자면 코스피는 상대적으로 가치주 성격, 코스닥은 상대적으로 성장주 성격에 가깝다고 이해하면 쉽다.

참고로 하나의 기업이 코스피와 코스닥에 동시에 상장될 수는 없다. 다만 코스닥에 상장된 기업이 규모와 매출이 커져 요건을 충족하면 코스피로 이전 상장할 수 있다. 실제로 셀트리온, 카카오, 네이버 같은 기업이 처음에는 코스닥에 있다가 성장 후 코스피로 옮겨간 대표적인 사례다.

이와 함께 미국 주식시장 지수도 함께 알아두면 좋다. 미국은 대표적으로 다우지수(Dow Jones), S&P 500, 나스닥(NASDAQ)으로 구분해서 많이 본다.

다우지수는 역사와 규모가 있는 소수의 우량 기업들로 구성되어 있고, S&P 500은 미국 기업 중 시가총액 기준 상위 500개(여러 기준을 종합 반영)를 묶은 지수로, 미국 경제 전반을 가장 잘 반영한다고 평가받는다. 나스닥 지수는 나스닥 시장에 상장된 모든 기업을 포함하며, 특히 기술주 비중이 높아 '기술주 대표 지수'라고 보면 된다. 참고로 우리나라 코스닥이라는 이름도 바로 미국 나스닥에서 가져왔다.

1. **다우지수** : 30개의 소수 정예 초대형 우량주로 구성되며 미국에서 오래 되고 돈도 잘 버는 회사들이 포함되어 있다
   - 애플(Apple): 기술
   - 마이크로소프트(Microsoft): 기술
   - 월마트(Walmart): 유통
   - 골드만삭스(Goldman Sachs): 금융
   - 맥도날드(McDonald's): 외식
   - 나이키(Nike): 의류/신발
   - P&G(Procter & Gamble): 소비재

2. **S&P 500 지수** : 미국 전체 시장을 가장 잘 대변하는 500개 대형 기업으로 구성된다. 기술, 금융, 헬스케어, 소비재 등 다양한 산업을 포괄한다
   - 애플: 기술
   - 마이크로소프트: 기술
   - 엔비디아(NVIDIA): 반도체/기술
   - 알파벳(Alphabet, Google 지주사): 기술
   - 아마존(Amazon): 전자상거래/클라우드

- 메타(Meta Platforms, Facebook 지주사): 기술/소셜 미디어

- 버크셔 해서웨이(Berkshire Hathaway): 금융

- 존슨앤드존슨(Johnson & Johnson): 헬스케어

3. 나스닥 종합지수 : 나스닥 거래소에 상장된 3,000개 이상의 모든 종목을 포함하며, 특히 기술 기업의 비중이 압도적으로 높다.

- 애플: 기술

- 마이크로소프트: 기술

- 엔비디아: 반도체/기술

- 알파벳: 기술/인터넷

- 아마존: 전자상거래/클라우드

- 메타: 기술/소셜 미디어

- 테슬라(Tesla): 전기차/에너지

- 브로드컴(Broadcom): 반도체/기술

- 코스트코(Costco Wholesale): 유통 (기술주는 아니지만 나스닥 상장사)

참고로 미국은 3가지 지수에 모두 포함될 수 있으며 대표적인 예는 애플이다.

핵심 요약

- 코스피 = 대기업, 안정적, 배당 중심
- 코스닥 = 중소형·성장주, 변동성 크지만 성장 가능성 높음
- 다우지수: 미국을 대표하는 소수의 초대형 우량주로 구성된 지수
- S&P 500: 미국 전체 경제를 가장 폭넓게 반영하는 500대 대형 기업 지수
- 나스닥: 기술주 비중이 높아 성장성과 변동성이 큰 대표 성장주 지수

2) 보통주와 우선주 – 권리와 배당의 차이

주식은 크게 보통주와 우선주로 나뉜다. 둘 다 같은 회사의 주식이지만, 가지고 있는 권리가 다르다.

먼저 보통주는 말 그대로 우리가 보통 사고파는 '일반적인 주식'이다. 회사 주요 의사결정에 참여할 수 있는 의결권이 있어서 주주총회에서 안건에 대해 '찬성' 또는 '반대' 투표를 할 수 있다. 회사 실적이 좋으면 배당을 받을 수 있고, 주가가 오르면 그만큼 시세차익도 얻는다.

반면 우선주는 이름 그대로 배당에서 '우선권'을 가지는 주식이다. 의결권은 없지만, 그 대신 보통주보다 배당을 먼저, 그리고 조금 더 많이 받는다. 예를 들어 A 회사의 보통주가 주당 1,000원을 배당한다고 하면, 우선주는 주당 1,100~1,200원 정도를 받을 수 있는 식이다. 다만 우선주는 거래량이 적은 경우가 많아 팔고 싶을 때 원하는 가격에 바로 팔리지 않을 수도 있다는 점은 꼭 알고 있어야 한다. 우리나라에서는 대표적으로 '삼성전자'(보통주)와 '삼성전자우'(우선주)가 이런 구조를 보여주는 대표 사례다.

3) 시가총액 – 회사의 몸값을 나타내는 숫자

많은 사람이 주식 가격이 높을수록 회사가 크다고 생각하는데, 이는 큰 오해다. 예를 들어보자. 테슬라의 주가가 456달러, 엔비디아의 주가가 202달러라고 하자. 겉으로만 보면 456달러인 테슬라가 더 큰 회사 같다고 느껴질 수 있다. 하지만 실제로는 그렇지 않다.

또 다른 예로 A 회사의 주가가 1만 원, B 회사의 주가가 10만 원

이라고 해보자. 겉으로는 B 회사가 더 비싸고 규모도 커 보인다. 그런데 만약

- A 회사가 발행한 주식 수가 1억 주,
- B 회사가 발행한 주식 수가 10만 주라면,

오히려 A 회사가 B 회사보다 훨씬 큰 기업일 수도 있다. 이때 기업의 실제 규모를 보여주는 지표가 바로 시가총액(줄여서 시총)이다. 시가총액은 '주가 × 발행 주식 수'로 계산한다. 예를 들어

- A 회사: 주가 1만 원 × 발행 주식 수 1억 주 = 시가총액 1조 원
- B 회사: 주가 10만 원 × 발행 주식 수 10만 주 = 시가총액 1,000억 원

이 경우 주가는 B 회사가 더 비싸지만, 시가총액은 A 회사가 10배 더 크다는 걸 알 수 있다. 정리하면 시가총액이 높을수록 시장이 그 회사를 더 '큰 기업'으로 평가한다는 뜻이다. 주식 1주의 가격이 높다고 해서 그 회사가 무조건 크고, 잘나간다고 단정할 수는 없다.

> **핵심 요약**
> - 시가총액 = 주가 × 발행 주식 수
> - 주가가 낮더라도 발행 주식이 많으면 회사 규모는 클 수 있다.
> - 투자할 땐 주가보다 시가총액을 보자.

4) 외국인, 기관, 개인 – 주식시장의 3가지 주인공

주식시장에는 크게 3가지 부류의 투자자가 있다. 개인 투자자, 기관 투자자, 외국인 투자자다.

먼저 개인 투자자, 우리가 흔히 말하는 '개미 투자자'다. 대부분 소액으로 투자하고, 뉴스나 분위기에 따라 감정적으로 매수·매도를 반복하는 경향이 있다.

두 번째는 기관 투자자다. 자산운용사, 보험사, 은행, 국민연금 같은 '조직 단위'로 움직이는 투자자들을 말한다. 개인보다 자금 규모가 훨씬 크고, 리서치 조직을 통해 분석력도 높다. 그래서 시장을 흔들 만큼 대량 매수·매도를 자주 한다.

세 번째는 외국인 투자자다. 해외 투자은행, 글로벌 펀드, 헤지펀드 등이 여기에 포함된다. 2025년 10월 말 기준 외국인 투자자가 보유한 국내 주식 비중은 코스피 시장에서 약 35.16%, 코스닥 시장에서 약 10.24%인 만큼 영향력이 매우 크다. 달러 환율, 미국 금리 정책 같은 글로벌 변수에 따라 투자 방향이 크게 바뀐다.

그래서 뉴스에서 '오늘 외국인 매도세, 코스피 하락' 같은 기사가 자주 등장하는 것이다. 외국인은 시장의 이른바 '큰손'이기 때문에 그들의 움직임 하나만으로도 시장 전체가 크게 흔들릴 수 있다.

CHAPTER 3.

미국 주식 ETF로
쉽고 편하게 투자하자

재테크를 처음 시작하는 사람에게 내가 가장 먼저 추천하는 방법은 '미국 주식 ETF 투자'다. 이유는 단순하다. 예·적금보다 더 높은 수익률을 기대할 수 있고, 하루 종일 차트를 들여다보지 않아도 안정적이고 편하게 투자할 수 있기 때문이다. ETF는 주식처럼 사고팔 수 있는 펀드다. 개별 종목을 하나하나 고르는 대신 지수·산업·자산군 전체를 한 번에 담아 분산 투자할 수 있고, 소액으로도 시작할 수 있다. 이번 챕터에서는 왜 ETF가 초보자에게 유리한지, 어떤 상품을 고르고 어떻게 찾아야 하는지, 그리고 초보자들을 위한 한국·미국 ETF 이름 읽는 법까지 차근차근 알아보자.

1. ETF 정의와 핵심 장점

ETF(Exchange Traded Fund, 상장지수펀드)는 이름 그대로 거래소에 상장된 인덱스 펀드다. 쉽게 설명하면 여러 주식이나 채권 같은 투자 상품을 한 바구니에 담아 내가 원할 때 사고팔 수 있는 상품이다. 펀드처럼 다양한 기업에 분산 투자하면서도 주식처럼 언제든지 매매할 수 있기 때문에 ETF는 펀드의 안정성(분산 투자)과 주식의 편리함(유동성)을 모두 갖춘 투자 도구다.

ETF의 가장 큰 장점은 여러 종목이 섞여 있어서 한두 기업의 주가가 떨어져도 전체 손실을 크게 줄일 수 있다는 데 있다. 또 적은 돈으로도 여러 산업과 기업에 동시에 투자할 수 있기 때문에 주식 초보자에게 특히 효율적인 투자 수단이 된다.

그래서 나는 ETF를 주린이에게 반드시 추천하는 '첫 주식'이라고 말한다. 그 이유는 크게 3가지다.

첫째, 분산투자로 큰 손실을 막는다

주린이는 대부분 개별 기업에 대한 정보가 부족하다. 삼성전자, 테슬라, 애플이 유명한 건 알지만 실제로 그 기업들의 실적이나 재무 구조를 꼼꼼하게 분석하기는 쉽지 않다. 이런 상태에서 개별 주식에 바로 들어가면 큰 손실을 보기 아주 쉽다.

예를 들어 내가 테슬라 주식 100만 원어치를 샀다고 해보자. 그런데 어느 날 테슬라에 악재가 터져 주가가 반 토막이 나면 나는 단 하루 만에 50만 원을 잃게 된다. 하지만 테슬라 비중이 10%인 ETF

에 100만 원을 투자했다면 어떨까? 테슬라 주가가 50% 떨어져도 ETF 전체로 보면 손실은 5%에 그친다. 즉, 손실 금액은 50만 원이 아니라 5만 원이다.

이 차이는 생각보다 훨씬 크다. 세상에서 가장 유명한 기업도 변동성은 피할 수 없다. 코로나19, 금리 인상, 트럼프의 관세 정책처럼 예측하기 어려운 사건이 터질 때마다 애플, 엔비디아, 테슬라 같은 글로벌 기업조차 30%, 50% 때로는 70%까지 폭락하기도 한다.

내가 피땀 흘려 번 돈으로 산 주식이 하룻밤 사이에 반 토막이 난다면 과연 버틸 수 있을까? 그래서 나는 주린이라면 무조건 ETF로 시작하라고 말한다. ETF는 하나의 기업이 아니라 수십, 수백 개 기업에 분산 투자되어 있기 때문이다.

둘째, 적은 돈으로도 쉽게 투자할 수 있다

내가 미국 기술주를 좋아한다고 해보자. 테슬라, 애플, 마이크로소프트, 엔비디아, 알파벳, 아마존까지 다 사고 싶지만, 문제는 돈이다. 2025년 10월 기준으로 미국의 대표 AI·기술 기업 10개를 한 주씩만 사도 약 590만 원이 필요하다. 월급 250만 원을 받는 직장인이라면 두 달을 꼬박 모아야 겨우 가능한 금액이다.

그럼 100개 종목은 어떨까? 말 그대로 천문학적인 돈이 된다. 게다가 주린이는 100개 기업을 매일 분석할 시간도 없다. 솔직히 말해, 나도 불가능하다. 하지만 ETF는 이 고민을 단 한 번의 클릭으로 해결해준다. 예를 들어 2025년 10월 기준으로 미국 나스닥100 지수를 추종하는 ETF인 QQQ는 약 600달러에 살 수 있다. QQQM

은 약 247달러, ONEQ는 약 88.7달러로 더 저렴하다. 국내 상장 ETF 중에는 KODEX 미국나스닥100이 있다. 1주당 약 23,000원 수준이라서 스타벅스 커피 다섯 잔 값으로 미국 우량 기술주 100개에 동시에 투자하는 셈이다.

셋째, 시간을 적게 들이고도 안전하게 투자할 수 있다

우리는 직장도 다녀야 하고, 친구도 만나야 하고, 취미 생활도 해야 한다. 하루 동안 온전히 투자에만 쓸 수 있는 시간은 별로 없다. 주식 전문가처럼 하루 종일 차트를 붙잡고 있을 수도 없고, 게다가 미국 시장은 우리가 자는 새벽 시간에 열린다.

실시간으로 대응하기도 어렵고, 하루만 지나도 주가가 크게 움직이곤 한다. 그렇다고 여의도 펀드매니저들처럼 모든 시장 뉴스와 기업 이슈를 빠짐없이 챙겨볼 수도 없다. 그래서 ETF가 답이다.

ETF는 시장 전체의 흐름을 따라가는 상품이기 때문에 내가 매일 차트를 확인하지 않아도 된다. 예를 들어 S&P 500 ETF는 미국 500대 기업의 변화를 자동으로 반영한다. 즉, 내가 일일이 종목을 공부하지 않아도 '시장과 함께 가는 투자'가 가능하다.

2. 어떤 미국 주식 ETF를 사야 할까

ETF는 크게 3가지 종류로 나눌 수 있다. 지수형 ETF, 우량 섹터형 ETF, 대체자산형 ETF다. 이 3가지만 제대로 이해해도 ETF 투자 구조의 90%는 파악한 셈이다.

1) 지수형 ETF(50%)

가장 기본이 되는 종류이자, 주린이에게 가장 잘 맞는 ETF다. 미국의 S&P 500, 나스닥100, 다우지수, 우리나라의 코스피처럼 시장을 대표하는 지수를 그대로 따라간다. 지수형 ETF는 쉽게 말해 경제 전체에 투자하는 상품이다.

예를 들어 S&P 500은 미국 상위 500개 기업의 주가를 종합한 지수인데 지난 30년 평균 수익률이 약 10.3%, 나스닥100은 약 12.8%, 다우지수는 약 8.7% 수준이었다. 즉, 이런 지수를 추종하는 ETF를 사서 장기 보유만 했어도 연평균 두 자릿수 복리 수익률을 기대할 수 있었다는 의미다. 은행 예·적금과는 비교조차 안 되는 수익률이다. 주린이라면 자신이 투자 가능한 금액 중 최소 50%는 지수형 ETF에 넣는 방법을 추천한다.

2) 우량 섹터형 ETF(30%)

지수형 ETF에 어느 정도 익숙해졌다면, 그다음 단계는 산업별로 투자 대상을 넓혀보는 것이다. 쉽게 말해 '내가 성장한다고 믿는 산업한 곳에 집중 투자하는 ETF'라고 생각하면 이해하기 쉽다. 예를 들어

- 전기차 산업의 성장성을 믿는다면 전기차 ETF
- 금융업이 좋아질 것 같다면 금융 ETF
- K-뷰티가 다시 뜰 것 같다면 뷰티 ETF

이렇게 선택하는 식이다. 요즘은 거의 모든 산업군에 ETF가 나와 있다. 내가 관심 있는 섹터 ETF를 하나 정해 그 안에 어떤 기업들이 들어 있는지 꼭 공부해보자. 전기차, 반도체, 인공지능, 헬스케어, 배당, IT, 심지어 우주 산업까지 ETF로 투자할 수 있는 시대다.

다만 주린이라면 주의해야 할 점이 있다. 섹터형 ETF는 지수형 ETF에 비해 상승과 하락 폭이 훨씬 크다. 그래서 기본 공부가 되기 전까지는 전체 자산의 20% 이내에서만 섹터형 ETF에 투자하길 권한다.

3) 대체자산형 ETF(20%)

마지막은 주식시장 변동성에 대비하기 위한 ETF다. 대표적으로 금, 채권, 원자재 ETF가 여기에 속한다. 예를 들어 시장이 불안할 때는 금 가격이 오르는 경향이 있다. 그래서 금 ETF를 조금 보유하고 있으면 주식이 떨어질 때 금 ETF의 상승으로 전체 포트폴리오의 하락을 어느 정도 완충할 수 있다.

또 미국 채권 ETF처럼 시장 금리가 내려갈 때 채권 가격이 올라 그 차이로 수익을 내는 상품도 있다. 이런 대체자산형 ETF는 주식처럼 큰 성장을 노리는 자산이라기보다는, 포트폴리오가 크게 흔들리는 위험을 막아주는 안전장치에 가깝다. 즉, 공격이 아니라 큰 하락을 예방하는 수비용 자산이라고 이해하면 쉽다.

3. ETF를 어디서 고르고, 어떻게 찾을까

어떤 종류의 ETF가 있는지는 이제 알았다. 그렇다면 어디에서 ETF를 고르고, 구체적인 정보를 어떻게 찾아야 할까? 인베스팅닷컴(Investing.com), 에프앤가이드(FnGuide) 같은 투자 전문 사이트도 있다. 하지만 주린이 입장에서는 다소 낯설고 어렵게 느껴질 수 있다. 그래서 처음에는 스마트폰으로 간편하게 볼 수 있는 서비스부터 활용하자.

대표적으로 네이버페이 증권, 토스증권(토스 앱)에서 ETF의 기본 정보, 수익률, 편입 종목, 거래량 등을 쉽게 확인할 수 있다.

1) 네이버페이 증권에서 찾기

우리가 매일 사용하는 네이버페이 증권에서도 ETF 정보를 충분히 확인할 수 있다. 네이버 검색창에 'ETF'라고만 쳐도 바로 연결되고, 네이버페이 증권에 들어가면 국내·해외에 상장된 ETF의 가격, 수익률, 거래량, 운용사, 구성 종목이 깔끔하게 정리돼 있다.

각 ETF 이름을 클릭하면 그 ETF가 어떤 지수를 추종하는지, 최근 1년·3년 수익률은 어떤지, 그리고 어떤 기업들이 편입되어 있는지를 한눈에 볼 수 있다. 예를 들어 'TIGER 미국나스닥100'을 클릭하면 그 안에 애플, 엔비디아, 테슬라 같은 기업이 몇 퍼센트 비중으로 들어 있는지까지 자세히 확인할 수 있다.

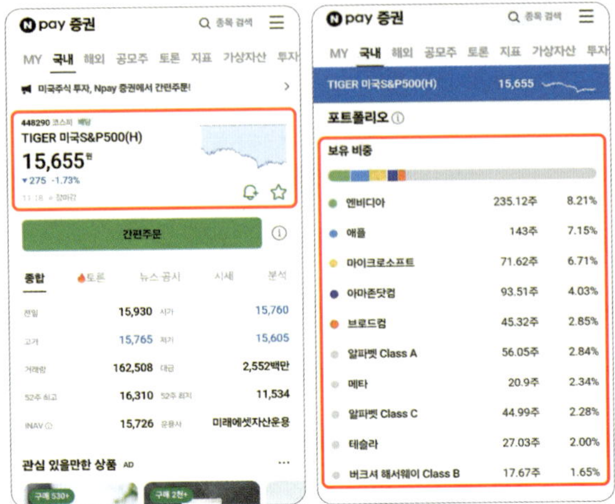

자료: 네이버페이 증권에서 ETF 구성 비중까지 확인할 수 있다.

특히 '관심 ETF' 기능이 유용하다. 눈여겨보는 ETF를 찜해두면 가격 변화와 수익률을 자동으로 한눈에 볼 수 있고, 각 ETF의 운용사, 보수율, 편입 종목, 배당 일정까지 간편하게 확인할 수 있다.

ETF를 처음 접하는 사람이라면 처음부터 증권사 앱을 파고들기보다 네이버페이 증권에서 ETF 감을 잡아보기를 추천한다. 검색 팁은 간단하다.

- 지수형 ETF를 찾고 싶다면: 나스닥, S&P 500, 코스피, 다우
- 산업형 ETF를 찾고 싶다면: 전기차, 반도체, AI, 뷰티, 배당, 금융
- 대체자산형 ETF를 찾고 싶다면: 금, 채권, 원자재, 달러

이렇게 관심 키워드만 입력해도 관련 ETF와 그 세부 정보를 충분히 찾아볼 수 있다. 모바일에서 해외 탭을 클릭하면 해외 ETF만 모아놓은 정보도 확인할 수 있어 편리하다.

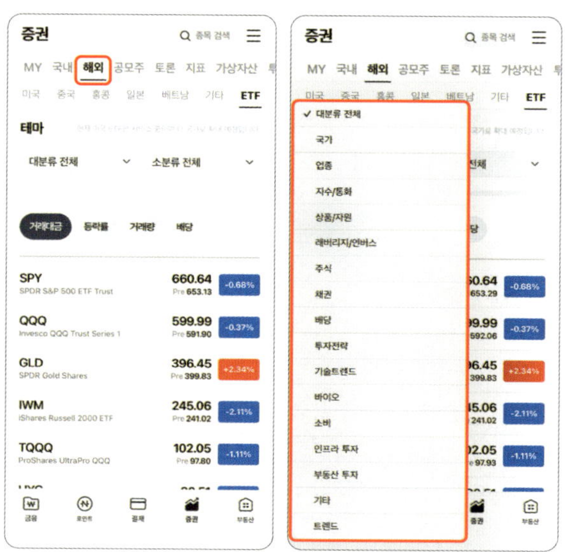

설명: 네이버에서 해외 ETF 상품을 검색하기

2) 토스 앱 이용하기

ETF를 처음 접한다면 토스증권 앱도 적극 추천한다. 메뉴에서 [주식] → [ETF] 탭을 누르면 국내·미국 ETF가 카테고리별로 정리되어 있다. 토스의 가장 큰 장점은 ETF 이름을 몰라도 찾을 수 있다는 점이다. 검색창에 미국, 전기차, AI, 배당금 같은 키워드를 입력하면 관련 ETF들이 자동으로 묶여서 나타난다. 예를 들어 '전기차'를 검색하면 TIGER 글로벌자율주행, SOL 한국형 글로벌전기차 같은 국내 상장 ETF부터 LIT처럼 미국에 상장된 ETF까지 한 번에 모아서 확인할 수 있다.

또 토스 앱에서는 카테고리 기능을 제공해 각 산업군별로 ETF의 종류와 수익률을 한 번에 비교해볼 수 있다. 초보자도 숫자만 보는 대신, 그래프와 그림으로 ETF 흐름을 직관적으로 이해할 수 있다.

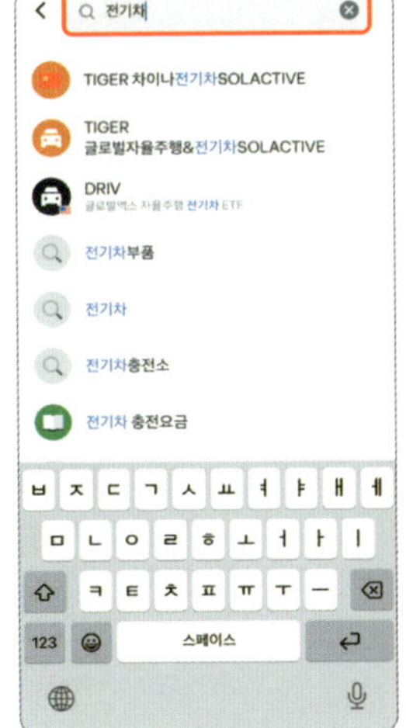

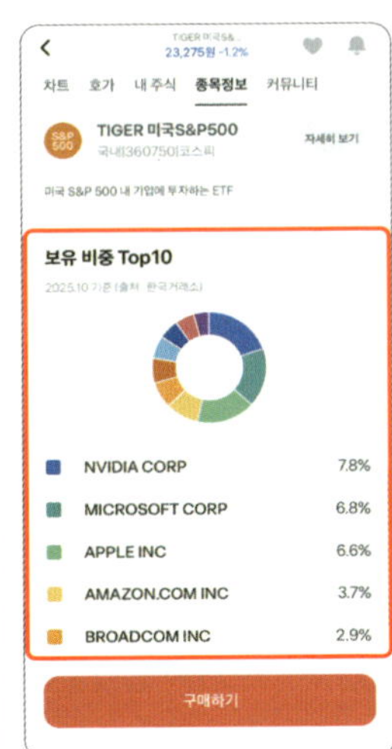

설명: 카테고리 기능을 이용해 손 쉽게 ETF를 검색할 수 있다.

설명: 검색창에 '전기차'로 검색하면 관련 ETF를 찾을 수 있다. 해당 ETF를 클릭하면 보유 비중도 보여준다.

토스증권의 [주식 모으기] 기능을 활용하면 ETF나 주식을 매일·매주·매달 내가 정한 금액으로 자동 매수할 수 있다. 예를 들어 "매월 30일, TIGER 미국나스닥 100 ETF 20만 원 자동 매수" 이렇게 한 번만 설정해두면 일일이 신경 쓰지 않아도 알아서 꾸준히 투자가 된다. 바쁜 직장인에게 특히 유용한 기능이다.

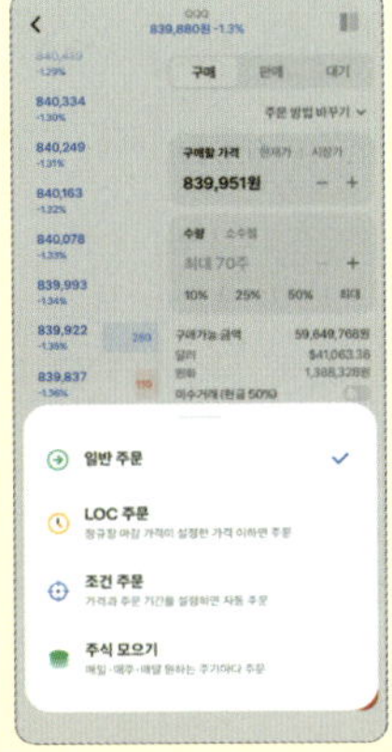

설명: 토스증권에서 주식 모으기 기능을 이용하면 자동 매수가 가능하다.

4. ETF 이름 분석 방법과 한국과 미국 ETF 차이

처음 보면 ETF 이름이 굉장히 복잡해 보이지만, 구조만 알면 의외로 단순하다. 먼저 한국 ETF부터 살펴보자. 국내 ETF 이름은 보통 운용사·브랜드명 / 추종 지수 / 운용 전략(약자) 순서로 구성된다. 이 3가지만 이해하면 대부분의 한국 ETF 이름은 충분히 해석할 수 있다.

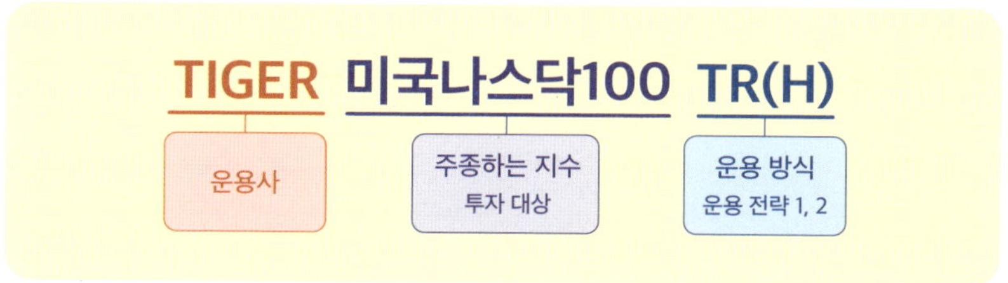

예를 들어 TIGER 미국나스닥100 TR(H)라는 ETF를 보자.

- **TIGER**: 운용사(미래에셋자산운용)
- **미국나스닥100**: 추종하는 지수
- **TR**: 배당 재투자 (배당금을 현금으로 주지 않고 ETF에 자동 재투자)
- **H**: 환헤지 (달러 환율 변동의 영향을 받지 않음)

즉, '미래에셋자산운용이 운용하고, 나스닥100 지수를 따라가며, 배당금을 재투자하고, 환율 변동을 방어하는 ETF'라는 뜻이다.

1) 국내 ETF 종류

국내 주요 ETF 운용사별 브랜드는 다음 표와 같다.

국내 주요 ETF

운용사	ETF 브랜드명	대표 ETF 예시	비고
삼성자산운용	KODEX	KODEX 200 KODEX 코스닥150 KODEX 배당성장	국내 ETF 시장 점유율 1위 ETF 종류 가장 많음
미래에셋자산운용	TIGER	TIGER 200 TIGER 코스닥150 TIGER 미국S&P 500	저비용, 성장형 ETF 다양
KB자산운용	RISE	RISE 200 RISE 중소형모멘텀 RISE 미국나스닥100	가치/모멘텀 중심 전략 ETF 보유
NH-Amundi자산운용	HANARO	HANARO 200 HANARO 고배당 HANARO 글로벌럭셔리S&P	NH농협 계열, 안정적인 ETF 라인업
신한자산운용	SOL	SOL KRX300 SOL 미국S&P 500 SOL 미국나스닥100	ESG/글로벌 ETF에 집중
한국투자신탁운용	ACE	ACE 200 ACE 미국S&P 500 ACE Fn K-뉴딜디지털플러스	공공기관 연금 ETF 등도 운용
한화자산운용	PLUS	PLUS 200 PLUS 코스피 PLUS 고배당주	배당, 가치주 중심 ETF 보유
하나자산운용	1Q	1Q K200 1Q 코리아밸류업 1Q 미국배당TOP30	ETF 시장 내 점유율은 크지 않지만, 고배당·ESG·스마트베타 전략에 강점
키움자산운용	KIWOOM	KIWOOM 코스피100 KIWOOM 코스닥150 KIWOOM 미국양자컴퓨팅	키움증권은 직접보다는 ETF 매매 플랫폼 제공에 더 집중하는 증권사

조금 더 자세히 살펴보자. ETF 이름을 보면 뒤에 TR, H처럼 알파벳 약자가 붙어 있는 경우가 많다. 이런 표기는 해당 ETF가 어떤 방식으로 운용되는지(수익을 어떤 구조로 처리하는지)를 간단히 알려주는 '힌트'다. 구체적으로 다음과 같다.

- **TR**: 배당금을 재투자하는 ETF
- **H**: 환헤지, 즉 달러 환율 변동 영향을 줄임
- **커버드콜 / 합성**: 파생상품과 결합된 구조로, 초보자에게는 비추천
- **레버리지 / 인버스**: 지수의 2배 상승 또는 2배 하락에 베팅하는 상품으로, 초보자에게는 비추천

예시로 정리하면 이렇다.

- **KODEX 200** = 삼성자산운용이 만든 코스피200 추종 ETF(기본형)
- **TIGER 2차전지** = 미래에셋자산운용이 만든 2차전지 산업 중심 ETF

주린이라면 뒤에 복잡한 꼬리표가 붙은 복잡한 상품보다는 이런 기본형 ETF부터 시작하는 편이 좋다.

2) 미국 ETF는 티커로 구분한다

미국 ETF는 한국과 달리 이름이 영어 알파벳만으로 표기되며, 이를 티커(Ticker)라고 한다. 처음 보면 무엇을 의미하는지 감을 잡기 어렵기 때문에 해당 티커가 어떤 지수나 산업을 추종하는지는 검색을 통해 확인해야 한다.

미국 ETF는 이름 자체가 직관적이지 않지만 티커를 검색하면 어

떤 지수를 추종하는지, 편입 종목은 무엇인지 바로 확인할 수 있다. 대표 ETF들은 아래와 같이 표로 정리해두면 실제 투자할 때 매우 쉽게 참고할 수 있다.

미국 주요 ETF

티커	추종 지수 / 대상	비고 / 설명
SPY	S&P 500 지수	미국 주식시장의 대표 벤치마크 지수 하나를 추종
VOO	S&P 500 지수	낮은 운용비용을 앞세운 S&P 500 추종 ETF
IVV	S&P 500 지수	또 다른 대표적인 S&P 500 추종 ETF
QQQ	NASDAQ-100 지수	기술 중심의 나스닥 100 지수 추종
QQQM	NASDAQ-100 지수	QQQ의 저비용·저단가 대안형 ETF
XLK	S&P 500 내 기술(Technology) 섹터	S&P 500 구성 종목 중 기술 섹터만 반영
XLF	S&P 500 내 금융(Financials) 섹터	은행, 보험, 금융업 위주로 노출
XLV	S&P 500 내 헬스케어(Health Care) 섹터	제약, 바이오, 의료 장비 등 포함
XLE	S&P 500 내 에너지(Energy) 섹터	석유, 가스, 에너지 관련 기업 중심
XLRE	S&P 500 내 부동산(Real Estate) 섹터	리츠(REITs) 및 부동산 관련 기업 중심

5. 똑같이 따라가는 ETF, 우리는 무엇을 사야 할까

예를 들어 '미국 나스닥100'을 추종하는 ETF만 해도 국내에 다음과 같은 상품이 있다.

- TIGER 미국나스닥100
- KODEX 미국나스닥100
- ACE 미국나스닥100
- RISE 미국나스닥100
- SOL 미국나스닥100

이쯤 되면 당연히 이런 질문이 나온다. "다 똑같이 나스닥100을 따라가는데, 도대체 어떤 걸 사야 하죠?"

사실 초보자라면 그냥 마음에 드는 걸 사도 괜찮다. 운용사마다 수익률, 수수료, 환율 적용 방식, 거래량, 추종 정확도(예: 나스닥이 1% 오를 때 ETF도 1% 올라야 정확한 추종인데 0.5%만 오르면 추종력이 떨어진다고 본다) 같은 세부 차이는 있지만, 투자금이 수백만 원에서 1,000만 원대 수준이라면 이 차이를 거의 체감하기 어렵다. 다만 투자금이 1억 원 이상이라면 최소한 수수료(총보수) 정도는 비교해보는 게 좋다. ETF는 장기 투자일수록 수수료 차이가 누적되어 결국 최종 수익률에 영향을 주기 때문이다.

1) 국내 나스닥100 ETF 수익률·수수료·거래량 비교

순위	ETF명	수익률(1년)	실질 부담비용	시가총액/유동성
1	KODEX 미국나스닥100TR	약 38.8%	약 0.2051%	약 7,402억 원 (양호)
2	RISE 미국나스닥100	약 37.76%	약 0.1818%	약 4,441억 원 (우수)
3	TIGER 미국나스닥100	약 37.75%	약 0.2257%	약 3조 원 (매우 큼)
4	ACE 미국나스닥100	약 37.74%	약 0.1976%	약 7,465억 원 (크고 안정적)
5	SOL 미국나스닥100	초기 수익률 낮음	약 0.1188%	소규모, 유동성 제한적 (초 저수수료 장점)

※ 위 수치는 2025년 10월 기준이며, 시장 상황 및 ETF 운용사 정책에 따라 변동될 수 있다.

결국 나스닥100을 추종하는 ETF들은 기초지수가 같기 때문에 장기 수익률은 거의 비슷하다. 국내 대형 증권사에서 나온 ETF라면 안정성이나 지수 추종력 면에서 큰 차이가 없다고 봐도 된다.

그래서 나는 늘 ETF를 고를 때 수수료 비교도 중요하지만, 그보

다 ETF 자체를 꾸준히 공부하고 지속 투자할 수 있는 습관을 만드
는 일이 더 중요하다고 강조한다.

2) 같은 지수를 추종하는 ETF인데 왜 가격이 다를까

똑같이 나스닥100을 추종하는 ETF라도 운용사마다 가격이 다른
이유가 있다. 이는 ETF의 상장 시점과 운용 기간, 기초 가격(1주를
몇 원으로 하는가) 설정 방식 때문이라고 보면 된다.

　보통 지수 ETF를 처음 상장할 때 1주당 1만 원 수준으로 시작하
지만, 어떤 곳은 1주 10만 원으로, 어떤 곳은 1주 5,000원으로 정하
기도 한다. 또 상장 후 시간이 지나면서 지수를 따라 오르내리다 보
니 2021년에 상장했는지, 2025년에 상장했는지에 따라서도 현재
가격이 달라진다. 피자에 비유하면 이해가 쉽다.

- "피자 한 판을 그대로 팔래" → 나스닥 ETF 1주 10만 원
- "피자 한 판을 10조각으로 나눠 팔래" → 나스닥 ETF 1주 1만 원 × 10조각 =
총액은 똑같이 10만 원

　즉, 가격이 싸다고 해서 나쁜 ETF가 아니고, 비싸다고 해서 더 좋
은 ETF도 아니다. 각 운용사의 초기 설정과 운용 기간의 차이일 뿐
이라는 점을 기억하자.

챗GPT 활용법 — 가장 효율적인 ETF 검색 도구

ETF 공부를 시작할 때는 챗GPT를 적극 활용해보자. 특히 ETF는 종류가 매우 많고, 정보도 분산되어 있어 검색 창에서 하나씩 찾아보는 데 시간이 오래 걸린다. 이럴 때 챗GPT가 큰 도움이 된다. 예를 들어 이렇게 물어보면 된다.

- "미국 배당주 ETF 중 최근 1년 수익률이 좋은 건 뭐야?"
- "S&P 500을 추종하는 국내 상장 ETF를 알려줘."

그러면 챗GPT는 ETF 이름, 운용사, 총보수(수수료), 구성 기업, 최근 수익률까지 몇 초 만에 깔끔하게 정리해준다. 덕분에 자료를 하나하나 뒤질 필요 없이 내 투자 스타일에 맞는 ETF 후보를 빠르게 찾을 수 있다.

다만 중요한 점이 하나 있다. 챗GPT가 제공하는 정보는 '참고용'이어야 한다. 증권사 공시, 한국거래소(KRX)에서 확인되는 실제 수익률·보수율과는 약간의 시차가 있을 수 있기 때문이다. 따라서 가장 좋은 활용법은 다음과 같다.

1. 챗GPT로 ETF 후보를 빠르게 추린다.
2. 최종 투자 결정은 공식 사이트의 최신 데이터로 확인한다.

이 방법만 잘 써도 챗GPT는 ETF 공부 속도를 몇 배 더 빠르게 높여주는 최고의 도구가 된다.

CHAPTER 4.

자산을 10배로 만들어줄 기업 리스트 공개

세상은 지금 AI를 활용하는 사람과 AI를 활용하는 기업에 고용되는 사람으로 나뉘고 있다. 주식으로 자산을 10배 이상 불리고 싶다면, 한두 개의 종목에 운을 맡기는 게 아니라 '미래를 만드는 산업 전체'에 올라타야 한다. 그 방법이 바로 ETF 투자다. 포트폴리오의 기본 구조는 이렇다. 미국 지수형 ETF 50%, 4차 산업혁명 ETF 30%, 현금·채권·금 ETF 20%이다. 지수형 ETF는 시장 전체의 성장을, 4차 산업혁명 ETF는 미래의 기회를, 현금성 자산은 안정성을 책임진다.

1. 미국 주식에 투자해야 하는 이유

미국 주식에 투자해야 하는 가장 첫 번째 이유는 바로 '압도적인 수익률'이 때문이다. 지난 5~10년간 수익률만 봐도 미국 주식은 선택이 아닌 필수에 가깝다. 코스피가 10년 동안 제자리걸음을 하는 사이, S&P 500과 나스닥은 수백 퍼센트씩 상승했다. 같은 기간 예·적금에 돈을 맡겼다면 연 1~2% 이자에 그쳤겠지만, 미국 지수 ETF에 투자했다면 자산이 2~3배로 불어났다. "돈이 되는 곳에 투자해야 한다"는 기준으로 보면, 답은 자연스럽게 미국으로 향한다.

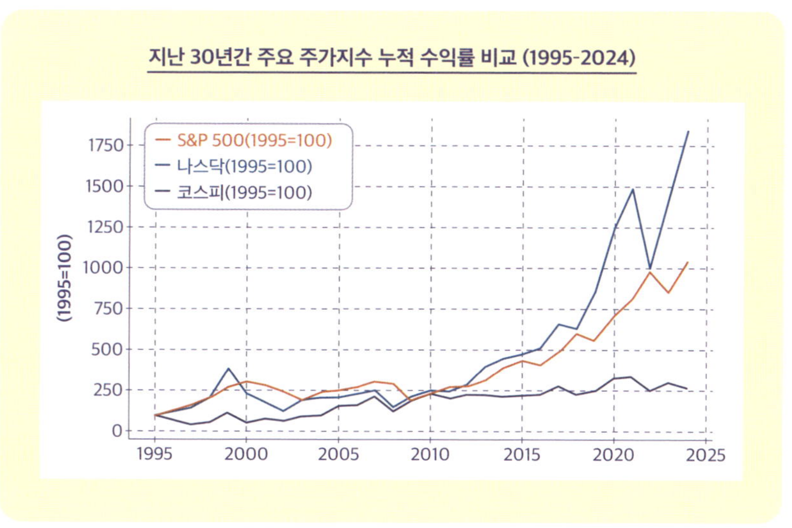

두 번째 이유는 세계 자본이 모이는 1등 시장이기 때문이다. 미국 증시는 전 세계 주식 시가총액의 절반 가까이를 차지하는, 말 그대로 자본의 심장부다. 글로벌 연기금·헤지펀드·기관투자자 대부분이 미국을 중심으로 움직이고, 돈이 몰리는 만큼 유동성과 기회도 넘친다. 한국이 '협력업체'라면, 미국은 완성품을 만드는 '원청 대기업'이다. 큰손들이 노는 무대에 함께 올라타야 나 역시 부자가 될 수 있다.

 미국은 전 세계에서 유일하게 기축통화인 달러를 찍어내는 나라다. 전 세계 무역과 금융 거래의 기준이 달러이기 때문에, 미국 기업은 환율 리스크에서 가장 자유롭다. 반대로 우리는 원화 자산만 가지고 있으면 환율 변동에 그대로 노출된다. 자산의 일부를 미국 주식·미국 ETF로 보유하는 건, 단순히 미국에 베팅하는 게 아니라 내 자산을 세계 경제의 기준 (달러)에 맞추는 통화 분산 전략이다.

 우리가 매일 사용하는 아이폰, 유튜브, 인스타그램, 윈도우, 테슬라, 엔비디아의 공통점은 모두 미국 기업이라는 것이다. AI, 반도체, 클라우드, 자율주행, 헬스케어 등 미래 성장 산업의 1등 기업이 대부분 미국에 있다. 여기에 더해 미국은 철저한 주주 중심 경영이 자리 잡아, 이익이 나면 배당과 자사주 매입으로 주주에게 돌려준다. 장기적으로 기업의 성장과 주가 상승이 자연스럽게 연결되도록 설계된 시장이 바로 미국이다.

 주식은 천 원으로도 시작할 수 있고, 언제든 사고팔 수 있는 유동성을 가진 자산이다. 여기에 미국 지수 ETF의 높은 연평균 수익률이 더해지면 복리 효과는 기하급수적으로 커진다. ISA, 연금저축, IRP 같은 절세 계좌 안에서 미국 ETF를 꾸준히 사모으면 세금은 줄이고 복리는 극대화할 수 있다. 결국 중요한 건 "얼마나 빨리,

얼마나 오래 미국 시장에 올라타느냐"이고, 지금 시작한 작은 금액이 10년 뒤 자산 그래프를 완전히 바꿔놓는다.

2. 미국 지수 ETF 50% — 시장 전체를 담는 뼈대

이제 왜 미국 주식에 투자해야 하는지는 충분히 살펴봤으니, 어떻게 투자할지를 구체적으로 정리해보자.

투자의 첫 단계는 바로 '시장 전체에 투자하는 것'이다. 대표적인 지수가 S&P 500, 나스닥100, 다우존스다. 이 세 지수는 미국 경제의 중심 축을 이루며, 특히 S&P 500에는 애플, 마이크로소프트, 테슬라, 구글, 아마존 등 세계 상위 500대 기업이 포함되어 있어, 이 ETF 하나만으로도 미국 경제 전반의 성장 과실을 함께 가져오는 효과가 있다.

과거 10년간 S&P 500의 연평균 상승률은 대략 10%대 중반으로, 부동산·금·채권·예금 대비 확실히 우위에 있었다. 미국 경제가 성장하는 한, 이 지수들은 장기적으로 우상향한다는 것이 지금까지의 역사다. 그래서 지수형 ETF는 포트폴리오에서 일종의 '기초 체력'을 담당한다.

그렇다면 여기서 "지수형만으로 끝낼 것인가?"라고 묻는다면, 답은 아니다. 지수형을 든든한 바탕으로 깔고, 그 위에 더 높은 성장성을 노릴 수 있는 영역을 얹는 편이 훨씬 효율적이다. 그리고 그 무대가 바로 4차 산업혁명 섹터다.

3. 4차 산업혁명 30% — 미래를 움직이는 엔진

나머지 30%는 말 그대로 '미래를 향한 베팅'이다. 4차 산업혁명은 AI·빅데이터·로봇·클라우드·전기차·바이오·우주·핀테크가 서로 맞물려 새로운 가치 사슬을 만들어내는 거대한 흐름이다.

가장 쉬운 예가 엔비디아다. 엔비디아가 세계 시가총액 1위 기업으로 올라선 핵심 이유는 AI 학습에 필수적인 GPU(그래픽 연산 칩)를 독점적으로 공급하기 때문이다. 전 세계 기업이 AI 전환을 서두르며 GPU 수요가 폭발적으로 늘었고, 이 수요가 매출을 밀어 올렸으며, 결국 그 매출 성장이 주가에 그대로 반영됐다.

우리가 할 일은 단순하다. "미래를 바꾸는 기업들이 어디에 있는가?"를 파악하고, 그 기업들을 한 바구니에 모아주는 4차 산업혁명 ETF로 접근하는 것이다. 다만 이 섹터의 성격을 정확히 이해해야 한다. 4차 산업혁명 테마는 지수형 대비 변동성이 훨씬 크다. 상승장에서는 지수보다 더 빠르게 오르지만, 조정장에서는 더 깊게 흔들린다. 그래서 '지수 50% + 혁신 30%' 구조가 힘을 발휘한다.

예를 들어 매월 100만 원을 투자한다면

- 50만 원은 지수형 ETF(S&P 500·나스닥100 등)를 자동 이체로 꾸준히 모으고
- 30만 원은 4차 산업혁명 ETF(AI·반도체·클라우드·전기차 등)를 분할 매수하며
- 20만 원은 현금성·채권형으로 두거나, 시장 조정 시 추가 매수 자금으로 남겨두는 방식이다.

핵심은 속도와 방향이다. 4차 산업혁명 영역은 기술이 기하급수적으로 고도화되는 속성이 있어 돈이 가장 빠르게 몰리는 곳이다. 지

수형으로 기초 체력을 확보하고, 혁신 섹터를 성장 엔진으로 연결하면 장기 복리의 기울기가 눈에 띄게 달라진다.

이제 4차 산업혁명은 정확히 무엇이고, 어떤 산업군과 ETF가 있는지 하나씩 살펴보자.

4. 4차 산업혁명 대표 기업, ETF

1) 인공지능 – 4차 산업혁명의 두뇌

AI는 더 이상 미래 기술이 아니다. 스마트폰 알람, 날씨·일정 안내, 내비게이션의 실시간 경로 추천, 쇼핑몰·유튜브의 개인 맞춤 추천까지 우리가 하루에도 수십 번 사용하는 서비스 뒤에는 모두 AI가 있다. 지금 AI는 특정 전문가의 도구가 아니라, 일상과 산업 전반을 움직이는 보이지 않는 엔진이다.

AI 산업은 간단히 말해 데이터를 학습해 스스로 판단·예측하고 인간의 의사결정을 돕는 시스템이다. 예전엔 사람이 하던 '판단'과 '예측'을 이제 기계가 대신한다. 그래서 AI는 4차 산업혁명의 중심 축이자 모든 산업의 두뇌로 불린다. 앞으로 기업 경쟁력은 AI를 얼마나 잘 활용하는가에 따라 갈린다. 같은 자동차 회사라도 AI 기반 자율주행 기술을 가진 기업과 그렇지 않은 기업의 매출과 주가는 전혀 다르게 움직인다. 결국 세상은 AI를 하는 기업과 AI를 못 하는 기업으로 나뉘게 될 것이다.

대표 기업

1. **엔비디아** AI 시대의 핵심 부품인 GPU를 사실상 독점적으로 공급한다. AI 학습용 GPU 시장 점유율은 업계 추정치 기준 80~90% 수준으로, 전 세계 데이터센터·클라우드 기업들이 대부분 엔비디아 칩을 사용한다.

2. **마이크로소프트** 오픈AI의 최대 투자자이며, AI 기능을 엑셀·워드·팀즈 등 오피스 전 제품군에 통합하고 있다. 챗GPT 기반 기능을 MS 서비스에 연결해 'AI 업무환경(워크플로우)'을 구축 중이다. 또한 4차 산업혁명의 필수 인프라인 클라우드(Azure) 분야에서도 글로벌 최상위 기업으로 꼽힌다.

3. **구글** 검색엔진에 AI 알고리즘을 탑재해 개인 맞춤형 정보를 제공하며, 자체 생성형 AI 모델 Gemini를 중심으로 새로운 AI 생태계를 만들고 있다. 유튜브·안드로이드 등 플랫폼 전체에 AI 기능을 확장 중이다.

4. **아마존** 전 세계 클라우드 시장 1위인 AWS(Amazon Web Services)를 통해 기업들이 AI를 개발·서비스하기 위한 핵심 인프라를 제공한다. 글로벌 AI 기업들의 상당수가 AWS 기반에서 개발을 진행한다.

5. **오픈AI(OpenAI)** 챗GPT로 전 세계 AI 혁신을 촉발한 기업이다. 단순한 챗봇이 아니라, 생산성과 산업 구조를 바꾸는 플랫폼 기업으로 성장 중이다. 전 세계 개발자·기업이 오픈AI 생태계 위에서 다양한 서비스를 구축하고 있다.

이 다섯 기업은 단순한 기술회사가 아니라 AI 인프라와 생태계를 구축하는 핵심 기업들이다. 따라서 이들을 담고 있는 ETF에 투자하는 것은 곧 AI 산업 전체의 성장성에 투자하는 것과 같다.

대표 ETF

- **AIQ(Global X Artificial Intelligence & Technology ETF)**

  AI 소프트웨어·클라우드 기반 기업에 집중 투자한다. 상위 보유 종목은 마이크로소프트, 알파벳, 아마존, 메타 등이다.

- **BOTZ(Global X Robotics & Artificial Intelligence ETF)**

  로봇·AI 기술 기업에 분산투자한다. 엔비디아, ABB, 인튜이티브 서지컬 등 AI 기반 하드웨어 기업 비중이 높다.

- **SOXX**(iShares Semiconductor ETF)

  반도체 산업 전체에 투자하는 대표 ETF다. 엔비디아·AMD·ASML·브로드컴
  등 AI 필수 반도체 기업이 중심 구성이다.

결론적으로 AI 투자는 '어떤 기술을 사용할 것인가'의 문제가 아니라 'AI로 세상을 바꾸는 기업의 성장에 함께할 것인가'의 문제다. 앞으로 10년, 전 세계 산업의 성장 방향은 AI로 수렴한다. 그리고 그 변화는 이미 시작되었다.

2) 로봇 산업(Robotics & Automation) — 사람의 손을 대신하는 기술

로봇 산업은 인간의 팔과 다리를 대신하는 기술이다. AI가 두뇌라면 로봇은 신체다. 이미 공장, 병원, 물류센터, 음식점, 카페 곳곳에서 로봇이 사람 대신 일하고 있다. 배달 물품을 집어 포장하고, 공장에서 정밀 용접을 하고, 카페에서 음료를 만드는 일까지 모두 로봇이 해내는 시대다.

이 산업의 본질은 '자동화'다. 인건비는 오르고 인구는 줄어드는 시대에, 생산성을 높이는 가장 현실적인 해답이기 때문이다. 가사 로봇, 수술 로봇, 물류 로봇, 서비스 로봇은 이미 상용화되었고, 2030년까지 로봇 시장은 지금보다 몇 배 이상 성장할 것으로 예상된다. 로봇 산업의 성장은 단순한 기계 발전이 아니라 인간의 노동 구조가 바뀌는 과정이며, 기계가 일을 빼앗는 것을 넘어 기계가 인간의 삶을 더 편하게 만드는 것으로 인식이 전환되고 있다.

대표 기업

1. **인튜이티브 서지컬(Intuitive Surgical)** 수술 로봇 '다빈치(da Vinci)'로 의료 로봇 분야를 이끄는 기업이다. 사람 손보다 더 정밀한 조작이 가능해 최소 침습 수술을 돕고, 수술 후 회복 기간을 줄이며 의료 사고 위험을 낮추는 데 기여한다.
2. **테슬라(Tesla)** 이제 단순한 전기차 회사가 아니라 로봇·자동화 기업으로 진화 중이다. 인간형 로봇 '옵티머스(Optimus)'를 공개했고, 향후 실제 생산라인에 투입하겠다는 계획을 밝히고 있다. 단순 반복 노동, 조립, 물류 이송 등에서 활용되고, 장기적으로는 가정용 로봇으로 확장될 가능성이 크다.
3. **엔비디아** AI·로봇의 두뇌 역할을 하는 GPU를 공급하는 대표 기업이다.

로봇이 주변 환경을 인식하고, 데이터를 학습해 판단하고 움직이기 위해 필요한 연산 능력을 제공하는 핵심 하드웨어 공급자다. 로봇 산업에는 아직 대중에게 익숙하지 않은 이름들도 많다. 그만큼 시장 변화 속도가 빠르고, 개별 종목 리스크도 큰 영역이다. 그래서 특정 기업 한 곳에 올인하기보다, 여러 로봇 관련 기업을 한 번에 담는 ETF 투자가 더 현명한 방법이 될 수 있다.

투자 ETF

- **BOTZ(Global X Robotics & AI ETF)**

  전 세계 로봇·AI 관련 기업에 분산 투자하는 대표 ETF다. 산업용 로봇, 의료 로봇, 서비스 로봇, 관련 부품·소프트웨어 기업까지 폭넓게 담고 있다.

- **ROBO(ROBO Global Robotics & Automation ETF)**

  로봇 및 자동화 기술에 특화된 ETF로, 제조·의료·물류·서비스 등 다양한 산업군의 로봇·자동화 기업을 포괄적으로 담는다.

- **TIGER 로봇&AI(국내 상장)**

  한국 증시에 상장된 로봇·AI 테마 ETF로, 원화로 쉽게 매수할 수 있다. ISA·연금저축계좌에서도 매수가 가능해, 장기·목적형 투자에 활용하기 좋다.

로봇 산업은 아직 본격적인 성장 초입 단계지만, 앞으로 10년간 인간의 일하는 방식과 산업 구조를 가장 크게 바꿀 수 있는 분야이 자, 그만큼 큰 부가가치가 기대되는 핵심 산업이다.

3) 전기차·2차전지·자율주행(EV&Battery) — 미래 이동수단의 중심

전기차 산업은 단순히 자동차의 변화가 아니라 에너지 시장 전체의 판을 바꾸는 혁명이다. 내연기관은 점점 퇴장하고, 배터리가 엔진을 대체하고 있다. 실제로 전 세계 주요 국가들은 2035년 전후를 기점 으로 내연기관차 신규 판매를 중단하겠다는 로드맵을 발표했다.

우리 주변에서도 전기차는 이미 흔한 선택지다. 테슬라, 현대 아이 오닉, 기아 EV 시리즈, BMW i 시리즈, 벤츠 EQ 등 다양한 전기차 가 도로를 달리고 있다. 전기차의 핵심은 결국 배터리다. 배터리의 성능과 효율, 충전 속도와 수명이 곧 자동차의 주행거리·성능·사용 만족도로 이어진다.

대표 기업

1. **테슬라** 전기차 산업의 상징이자 자율주행 소프트웨어·전기차 플랫폼에서 가 장 앞서 있는 기업이다.

2. **삼성SDI / LG에너지솔루션 / SK온** 전 세계 전기차 배터리 시장을 이끄는 한 국 3대 배터리 제조사로, 글로벌 완성차 브랜드에 배터리를 공급하며 성장하 고 있다.

3. **BYD** 중국을 대표하는 전기차 업체로, 배터리를 자체 생산(내재화)하며 가격 경 쟁력과 생산 효율을 동시에 확보한 기업이다.

4. **CATL** 세계 1위 수준의 배터리 셀 공급사로, 글로벌 완성차 브랜드 상당수가 CATL의 배터리를 사용하고 있다.

투자 ETF

- **DRIV**(Global X Autonomous & Electric Vehicles ETF)

  자율주행·전기차 관련 완성차, 부품, 기술 기업 전반에 분산 투자한다.

- **LIT**(Global X Lithium & Battery Tech ETF)

  리튬 채굴부터 배터리 기술·제조까지 배터리 밸류체인 전반에 집중 투자한다.

- **KODEX 2차전지산업 / TIGER 2차전지테마**(국내 상장)

  한국에서도 쉽게 매수할 수 있는 2차전지 산업 ETF로, ISA·연금저축계좌에서
  도 편입 가능해 장기 투자에 적합하다.

전기차·배터리·자율주행 산업은 앞으로 자동차 + 에너지 + 소프
트웨어가 한 번에 뒤섞이며 성장할 시장이다. 이 영역에 투자한다는
것은 단순한 자동차 기업 투자가 아니라, 미래 이동수단과 에너지
패러다임의 전환에 동참하는 선택이다.

4) 클라우드·데이터센터(Cloud&Data) — 모든 디지털 산업의 기반

클라우드는 우리가 카톡을 보내고, 사진을 올리고, 유튜브를 보고,
챗GPT를 사용할 때까지 모든 디지털 활동 뒤에서 데이터를 저장·
처리하는 보이지 않는 인프라다. AI, 메타버스, 자율주행, 핀테크 같
은 기술은 실시간으로 방대한 데이터를 주고받으며, 그 데이터를 끊
김 없이 처리하는 핵심 기반이 바로 클라우드와 데이터센터다.

오픈AI CEO 샘 올트먼이 GPT-5 이후 모델을 위해 전 세계 클
라우드 기업(MS·엔비디아·TSMC·오라클 등)을 직접 만나고 다니
는 이유도 AI 경쟁이 곧 클라우드 인프라 확보 경쟁이기 때문이다.

사실 클라우드는 우리 일상과도 밀접하다. 카카오톡 톡서랍, 구글
드라이브, 아이클라우드 등 대부분의 서비스가 이미 클라우드 위에

서 작동하고 있으며, 이런 구독료가 글로벌 클라우드 기업들의 막대한 수익이 된다.

애플은 아이클라우드로 사용자 데이터를 보관하고, 아마존(AWS)은 글로벌 시장 점유율 약 30%를 차지한다. 테슬라는 자율주행 학습을 위해 주행 데이터를 클라우드에 올리고, 오픈AI는 마이크로소프트 애저(Azure) 기반에서 모델을 운영한다. 결국 클라우드를 가진 기업이 데이터를 지배하고, 데이터를 지배하는 기업이 미래를 장악한다.

대표 기업

1. **아마존** 전 세계 클라우드 시장 점유율 1위 사업자로, 수많은 AI·스타트업·글로벌 기업이 서비스 운영과 AI 학습을 위해 사용하는 핵심 인프라다.
2. **마이크로소프트** 기업용 클라우드 서비스의 강자로, 오피스·팀즈·깃허브(GitHub)·오픈AI 등과 연동된 거대한 비즈니스 클라우드 생태계를 구축하고 있다.
3. **구글(Google Cloud)** 검색·유튜브·지도에서 쌓인 방대한 데이터를 바탕으로, 빅데이터·AI 연동형 클라우드 서비스로 빠르게 성장하고 있다.
4. **엔비디아** 데이터센터·클라우드 서버에 들어가는 GPU를 공급하며, 클라우드 산업의 '연산 엔진' 역할을 한다. 대규모 AI 학습·추론에 필수적인 하드웨어를 제공하는 기업이다.

투자 ETF

- **CLOU**(Global X Cloud Computing ETF)

  글로벌 클라우드 리더 30여 개 기업에 분산 투자하는 ETF다. 클라우드 서비스·인프라·소프트웨어 업체들이 골고루 담겨 있다.
- **SKYY**(First Trust Cloud Computing ETF)

  클라우드 인프라·플랫폼 기업 중심으로 구성된 ETF로, 데이터센터·네트워크·클라우드 운영 기업에 집중 투자한다.

- **TIGER 클라우드컴퓨팅(국내 상장)**

  한국 투자자가 원화로 쉽게 접근할 수 있는 클라우드 테마 ETF다. ISA·연금저축계좌에서도 매수 가능해 장기 분할 매수 전략에 활용하기 좋다.

5) 바이오·헬스케어(Bio&Healthcare) — 인간의 수명을 늘리는 산업

의료기술과 생명공학은 4차 산업혁명 가운데 가장 '인간적인' 분야다. 인공지능이 질병을 더 일찍 진단하고, 유전 정보를 바탕으로 맞춤형 치료가 가능해지고 있다. 원격진료, 유전자 분석, 로봇 수술, 항암 신약 개발은 이미 우리 곁의 현실이다. 의료는 병을 고치는 단계를 넘어, 수명을 연장하고 삶의 질을 높이는 산업으로 진화하고 있다.

100세 시대가 되면서 바이오·헬스케어 시장은 구조적으로 성장하고 있다. 과거엔 '걸리면 죽는 병'이던 암도 다양한 치료 옵션이 생겼고, 수술 대신 방사선·입자 치료 등으로 암세포만 정밀 타격하는 기술이 등장했다. AI는 방대한 의료 데이터를 학습해 신약 후보를 찾고, 로봇은 사람 손보다 정밀하게 수술을 돕는다. 이 산업은 인류의 생존과 직결되기 때문에 경기 침체에도 꾸준히 성장하는 특징이 있다.

대표 기업

1. **존슨앤드존슨(Johnson & Johnson)** 세계 최대 수준의 헬스케어 그룹이다. 의료기기, 제약, 소비자 헬스 제품까지 아우르는 종합 의료기업으로, 꾸준한 배당과 안정적인 실적 덕분에 장기 투자자들에게 사랑받는다.
2. **화이자(Pfizer)** 코로나19 백신을 통해 mRNA 기반 신약 기술을 대중화한 글로벌 제약사다. 감염병 치료제뿐 아니라 항암제, 희귀질환 치료제 등 고부가가치 의약품 개발에 집중하고 있다.

3. **유나이티드헬스그룹**(UnitedHealth Group) 세계 최대 규모의 헬스케어 보험·의료서비스 기업이다. AI 기반 의료비 분석, 예방의료 서비스 등을 제공하며, 단순 보험사를 넘어 헬스케어 데이터를 활용해 질병을 미리 예측하는 기업으로 진화하고 있다.

투자 ETF

- **XLV**(Health Care Select Sector SPDR Fund)

  존슨앤드존슨, 유나이티드헬스, 화이자 등 대형 헬스케어 기업 중심으로 구성된 대표 ETF다. 변동성이 상대적으로 낮아 안정적 성장을 노리는 투자에 적합하다.

- **IBB**(iShares Biotechnology ETF)

  혁신 신약 개발 기업들에 집중하는 바이오 섹터 ETF다. 변동성은 크지만, 성공적인 신약이 나올 경우 높은 성장 잠재력을 기대할 수 있는 공격형 상품이다.

- **KODEX 미국헬스케어 / TIGER 헬스케어**(국내 상장)

  ISA·연금저축계좌에서 매수할 수 있는 헬스케어 테마 ETF로, 미국 대형 제약사와 국내 헬스케어 기업을 함께 담을 수 있다. 장기적으로 의료·바이오 산업 성장의 수혜를 노릴 수 있는 상품이다.

6) 우주항공·방위(Space&Defense) — 편하게 우주여행 가는 미래

이제 산업의 무대는 지구를 넘어 우주로 확장되고 있다. 스페이스X, 블루오리진, 보잉, 록히드마틴 같은 기업들은 인공위성, 우주 인터넷, 국방 기술을 통해 새로운 성장 동력을 만들고 있다. 2030년이면 지구 상공에 수천 개 위성이 떠 전 세계 어디서나 끊기지 않는 인터넷이 가능해질 것이란 전망도 나온다.

특히 스페이스X의 스타링크(Starlink)는 저궤도 위성을 이용한 인터넷 서비스로, 정글·사막·바다·전쟁터처럼 기존 통신망이 닿지 않는 곳에서도 연결을 가능하게 만든다. 이런 위성 인터넷은 기존 통신 산업의 판을 뒤집을 잠재력이 있다.

방위산업 역시 전쟁 양상이 바뀌며 새 국면을 맞고 있다. 사이버 해킹, 위성 교란, AI 기반 정보전 등 '데이터와 네트워크를 둘러싼 전쟁'이 중심이 되면서, 우주 기술과 국방 기술은 하나의 축으로 이어지고 있다. 인공위성·로켓·통신망은 곧 국가 안보와 직결되는 자산이며, 우주항공·방위산업은 인류의 생존과 국가 경쟁력의 최전선에 서 있는 분야다.

대표 기업

1. **스페이스X**(SpaceX) 민간 우주기업의 선두주자. 인공위성 네트워크 '스타링크'로 전 세계 어디서든 위성 인터넷 통신이 가능한 시대를 열고 있다.
2. **록히드마틴**(Lockheed Martin) 세계 최대 방산업체 중 하나로, 첨단 전투기·미사일·위성 시스템을 제작한다.
3. **보잉**(Boeing) 항공기 제조사이면서, 위성·로켓·우주탐사 프로젝트에도 적극 참여하고 있는 대표 항공우주 기업이다.
4. **팔란티어**(Palantir Technologies) 데이터 분석·사이버 방어 기술을 기반으로 미군·NATO 등 글로벌 방위 조직에 정보 인프라를 제공하는 회사로, AI 기반 정보·전장 분석 시스템의 선두주자다.

투자 ETF

- **ARKX**(ARK Space Exploration & Innovation ETF)
  우주항공·위성·드론·관련 기술 기업에 분산 투자하는 ETF로, 항공우주·우주 인터넷·우주 인프라 기업 비중이 높다.
- **ITA**(iShares U.S. Aerospace & Defense ETF)
  방위산업 중심 ETF로, 록히드마틴·노스롭그루먼·RTX 등 주요 미국 방산 기업을 포괄한다.

• **TIGER 미국방위산업 ETF**(국내 상장)

국내에서 ISA·연금저축계좌로 매수 가능하며, 미국 방산 대형주를 중심으로 안정성과 성장성을 함께 노릴 수 있는 ETF다.

7) 핀테크·암호화폐(Fintech&Crypto) — 완전히 달라진 돈의 이동

핀테크는 금융(Finance)과 기술(Technology)의 결합으로, 돈의 이동을 스마트폰 하나로 끝내는 시대를 만들었다. 네이버페이 결제, 토스 송금, 카카오뱅크 대출, 핀다의 대출 비교 서비스처럼 과거 은행 창구에서 하던 일들이 모두 모바일로 전환되었다. 결제·송금·대출·투자까지 금융의 복잡한 절차가 기술로 단순화되면서, 금융의 중심이 완전히 바뀌고 있다.

핀테크의 확장은 결제를 넘어 로보어드바이저, 오픈뱅킹, 디지털 자산 등 금융의 구조 자체를 재편하는 변화로 이어지고 있다. 현금 없는 사회가 빠르게 진행되며 돈은 더 빨리, 더 투명하게 움직이고 있다.

이 흐름의 끝에서 등장한 것이 암호화폐(가상자산)다. 비트코인은 이제 단순한 투기 수단이 아니라 탈중앙화된 금융 시스템의 기반으로 자리 잡았다. 은행 없이도 개인끼리 직접 송금할 수 있고, 해외송금 수수료와 환율 부담을 줄여 실생활에서도 활용되고 있다.

핀테크와 암호화폐가 향하는 방향은 같다. 개인이 자신의 자산을 직접 관리하는 금융 환경이다. 과거에는 은행에 가야 돈을 움직일 수 있었다면, 이제는 스마트폰이 곧 은행이고 지갑이며 금융센터다.

대표 기업

1. **페이팔**(PayPal) 글로벌 온라인 결제의 원조 기업으로, 개인·사업자가 전 세계 어디서든 간편하게 송금할 수 있는 플랫폼을 제공한다.
2. **블록**(Block / Square) 소상공인 결제 인프라와 모바일 금융 서비스를 제공하며, 비트코인 결제 도입을 선도한 핀테크 기업이다.
3. **비자**(Visa) / **마스터카드**(Mastercard) 전 세계 결제 네트워크를 연결하는 핵심 인프라 기업으로, 글로벌 금융 시스템의 중심 역할을 한다.
4. **로빈후드**(Robinhood) 개인 투자자 중심의 모바일 거래 플랫폼으로, 주식·암호화폐 투자 대중화를 이끈 업체다.
5. **코인베이스**(Coinbase) 미국 최대 암호화폐 거래소로, 비트코인·이더리움 등 주요 가상자산 거래의 핵심 허브다.

투자 ETF

- **FINX**(Global X Fintech ETF)

  디지털 결제·모바일 금융·온라인 송금 등 핀테크 기업 중심으로 구성된다.

- **ARKF**(ARK Fintech Innovation ETF)

  블록체인·암호화폐·AI 기반 결제 기술 등 혁신 기업에 집중하는 상품이다.

- **TIGER 글로벌핀테크 / KODEX 핀테크**(국내 상장)

  ISA·연금저축계좌에서 매수 가능하며, 글로벌 핀테크 기업과 국내 결제 시스템을 함께 담을 수 있다.

- **HANARO 글로벌블록체인 ETF**(국내 상장)

  블록체인 인프라 및 암호화폐 관련 기업 중심의 ETF로, 가상자산 산업 전반에 분산 투자할 수 있다.

내가 가장 잘 아는 분야부터 시작하라!

다양한 산업군을 보고 나면 자연스럽게 이런 고민이 든다. "AI도 있고, 로봇도 있고, 클라우드도 있고, 바이오에 핀테크까지… 대체 어디에 투자해야 하지?"

맞다. 모두 성장성이 높아 보인다. 하지만 한 번에 모든 걸 다 알 수는 없다. 그래서 내가 늘 강조하는 한 문장이 있다. "가장 잘 아는 분야부터 투자하라."

주식 투자는 결국 내가 이해한 만큼만 수익을 얻는 게임이다. 남들이 좋다길래 덜컥 따라 사면, 주가가 떨어질 때 왜 떨어지는지도 모르고 불안해진다. 반대로 내가 어느 정도 구조를 이해하고 있는 산업이라면, 뉴스가 나와도 "아, 그래서 이렇게 움직이는구나" 하고 스스로 판단할 수 있다. 그래야 주가가 흔들려도 쉽게 겁먹지 않는다.

나 역시 그랬다. 예전에 핀테크 회사에서 근무한 경험이 있어서 결제 기술, 온라인 금융 서비스에 대한 이해가 자연스럽게 높았다. 그래서 핀테크 관련 기업과 ETF를 먼저 공부하고 투자하기 시작했다. 결과적으로 내가 아는 분야였기 때문에 더 오래, 더 안정적으로 들고 갈 수 있었다. 주식 초보자라면 처음부터 모든 산업을 공부하려고 애쓰지 않아도 된다. 하나의 분야를 골라 천천히 공부하고, 그 안에서 먼저 시작하면 된다.

- 평소 AI에 관심이 많다면 → AI 관련 ETF부터
- IT 업계에서 일한다면 → 클라우드나 반도체 ETF부터
- 의료 분야에 종사한다면 → 헬스케어·바이오 ETF부터

핵심은 단 하나다. 내가 아는 곳에 내 돈을 둔다. 당신이 어떤 일을 하든, 어떤 관심사를 갖고 있든 사실 투자 기회는 이미 당신 곁에 있다. 매일 사용하는 앱, 결제 서비스, 전자기기, 직장에서 다루는 기술과 서비스들, 그게 바로 당신이 남들보다 더 잘 이해할 수 있는 최고의 투자처다. 남의 정보보다 내 경험이 더 정확한 투자 신호임을 꼭 기억하자.

CHAPTER 5

주린이를 위한 주식 공부법, 6개 ETF로 시작하자

이번 챕터에서는 주린이가 가장 빠르게 '실전'으로 들어갈 수 있는 공부법을 소개하려 한다. 바로 15만 원으로 6개의 ETF를 나눠 사고, 매일 그날의 경제 이슈를 적어보는 것이다. 내 돈이 실제로 들어간 ETF와 연결되어 있기 때문에, 이 방법은 단순히 뉴스를 읽는 것보다 훨씬 강력하다. 처음에는 용어도 낯설고 정리도 버거울 수 있지만, 한 달만 꾸준히 써보면 어느 순간 경제 뉴스의 흐름이 자연스럽게 읽히는 자신을 발견하게 된다. 책을 덮고 끝내지 말고, 지금 당장 소액이라도 투자해 첫 기록을 시작해보자.

1. 그만 고민하고 15만 원으로 지금 시작하자

주식 공부를 시작하려는 사람들은 대부분 비슷한 고민을 한다. "어떤 책부터 봐야 하나요?", "강의는 꼭 들어야 할까요?", "주식이 너무 어려워요."

그럴 때마다 나는 늘 책이나 강의를 그만 보고, 먼저 ETF를 직접 사서 기록부터 해보라고 대답한다. 한국 사람들의 공통적인 고민 중 하나가 바로 '시작하기 전에 완벽해지려는 습관'이다.

몸을 만들고 싶다면, 지금 당장 팔굽혀펴기 10개부터 하면 된다. 그런데 우리는 먼저 묻는다. 어떤 운동이 제일 효과적인지, 식단은 어떻게 해야 하는지 말이다. 결국 유튜브에서 '몸짱 되는 법'을 검색하고, 책을 사고, 계획만 세우다가 시간만 흘러버린다.

주식 공부도 똑같다. 언제 시작해야 하지, 어떤 책을 봐야 하지 고민하는 사이에 시장은 이미 움직이고 있다. 주식은 '행동하면서 배우는 공부'다. 백 번의 강의보다 ETF 한 주를 직접 사보는 게 훨씬 빠르다. 내 돈이 실제로 들어가 있어야 가격이 오르내리는 이유가 궁금해지고, 경제 뉴스도 내 일처럼 들리기 시작한다.

그래서 나는 수강생들에게 항상 공부를 완벽히 끝내고 투자하는 게 아니라, 투자를 하면서 공부하는 것이 진짜 공부라고 말한다.

지금 이 책을 읽고 있다면, 복잡하게 고민하지 말자. 우선 주식 계좌를 만들고, 15만 원으로 ETF 1~2개를 직접 사보는 일부터 시작하자. 어떤 ETF를 사고, 어떻게 공부를 이어가면 되는지는 이후 단계에서 차근차근 알려줄 것이다. 이 방법으로 이미 수많은 주린이들이 주식의 원리를 이해하고, 경제 흐름을 읽는 눈을 키워왔다.

당신도 오늘, 바로 지금부터 그 첫걸음을 뗄 수 있다.

2. 지금 바로 매수할 6가지 ETF

주식 공부의 첫 단계는 6가지 ETF를 직접 사보는 일이다. S&P 500, 나스닥, 코스피, 금, 미국 채권, 원유가 바로 그 주인공이다.

이 6개는 단순한 투자 상품이 아니라 세계 경제의 방향을 알려주는 기본 지표다. 직접 매수해두면 가격이 오르내리는 이유가 자연스럽게 궁금해지고, 그 궁금증이 경제 공부의 시작이 된다. 상품명만 같다면 어떤 운용사의 ETF를 사도 괜찮고, 6개를 모두 사도 15만 원이 되지 않는다. 이 비용은 사라지는 돈이 아니라, 내가 경제 감각을 장착하기 위해 내는 수업료다.

1. S&P 500

미국 경제의 종합 성적표

2. 나스닥

기술주의 체온계

3. 코스피

한국 경제의 체온계

4. 금(Gold)

안전자1산의 바로미터

5. 미국 채권

금리의 방향을 알려주는 나침반

6. 원유(Oil)

물가와 기업 실적의 즉각적인 신호

6개 ETF는 '투자의 시작점'이자 세계 경제를 읽는 가장 빠른 공부법이다. 내 계좌 속 자산이 실제로 움직여야 경제 뉴스가 의미 있게 들리고, 그때부터 진짜 공부가 시작된다. 6개 ETF를 내 계좌에 담는 것만으로도 당신의 경제 감각은 바로 한 단계 성장할 것이다.

3. 재테크 다이어리 쓰기 — 매일 '왜'를 기록하자

ETF를 샀다면, 그다음 단계는 '기록'이다. 많은 사람들은 투자를 시작하지만, 거의 아무도 기록을 남기지 않는다. 하지만 진짜 공부는 '내 돈이 왜 움직였는지'를 글로 써보는 순간부터 시작된다. 그래서 나는 수강생들에게 하루에 딱 10분만 투자해서, 다음 3가지를 꼭 써보라고 말한다.

1. 오늘 내가 가진 ETF 가격이 어떻게 변했는가?
2. 왜 그렇게 움직였는가? (내 추측이어도 좋다)
3. 그 이유가 된 뉴스나 사건이 있었는가?

3가지를 매일 반복해서 적다 보면 단순히 뉴스를 읽는 사람에서 '뉴스→ 경제 흐름→ 내 자산'을 연결해서 생각하는 사람으로 바뀐다.

1) 다이어리 작성 예시

예를 들어 오늘 S&P 500이 0.6% 하락했다고 하자. 그냥 '떨어졌네' 하고 넘어가면 아무 의미가 없다. 이럴 때는 이렇게 써본다.

아마 주린이라면 이런 내용이 처음에는 어렵고 잘 이해되지 않을 수 있다. 그럴 땐 모르는 단어를 꼭 그때그때 검색해보자. 몇 번만 반복해도 뉴스에 나오는 표현과 단어들이 계속 반복된다는 걸 느끼게 된다. 이처럼 ETF를 단순히 '수익률 숫자'로만 보지 말고, 그날 지표의 변화와 그 원인을 함께 기록하는 습관이 중요하다.

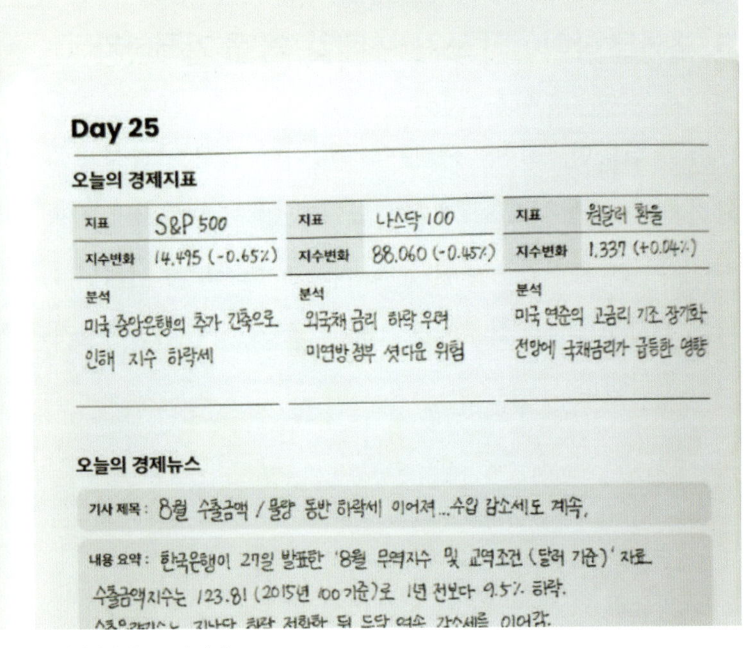

자료: 재테크 다이어리에 공부한 예시

2) 하루 10분, 꾸준함이 실력을 만든다

다이어리는 길게 쓸 필요가 없다. 앞에서 추천한 S&P 500, 나스닥, 원유, 금 중에서 2~3개만 골라 적어도 충분하다. 핵심은 딱 하나다. 오늘은 왜 올랐는지, 떨어졌다면 왜 떨어졌는지 스스로 생각해보면 된다. 처음에는 뉴스를 찾고, 용어를 검색하느라 20~30분이 걸릴 수도 있다. 하지만 한 달만 지나도 10분이면 충분해지고, 6개월이 지나면 뉴스를 보는 눈 자체가 달라진다. 예를 들어 이런 생각이 자연스럽게 떠오른다.

- "미국 금리가 오르면 채권 ETF는 떨어지고, 금 가격은 오르겠네."
- "원유 가격이 오르면 물류비·생산비가 늘어나니까 제조업 중심 지수는 부담을 받겠구나."

어느 순간부터는 뉴스를 보기만 해도 어떤 자산 가격이 영향을 받을지 대략적인 방향을 스스로 그려볼 수 있게 된다. 물론 항상 그대로 움직이진 않지만, 이 과정을 통해 투자 판단의 기준이 생기고, 감이 아니라 이해를 바탕으로 투자하는 힘이 길러진다.

한 달만 꾸준히 해보자. 이 다이어리는 하루에 단 10줄만 써도 충분하다. 6개 ETF를 모두 기록하면 좋겠지만, 처음부터 완벽하게 하려고 할 필요는 없다. 초보라면 처음엔 1개만 시작해도 된다. 이번 주는 S&P 500 지수만 적어봐도 좋다.

- "오늘 왜 올랐을까?"
- "어떤 뉴스가 있었을까?"

2개의 질문에 대한 내 생각을 짧게 써도 훌륭한 기록이다. 다음 주에는 나스닥을 하나 더 추가하고, 그다음 주에는 금이나 원유를 하나씩 늘려보자. 천천히 확장해나가면 부담 없이 습관이 된다.

처음엔 1개, 한 달 뒤에는 6개까지 자연스럽게 늘어날 것이다. 재테크 다이어리는 단순히 투자 수익을 적는 장부가 아니라, 당신의 경제 감각이 자라나는 과정을 기록하는 성장 일기가 된다.

공부할 때 챗GPT를 이렇게 이용해보자

요즘은 공부하기 정말 좋은 시대다. 모르는 게 있으면 일단 챗GPT에 먼저 물어보면 된다. 아래 예시처럼 질문해보자.

예시 : "오늘 S&P 500이 오른(또는 내린) 이유를 2~3줄로 알려줘. 가장 큰 이유 1개는 뉴스 헤드라인 형식으로, 초등학생도 이해할 수 있게 쉽게 설명해줘."

같은 프롬프트를 나스닥·금·원유·미국 10년물 국채에 그대로 복붙해서 묻기만 해도 그날 주요 지표들이 왜 움직였는지, 핵심 이유를 한눈에 정리해볼 수 있다. 조금 익숙해지면 이렇게 '고정 프롬프트'를 만들어두고 매일 활용해보자.

• 초보 버전

"매일 오전 9시 기준으로, 어제 S&P 500이 얼마나 올랐는지(또는 내렸는지)와 그 이유를 짧게 뉴스 헤드라인처럼 요약해서 알려줘. 나는 주린이니까 초등학생도 이해할 수 있게 쉽게 설명해줘."

• 6개 지표 버전

"매일 오전 8시 기준으로 S&P 500, 나스닥, 코스피, 금, 미국 채권, 원유 가격이 전일 대비 얼마나 변했는지와 각 지표가 움직인 가장 큰 이유를 한 줄씩 뉴스 헤드라인처럼 요약해서 알려줘. 나는 주린이니까 초등학생도 이해할 수 있게 쉽게 설명해줘."

이렇게 매일 같은 형식으로 물어보면 하루 경제 브리핑을 받듯이 시장 흐름을 빠르게 정리할 수 있다. 단, 완전 초보라면 처음 한 달은 꼭 직접 찾아보는 연습을 하길 권한다. 네이버페이 증권, 토스증권, 경제 유튜브·뉴스 등을 통해 직접 원인을 찾고, 스스로 정리해보는 과정이 '감'을 만드는 데 꼭 필요하다. 그 과정에서 어떤 사이트가 나와 잘 맞는지도 자연스럽게 파악된다.

추천 사이트

1. 네이버페이 증권(PC)

- 6개 지표뿐 아니라 국내·해외 주요 주식, ETF, 지수의 등락과 이유를 한눈에 볼 수 있다.
- 궁금한 지표를 클릭하면 관련 뉴스와 자세한 해설을 바로 확인할 수 있어 초보자의 경제 뉴스 입문용으로 좋다.

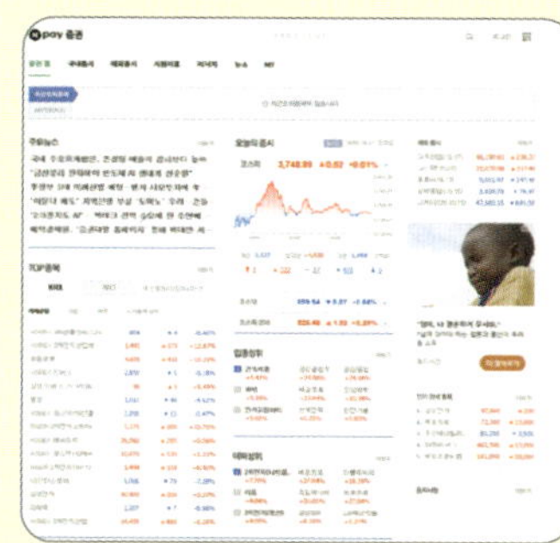
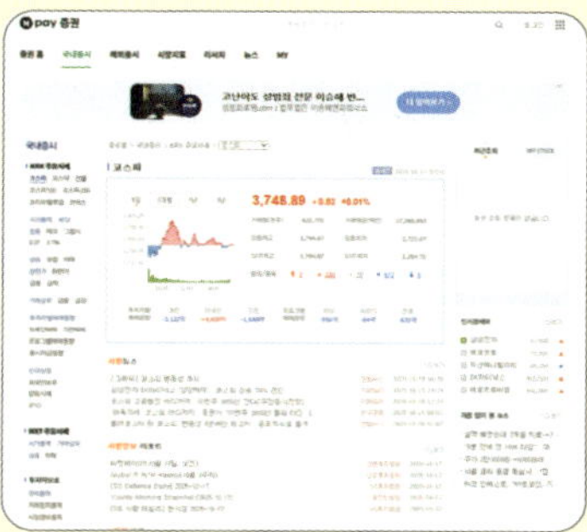

2. 토스증권 피드(모바일 앱)

- 앱을 켜고 '피드' 탭까지 들어가야 하는 약간의 번거로움은 있지만, 스마트폰만 있으면 언제든 주요 이슈와 함께 해당 뉴스와 연결된 종목·지수의 주가 반응을 실시간으로 볼 수 있다.
- 출퇴근길에 5분만 훑어봐도 어떤 뉴스가 어떤 종목을 움직였는지 감을 잡는 데 큰 도움이 된다.

PART 5-2.

불리기:
부동산

CHAPTER 1.

부동산 투자 전
반드시 알아야 할 용어

부동산을 공부하려는 이유는 단순하다. 대부분의 사람들은 단지 '내 집 마련'을 위해서가 아니라 돈을 벌기 위해서 공부를 시작한다. 내가 산 부동산이 시간이 지나면 가격이 올라, 되팔 때 이익을 얻는다. 이게 우리가 부동산을 배우고 투자하는 이유다. 그렇다면 처음부터 제대로 알아야 한다. 어떤 부동산이 오를지, 어떤 곳이 평생 그대로일지 구분할 줄 알아야 한다. 그 기준이 되는 게 바로 건폐율, 용적률, 용도지역, 재건축, 재개발이다. 이는 부동산의 '언어'이자 '설계도'다.아무리 위치가 좋아도 용도지역이나 용적률 제한에 걸리면 개발이 불가능하다. 반대로 이 제한이 풀리면 '로또급 상승'이 일어난다. 즉, 5가지 단어를 이해하는 순간, 부동산의 본질을 읽을 수 있게 된다.

1. 부동산 용어를 알아야 돈 되는 부동산이 보인다

재테크를 하다 보면 누구나 한 번쯤 마주치는 벽이 있다. 바로 부동산이다. 주식이나 예·적금은 앱 하나로 간단히 시작할 수 있지만, 부동산은 왠지 더 거창하고, 어렵고, 나와는 먼 이야기처럼 느껴진다.

누군가는 재건축 아파트를 사야 한다고 말하고, 다른 사람은 청약이 답이라고 말한다. 또 어떤 이는 용적률이 좋아야 한다고 한다. 뉴스나 커뮤니티에서 매일 스치는 단어들인데, 막상 그게 뭔지 설명하려면 머릿속이 하얘지기 쉽다.

사람들이 부동산 공부를 어렵게 느끼는 이유는 사실 단순하다. 처음 접하는 용어부터 낯설기 때문이다. 나는 강의를 하면서 이런 말을 정말 많이 들었다. "부동산 뉴스를 봐도 무슨 말인지 모르겠어요.", "좋은 기회라고 하던데, 용어가 너무 어려워서 그냥 넘겼어요."

그래서 이 책에서는 부동산 파트를 시작하면서, 다른 어떤 내용보다 먼저 '용어'부터 짚고 가기로 했다. 조금 의아하게 느껴질 수 있다. 하지만 내가 생각하는 진짜 부동산 공부의 첫걸음은 개념을 내 머릿속에 정확히 세우는 것이다.

나는 서른 살에 경기도에서 내 집 마련에 성공했다. 물론 처음부터 부동산 투자가 쉬웠던 것은 아니다. 청약, 용적률, 재건축, 재개발까지 처음엔 무슨 말인지 전혀 감이 오지 않았다. 그런데 하나씩 이해하기 시작하자, 부동산이 더 이상 '감'으로 찍는 대상이 아니라 '논리'로 분석할 수 있는 자산으로 보이기 시작했다. 그때부터 모든 것이 달라졌다.

그래서 나는 부동산 초보자들에게 가장 먼저 부동산의 언어를 알려주고 싶다. 이 챕터에서는 부동산 초보자라면 반드시 알아야 할 5가지 핵심 용어인 건폐율, 용적률, 용도지역, 재건축, 재개발을 아주 쉽게 풀어 설명한다. 이는 부동산의 뼈대이며, 가격이 오르는 곳과 제자리인 곳을 가르는 기준이 된다.

"왜 어떤 아파트는 계속 오르는데, 어떤 땅은 평생 그대로일까?"

그 답은 바로 5가지 용어 안에 있다. 또 이 단어들은 교과서 속 개념으로만 끝나지 않는다. 카카오맵, 호갱노노, 네이버 부동산 같은 앱을 통해 내가 사는 동네의 용적률, 건폐율, 재건축 단계, 용도지역까지 직접 확인해볼 수 있다.

이 챕터에서는 그동안 말로만 듣던 부동산 용어가 어떻게 내 부동산 자산과 연결되는지, 그리고 초보자도 스마트폰만 있으면 바로 써먹을 수 있는 실전 앱 활용법까지 함께 배워보겠다. 이제 막연히 부동산은 어렵다는 생각을 잠시 내려놓고, 나와 함께 진짜 부동산 공부의 첫걸음을 시작해보자.

2. 건폐율과 용적률 — 건물이 땅을 얼마나 쓰느냐의 문제

당신에게 넓은 빈 땅이 있다고 가정해보자. 돈도 충분히 있고, 이 땅을 마음대로 쓸 수 있다면 어떻게 하겠는가? 그대로 공터로 놔둘 수도 있고, 단독주택을 지을 수도 있고, 상가·카페·오피스, 심지어 골프장으로 만들 수도 있을 것이다. 대부분 이렇게 생각한다.

"이 땅을 최대한 효율적으로 쓰고 싶다. 옆으로는 넓게, 위로는 높게 올려서 수익을 극대화해야지."

이때 등장하는 개념이 바로 건폐율과 용적률이다.

1) 건폐율 – 건물이 땅에 얼마나 눕는가

건폐율은 땅 위에서 건물이 차지하는 비율이다. 예를 들어 대지 100평 중 건물이 50평을 차지하면 건폐율은 50%다. 건폐율이 높을수록 건물이 옆으로 넓게 퍼져 있는 구조가 된다.

도심 상가 밀집 지역을 떠올려보자. 건물들이 다닥다닥 붙어 있고, 주차 공간이나 공지가 거의 없다. 이런 곳은 대부분 건폐율이 높은 경우다. 반대로 우리가 사는 아파트 단지는 보통 건폐율이 30% 내외로 낮다. 단지 안에 놀이터, 산책로, 주차장, 조경 공간 등을 확보해야 하고 동과 동 사이 간격도 넓어야 쾌적한 주거 환경이 만들어지기 때문이다. 정리하면

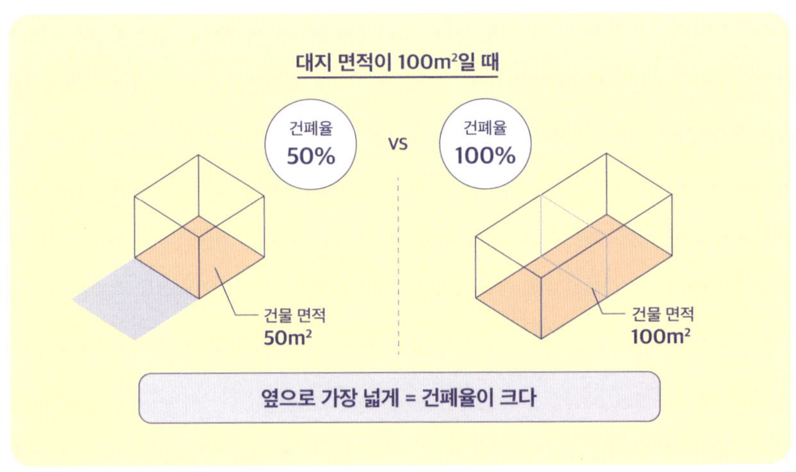

- 건폐율이 낮을수록 → 땅에 여유가 많고, 쾌적함이 높아지고
- 건폐율이 높을수록 → 땅을 꽉 채워 쓰기 때문에 수익성이 높아진다.

2) 용적률 – 건물이 하늘로 얼마나 세워지는가

용적률은 그 땅 위에 건물을 몇 층까지, 어느 정도 규모로 올릴 수 있는지를 나타내는 개념이다. 같은 100평짜리 땅이라도 5층짜리로 짓는 것과 35층 초고층으로 짓는 것은 전혀 다른 이야기다.

- 층수가 낮고 전체 연면적이 작으면 → 용적률이 낮고
- 층수가 높고 많은 세대를 수용하면 → 용적률이 높다

그래서 서울 강남, 사당, 종로처럼 역세권·도심 고밀도 지역은 대부분 용적률이 높고, 건물도 높게 올라가 있다. 반면 외곽 주거지는 저층 주택이 많고, 용적률이 낮은 편이다.

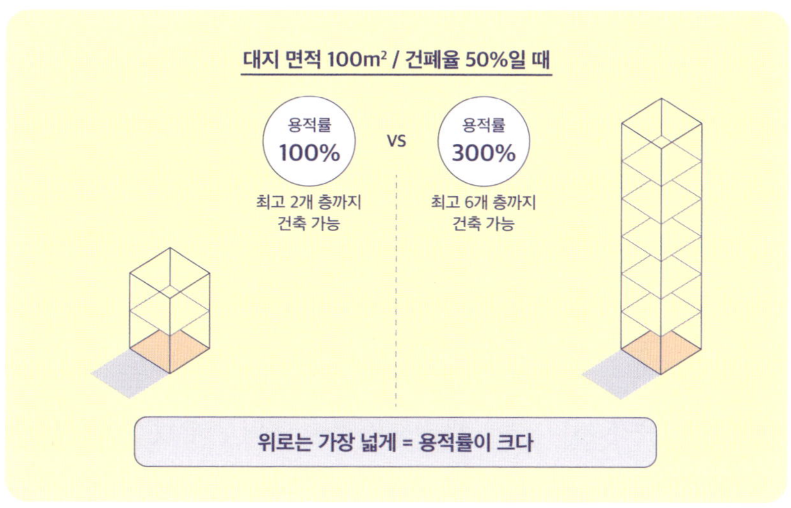

한 줄로 정리하면 건폐율은 건물이 땅에 얼마나 눕는지, 용적률은 건물이 하늘로 얼마나 세워지는지를 보여주는 개념이다. 예를 들어 A 아파트는 15층, B 아파트는 50층이라면 두 단지의 차이는 단순히 "잘 지었느냐, 못 지었느냐"가 아니라 처음부터 정해진 용적률의 차이에서 나온다.

용적률이 높을수록 같은 땅에 더 많은 세대를 수용할 수 있고, 재건축 시 추가로 올릴 수 있는 층수·세대 수가 늘어나기 때문에 향후 개발·재건축 때 수익성이 커질 가능성이 높다. 그래서 부동산을 볼 때 아파트의 용적률은 어느 정도이고 여유가 있는지, 건폐율이 낮아서 단지가 쾌적한지, 땅을 꽉 채워 썼는지를 함께 살펴야 한다.

3) 왜 중요한가 – 건폐율과 용적률은 곧 '수익의 공식'이다

이 2가지 수치는 앞으로 부동산 투자를 하면서 계속 마주치게 될 핵심 숫자다. 특히 재건축, 재개발, 신축 빌라나 상가 투자를 할 때는 건폐율·용적률이 곧 수익과 직결된다.

예를 들어 어떤 재건축 단지의 법적 허용 용적률이 300%인데 현재 지어진 건물이 100% 수준만 사용하고 있다고 해보자. 이 말은 아직 200%만큼 더 지을 수 있는 여유가 있다는 뜻이다.

즉, 향후 재건축 과정에서 용적률을 법적 한도까지 올릴 수 있다면 그만큼 추가 세대를 더 지어 분양할 수 있고, 수익 규모도 커진다. 반대로 이미 용적률이 250~300%에 가까운 단지는 추가로 올릴 수 있는 여유가 거의 없기 때문에 재건축 수익성이 낮거나, 사실상 기대하기 어려운 경우가 많다.

그래서 땅을 보거나 아파트를 고를 때는 단순히 '위치가 좋다, 학군이 좋다'만 볼 게 아니라 건폐율과 용적률을 반드시 함께 봐야 한다. 이 두 숫자를 이해하는 순간부터 부동산은 계산이 가능한 투자 대상으로 바뀐다.

4) 확인 방법 — 호갱노노 앱 하나면 끝

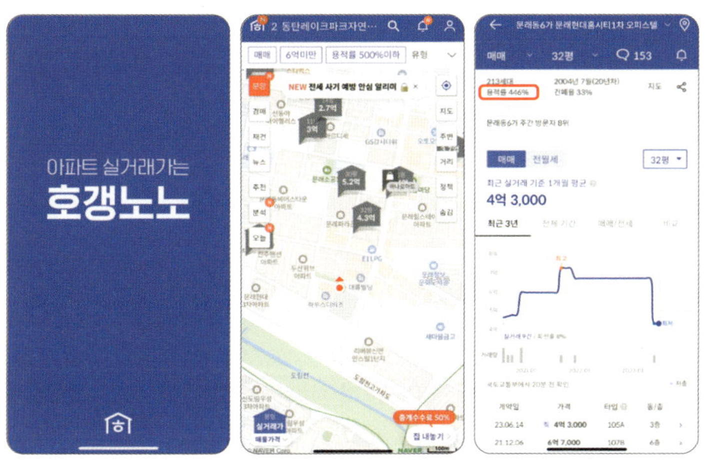

그렇다면 건폐율과 용적률을 어디서 쉽게 확인할 수 있을까? 가장 간단한 방법은 바로 '호갱노노' 앱이다. 사용 방법은 간단하다.

1. 앱을 실행하고, 검색창에 아파트 이름을 입력한다.
2. 해당 단지를 클릭하면 나오는 단지 정보 화면에서 '건폐율'과 '용적률'을 함께 확인할 수 있다.
3. 보통 아래와 같이 이해할 수 있다.
   - 건폐율·용적률이 높을수록 → 건물이 빽빽하고, 고층·고밀도 단지
   - 건폐율·용적률이 낮을수록 → 동간 거리와 녹지가 여유로운, 쾌적한 단지

직접 몇 단지만 찍어보면 금방 감이 온다. 평소 지나다니던 단지가 왜 이렇게 빽빽하게 느껴졌는지, 왜 다른 아파트는 동 사이 간격이 넓고, 공원 같은 느낌이었는지 말이다.

눈으로만 보던 아파트에 대한 인상이 숫자와 함께 연결되기 시작한다. 한 번만 이렇게 확인해보면, 부동산 기사에서 나오는 '해당 지역 용적률 250%'라는 문장이 더 이상 낯설게 느껴지지 않는다. 이제 당신은 그 숫자가 어느 정도 수준인지, 재건축·개발 수익성에 어떤 의미가 있는지까지 읽어낼 수 있게 될 것이다.

3. 용도지역 — 땅의 신분증

부동산의 거의 모든 규제는 '용도지역'에서 시작된다. 용도지역은 쉽게 말해 이 땅을 어디에, 어떻게 쓰라고 정해둔 법적 구역이다. 이 개념을 모르면 "왜 어떤 곳은 고층 아파트가 들어서는데, 어떤 곳은 몇십 년째 그대로일까?"를 이해할 수 없다.

한 번 상상해보자. 지금 당신은 아주 넓은 땅의 주인이다. 돈도 충분히 있어서 뭐든 할 수 있다면 이 땅을 어떻게 쓰고 싶을까? 농사를 지으며 자연 속에서 여유롭게 살 수도 있고, 작은 공장을 세워 물건을 생산할 수도 있고, 사람들이 쉬어가는 공원으로 만들 수도 있고, 멋진 상가와 오피스를 올려 임대·분양 수익을 낼 수도 있다.

하지만 현실에서는 그렇게 마음대로 할 수 없다. 땅마다 '여기는 이런 용도로만 써야 한다'라고 국가가 이미 정해놓았기 때문이다.

그렇게 정해놓은 것이 바로 용도지역이다.

우리가 살고 있는 도시에는 주택만 있는 게 아니다. 사람들이 먹을 쌀을 재배하는 농지, 그 쌀을 가공하는 공장, 가공품을 판매하는 상가, 퇴근 후 러닝을 할 수 있는 공원까지 이 모든 기능이 조화롭게 섞여야 도시가 제대로 굴러간다.

그래서 우리나라 부동산 공법에서는 각 땅마다 어디에 무엇을 지을 수 있는지를 법으로 딱 정해두었다. 용도지역은 그래서 땅의 '신분증'이라고 부를 수 있다.

1) 4가지로 나누는 용도지역

아주 크게 나누면 용도지역은 다음 4가지다.

- **상업지역**: 우리가 출근하고, 쇼핑하고, 밥 먹고, 일하는 공간
- **공업지역**: 공장이 모여 있는 곳, 물건을 만들고 가공하는 공간
- **녹지지역**: 공원·산·보전해야 할 자연환경 등이 포함되어 개발이 제한된 지역
- **주거지역**: 사람들이 실제로 거주하는 곳, 아파트·주택 등이 있는 지역

같은 땅이라도 어느 용도지역에 속해 있느냐에 따라 가치가 완전히 달라진다. 예를 들어 상업지역에 있는 땅에는 스타벅스, 백화점, 대형 상가를 지을 수 있지만, 녹지지역은 아무리 돈이 많아도 함부로 건물을 올릴 수 없다.

결국 이 땅이 어떤 용도지역이냐가 그 부동산의 기본값을 결정하는 첫 번째 기준이 된다. 그리고 용도지역에 따라 허용되는 건폐율, 용적률, 지을 수 있는 건물의 높이와 용도까지 모두 달라진다.

2) 같은 주거지역 안에서도 '급'이 다르다

주거지역은 다시 세분화된다. 대표적으로 이런 식이다.

- **제1종 일반주거지역**: 저층 주택 위주(단독·다세대 등)
- **제2종 일반주거지역**: 중층 아파트 위주
- **제3종 일반주거지역**: 고층 아파트 건설이 가능한 지역

그 위로 준주거지역은 주거와 상업시설이 함께 들어설 수 있고, 일반 주거지역보다 더 높은 용적률을 허용하는 경우가 많다. 즉, 똑같이 '주거지역'이라 써 있어도 숫자가 올라갈수록, 준주거·상업에

지역 (4개)	세분 (21개)		지정 목적	건폐율	용적률
① 도시 지역	주거 지역	제1종전용 주거지역	단독주택 중심의 양호한 주거환경 보호	50% 이하	50~100
		제2종전용 주거지역	공동주택 중심의 양호한 주거환경 보호	50% 이하	100~150
		제1종일반 주거지역	저층주택 중심의 주거환경 조성	60% 이하	100~200
		제2종일반 주거지역	중층주택 중심의 주거환경 조성	60% 이하	150~250
		제3종일반 주거지역	중·고층주택 중심의 주거환경 조성	50% 이하	200~300
		준주거지역	주거기능에 상업 및 업무기능 보완	70% 이하	200~500
	상업 지역	중심상업지역	도심·부도심의 상업·업무기능 확충	90% 이하	400~1,500
		일반상업지역	일반지역의 상업 및 업무기능 담당	80% 이하	300~1,300
		근린상업지역	근린지역의 일용품 및 서비스 공급	70% 이하	200~900
		유통상업지역	도심 내 및 지역 간 유통기능의 증진	80% 이하	200~1,100
	공업 지역	전용공업지역	중화학공업·공해성 공업 등을 수용	70% 이하	200~300
		일반공업지역	환경을 저해하지 아니하는 공업의 배치	70% 이하	200~350
		준공업지역	경공업 수용 및 주·상·업무기능 보완	70% 이하	200~400
	녹지 지역	보전녹지지역	도시의 자연환경·경관·녹지공간 보전	20% 이하	50~80
		생산녹지지역	농업적 생산을 위한 개발유보	20% 이하	50~100
		자연녹지지역	보전할 필요가 있는 지역으로 제한적 개발허용	20% 이하	50~100
② 관리지역	보전관리지역		보전이 필요하나 자연환경보전지역으로 지정이 곤란한 경우	20% 이하	50~80
	생산관리지역		농·임·어업생산을 위해 필요, 농림지역으로 지정이 곤란한 경우	20% 이하	50~100
	계획관리지역		도시지역 편입이 예상·계획·체계적 관리 필요	40% 이하	50~100
③ 농림지역			농림업의 진흥과 산림의 보전을 위하여 필요	20% 이하	50~80
④ 자연환경보전지역			자연환경 등의 보전과 수산자원의 보호·육성	20% 이하	50~80

※ 건폐율, 용적률 상한은 시·군 도시계획조례로 정함

가까워질수록 더 높은 건물, 더 많은 세대, 더 큰 수익이 가능해지는
구조다. 그래서 보통 숫자가 높을수록 땅값도 더 비싼 경우가 많다.

3) 알고 보면 잠재력 가득한 준공업지역

재미있는 지역은 준공업지역이다. 이름만 들으면 "공장지대 아니야?" 싶지만, 준공업지역에도 아파트를 지을 수 있다. 공업지역이라고 해서 전부 소음·먼지 나는 공장들만 가득한 곳은 아니다.

대표적인 사례가 성수동, 문래동, 신도림, 쌍문동 같은 지역이다. 예전에는 쇠 깎는 소리, 기계 돌아가는 소리가 나던 공장 밀집 지역이었지만, 이 지역들은 주거지역보다 더 높은 용적률(예: 최대 약 400% 수준까지 허용되는 경우) 덕분에 재개발·주거지 전환 가능성이 있는 '알짜 잠재력 지역'으로 주목받고 있다.

실제로 내가 6년간 살았던 문래동만 봐도 골목마다 '재개발 추진위원회' 현수막이 붙어 있었다. 그만큼 이 지역의 토지 가치가 옛 공장지대에서 미래 주거지 후보지로 재평가되고 있다는 신호다.

혹시 뉴스에서 '종상향'이라는 말을 들어본 적 있는가? 이 역시 용도지역과 깊게 연결된 개념이다. 서울은 지금 구조적으로 집이 부족하다. 게다가 일반 주택뿐 아니라 임대주택 공급도 필수다 그래서 정부는 오래되고 저층 건물들이 많은 지역에 이렇게 말한다.

"더 높은 건물을 지을 수 있게 해드릴게요. 대신 주택도 많이 짓고, 임대주택도 일정 비율 포함해주세요."

즉, 1종에서 2종으로 혹은 2종에서 3종으로 용도지역을 한 단계 올려주는 정책이 바로 종상향이다. 종상향은 부동산 투자자에게 매우 큰 기회 신호다. 왜냐하면 용도지역이 상향되면 허용 용적률이 높아지고, 지을 수 있는 세대 수가 늘어나 땅의 가치와 재개발·재건축 수익성이 대폭 상승하기 때문이다.

그래서 부동산 뉴스를 볼 때 용도지역 상향, 도시계획 변경, 정비 구역 지정 같은 단어가 등장한다면 반드시 귀기울여야 한다.

용도지역 확인 방법 — 카카오맵이 가장 쉽다

사람들이 맛집을 찾을 때 주로 사용하는 카카오맵은 사실 부동산 공부에도 매우 유용하다.

1. 카카오맵을 켜고 오른쪽 상단의 '네모 두 개' 아이콘(　)을 누른 뒤
2. '지적편집도'를 선택하면 지도가 색깔별로 바뀌며 용도지역이 표시된다.

이제 새로운 동네를 방문하거나 친구와 약속이 있어 이동할 때 지도를 한 번만 켜보자. 몇 번만 반복하면, 어플을 켜지 않아도 자연스럽게 감이 온다.

"이 근처는 상업지네." "여기는 주거지라 고층이 제한되겠구나." "이 지역은 준공업 느낌이네, 개발 가능성이 있겠는데?"

용도지역은 결국 땅이 가진 가능성과 한계를 결정하는 첫 번째 정보다. 지도를 읽을 줄 아는 순간, 당신의 부동산 보는 눈도 완전히 달라지게 된다.

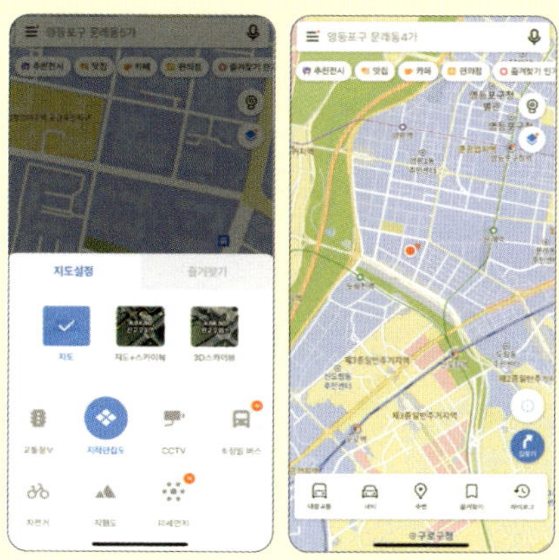

4. 재건축·재개발 — 땅의 운명을 바꾸는 순간

부동산 뉴스에서 자주 등장하는 단어 중 하나가 바로 재건축과 재개발이다. 하지만 두 개념을 정확하게 설명할 수 있는 사람은 많지 않다. 부동산을 처음 공부하는 사람이라면 반드시 이해해야 할 영역이 바로 이런 '정비사업'이다.

앞에서 살펴본 용도지역·용적률·건폐율이 '이 땅을 이론적으로 어떻게 쓸 수 있는가?'를 정해주는 개념이라면, 재건축·재개발은 그 이론을 실제 땅과 건물에 적용해서 '가치를 다시 설계하는 단계'라고 보면 된다.

1) 재건축 — 낡은 아파트에서 새 아파트로

재건축은 오래된 아파트를 허물고, 같은 자리(또는 주변)를 다시 아파트 단지로 짓는 것을 말한다. 즉, 구조는 단순하다. 아파트에서 아파트로 교체하는 사업이다. 보통 지은 지 30년 이상 된 아파트가 재건축 대상에 오르며, 서울·수도권에서는 1980~1990년대에 지어진 일산, 분당, 평촌, 중동 같은 1기 신도시 아파트들이 지금 재건축 유력 후보로 꾸준히 거론되고 있다.

대표적인 사례가 반포주공 아파트다. 이 단지는 원래 '제2종 일반주거지역'이었는데 정비 과정에서 '제3종 일반주거지역'으로 종상향되었다. (종상향의 의미는 앞에서 이미 다루었듯, 더 높은 건폐율·용적률을 허용해주는 정책적 '등급 상향'이다.)

그 결과, 용적률이 약 110%에서 약 300% 수준까지 올라가고, 세대 수는 기존 3,590세대에서 5,002세대까지 늘어났다. 즉, 용도지역 상향만으로도 더 많은 세대를 건설해서 추가 분양 수익이 증가하고 토지·단지 가치의 상승이라는 결과가 나온 셈이다.

나도 대학생 때 반포주공에 자주 갔다. 그곳의 애플떡볶이가 유명해서 먹으러만 다녔는데, 그때 떡볶이만 먹지 말고 "이 아파트는 왜 이렇게 비쌀까? 용적률은 어느 정도지? 앞으로 어떻게 바뀔까?"를 한 번이라도 분석해봤으면 하는 아쉬움이 남는다. 물론 그때도 이미 비쌌지만 말이다.

이처럼 재건축의 핵심은 용적률 상승이 만들어내는 수익 확대다. 다만 재건축은 대부분 기존에 아파트가 있는 '알짜 입지'에서 진행되기 때문에 처음 매입해야 하는 아파트 가격이 높고 정비구역 지정부터 이주, 철거, 착공, 준공까지 수년 이상의 시간이 걸리는 장기 프로젝트다. 하지만 완공되면 입지·상품성·새 아파트 프리미엄이 한꺼번에 반영되면서 안정적인 가치 상승이 검증된 투자 방식이다.

2) 리모델링 – 골조는 그대로, 새 집처럼

재건축과 비슷한 개념이 리모델링이다. 둘 다 오래된 아파트를 새롭게 만든다는 점에서는 같지만, 결정적인 차이는 철거 여부에 있다.

- **재건축**: 기존 아파트를 완전히 철거하고 새 아파트를 짓는다.
- **리모델링**: 건물의 뼈대(골조)는 그대로 둔 채, 내부를 확장·보강해 새롭게 손본다.

리모델링은 준공 후 15년 이상 된 아파트를 대상으로 하며, 가장 일반적인 방식은 증축형 리모델링이다. 예를 들어 15평형을 24평형으로 넓히는 식으로 기존 세대의 평형을 키우는 방식이다.

장점은 재건축처럼 전면 철거를 하지 않기 때문에 시간과 비용이 상대적으로 적게 든다는 점이다. 다만, 새로 분양할 세대 수를 크게 늘리기 어렵기 때문에 수익성은 재건축보다 낮은 편이다.

3) 재개발 − 빌라·노후 주택 동네가 아파트로 바뀌는 과정

재개발은 말 그대로 낡은 동네를 통째로 새로 짓는 사업이다. 대상은 오래된 주택가와 빌라촌, 도로 폭이 좁아 차량 통행이 불편한 곳, 기반시설(주차장, 상하수도, 공원 등)이 부족한 노후 주거지이다.

영화 속에 나오는 달동네 이미지를 떠올리면 이해가 쉽다. 그런 언덕 위 낡은 주택과 빌라들을 모두 철거하고 대규모 아파트 단지로 새로 조성하는 것이 바로 재개발이다. 예를 들어 서울의 면목7구역, 쌍문3구역, 신림7구역처럼 지역 이름 뒤에 '○○구역'이 붙어 있다면 대부분 재개발 정비구역이라고 보면 된다.

재개발은 재건축보다 훨씬 복잡한 사업이다. 이해관계자가 많기 때문이다. 기존 단독·다가구 소유자, 빌라·상가 건물주, 교회·시장·학원 같은 시설들, 세입자와 상가 임차인까지 포함된다. 이들의 의견과 보상 문제가 모두 얽혀 있어 절차가 길고, 조합 설립부터 준공까지 오랜 시간이 걸리는 사업이다. 그럼에도 불구하고, 초기 투자금이 상대적으로 적고 진입 장벽이 낮다는 이유로 소액 투자자들에게는 매우 매력적인 분야다.

다만, 생활 안정과 리스크 관리를 위해 먼저 아파트 한 채로 내 집 마련을 한 뒤, 여유 자금으로 재개발에 접근하는 방식을 추천한다.

4) 재건축·재개발의 공통점 — 결국 핵심은 용적률과 용도지역

재건축과 재개발의 본질은 다르지만, 가치가 폭발적으로 뛰는 구조는 같다. 정부나 지자체가 정비사업을 허가하면서 용적률을 높여주거나 용도지역을 상향해주는 순간, 그 지역의 땅값과 사업성은 완전히 달라진다.

예를 들어 용적률을 100%에서 200%로 올려준다고 해보자. 기존보다 2배 규모의 연면적·세대 수를 지을 수 있고 그만큼 추가로 생기는 세대 수 = 분양 수익 = 개발 이익이 된다. 그래서 부동산 뉴스에서 '○○구역 종상향 추진', '○○구역 정비구역 지정', '용적률 완화 검토' 같은 표현이 등장하면 부동산 투자자들은 즉시 눈여겨본다. 이는 곧 이 지역의 개발 가치를 올려주겠다는 신호이기 때문이다.

서울의 재건축·재개발 현황이 궁금하다면 서울시 정비사업 통합 홈페이지 '정비몽땅'을 확인하면 된다.

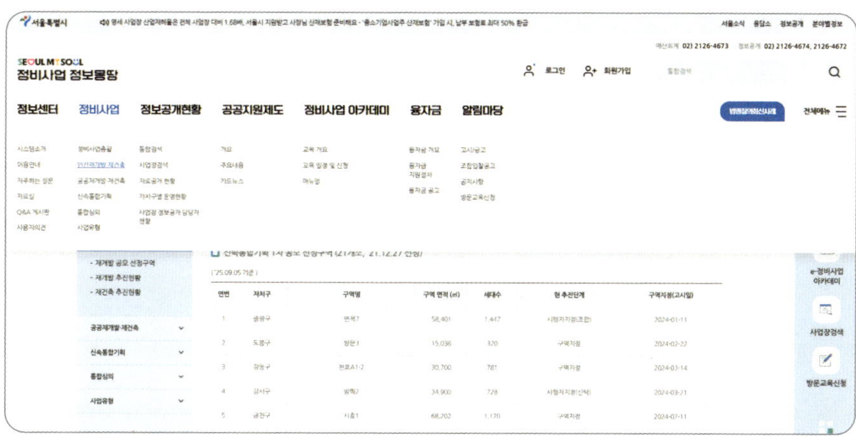

사이트: 서울시 정비사업 정보시스템 '정비몽땅' (cleanup.seoul.go.kr 내 정비사업 통합 메뉴)

여기에서 정비구역 지정 여부, 단계별 진행 상황(추진위·조합·사업시행인가 등), 구역 위치와 면적 등을 상세하게 확인할 수 있다. 경기도의 경우는 각 시·군청 홈페이지의 '정비사업' 또는 '도시·주거환경정비' 메뉴에서 비슷한 내용을 찾아볼 수 있다.

핵심 요약

재건축은 낮은 아파트를 부수고 새로 짓는 사업이다. (아파트 → 아파트)
- 예시: 반포주공, 은마아파트, 일산·분당 1기 신도시 아파트들
- 장점: 수익성이 크고 미래가치가 높다.
- 단점: 초기비용이 크고 사업기간이 길다.

리모델링은 기존 골조를 유지한 채 평형을 넓히는 방식이다.
- 장점: 빠르고 비용이 적게 든다.
- 단점: 세대 수 증가 한계로 수익성 낮음.

재개발은 빌라촌·노후주택을 철거하고 아파트를 짓는 사업이다.
- 장점: 적은 돈으로 시작 가능, 도시 재생 효과 큼.
- 단점: 이해관계 복잡, 시간 오래 걸림.

CHAPTER 2.

내 집 마련,
이 순서대로 하세요

많은 사람이 부동산 투자라고 하면 가장 먼저 '10억 벌기', '갭투자'를 떠올린다. 하지만 진짜 내 집 마련의 출발점은 몸테크와 공부다. 내 집 마련은 한 번에 끝나는 이벤트가 아니라, 단계별로 차근차근 실천해야 하는 현실적인 로드맵에 가깝다. 이번 챕터에서는 이런 실제 경험을 바탕으로, 1억을 모으기 전까지의 3단계 전략(몸테크 → 공부 → 실전 청약)과 어떤 아파트를 사야 하는지, 재건축 가능성과 수요가 높은 아파트를 선별하는 방법까지 차례대로 살펴보려 한다.

1. 내 집 마련의 현실적인 출발점

내 집 마련, 특히 아파트는 대한민국에서 살아가는 사람이라면 누구에게나 필수이자 인생 목표에 가깝다.

"언제까지 남의 집에 월세나 전세로 살아야 할까?"

이는 단순히 거주의 문제가 아니라, 계속 오르는 부동산 가격 속에서 내 집 하나 마련하기가 점점 더 어려워지고 있기 때문이다. 그렇다고 해서 포기할 필요는 없다. "내가 과연 집을 살 수 있을까?"라는 질문에 나는 단호하게 할 수 있다고 말한다.

나 역시 처음부터 여유 있는 출발을 한 것은 아니었다. 스무 살, 대학 진학을 위해 서울에 올라와 2평짜리 고시텔에서 시작했다. 창문도 없는 그 방에서 한 달에 27만 원을 내며 살았고, 그다음은 보증금 500만 원에 월세 37만 원짜리 4평 원룸으로 옮겼다. 이후에는 정부의 청년 임대주택 정책을 활용해 조금 더 나은 집으로 이사했다.

그 시절은 솔직히 불편했다. 친구를 집에 초대하기도 어려웠고, 라면 한 번 끓이면 온 공간에 냄새가 가득 찼다. 하지만 지금 돌아보면, 그 시간이야말로 내 인생에서 가장 중요한 몸테크(몸으로 버티며 투자하는 시간)였음을 알게 되었다.

몸테크 덕분에 나는 불필요한 지출을 최대한 줄였고, 월급의 대부분을 시드머니로 모을 수 있었다. 결국 1억 원이 모였을 때, 나는 1기 신도시의 재건축 예정 아파트에 투자했다. 그때도 나는 여전히 월세방에 살며 생활비를 아꼈고, 몇 년 뒤에는 아파트 청약에 당첨되어 지금은 39평 신축 아파트에서 거주하고 있다.

이 모든 경험을 통해 내가 얻은 결론은 단순하다.

"집을 사기 전에 먼저 살아보며 배워라."

그게 바로 몸테크이고, 부동산 감각을 키우는 가장 현실적인 첫걸음이다.

2. 1억 모으기 전까지의 3단계 전략

내 집 마련을 꿈꾸는 사람에게 나는 항상 1억을 모으기 전까지는 버티고, 배우고, 아끼라고 말한다. 이 시기를 어떻게 보내느냐에 따라, 이후 부동산 인생의 궤적이 완전히 달라진다.

1단계. 몸테크 실천하기 – 불편함을 견디는 게 첫 투자다

당장 편한 집에서 살고 싶은 마음은 누구에게나 있다. 하지만 1억을 모으기 전까지는 '편함'보다 '효율'을 선택해야 한다. 고시원, 청년임대, 반지하라도 괜찮다. 이 시기의 목표는 오직 하나, 시드머니를 만드는 것이다.

많은 사람이 첫 직장을 얻고 월급이 들어오기 시작하면 곧바로 회사 근처 깨끗한 원룸, 오피스텔로 이사를 간다. 하지만 그렇게 살면 매달 월세와 관리비로 수십만 원씩 빠져나가고, 그 돈이 쌓이면 몇 년 뒤 내 자산이 될 수 있는 기회를 스스로 날려버리게 된다.

나는 그 시기를 억지로 편하게 보내지 않으려고 버텼다. 주변 친구들은 "이제 좀 좋은 데로 이사 가도 되잖아?"라고 했지만 나는 알았다. 지금의 편안함이 미래의 집 한 채를 빼앗을 수 있다는 사실을 말이다. 그래서 참고 또 참았다.

결국 지금, 나는 그때와 비교도 되지 않을 만큼 좋은 집에서 살고 있다. 그 불편함을 견디던 시간은 절대로 헛되지 않았다. 몸테크는 고생이 아니라, 내 집을 앞당기는 가장 현실적인 투자였다.

2단계. 부동산 공부 병행하기 — 돈을 모을 때 '정보력'도 쌓아라

몸테크로 절약하며 버티는 동안, 가장 중요한 준비는 '공부'다. 앞에서도 강조했듯이 부동산은 결코 운만으로 돈 버는 시장이 아니다. 지식과 데이터, 정보가 곧 기회다.

이 시기에는 재건축·재개발 구조, 청약 제도, 금리와 대출 규제, 부동산 시장의 큰 흐름 등을 꾸준히 공부해야 한다. 꼭 두꺼운 책만 붙들 필요는 없다. 요즘은 훨씬 더 쉬운 방법이 많다. 유튜브 부동산 채널이나 챗GPT에 부동산 관련 질문 던져보기, 네이버 부동산, 호갱노노, 카카오맵이나 토스증권, 각종 부동산·재테크 앱 같은 도구를 활용해 하루 10분만이라도 시장을 들여다보자.

주말에는 꼭 한 번쯤 '부동산 현장 투어'를 해보자. 전문가처럼 할 필요는 없다. 동네 아파트 한 곳을 정하고 매매가·전세가, 용적률·건폐율, 역세권 여부, 학군·생활 인프라 정도만 찾아봐도 된다. 이런 작은 습관 하나가 실전 감각을 키우는 최고의 공부법이다.

3단계. 시드머니 + 공부 = 첫 내 집 마련 실행하기

1억이 모였다면, 이제는 본격적으로 내 집 마련 실행 단계로 들어가야 한다. 많은 사람이 "요즘은 대출도 막혀서 집 사기 너무 어렵다"고 말한다. 하지만 이 말은 대부분 10억 이상 고가 아파트 기준의 이야기다. 우리가 노려야 할 목표는 6억 이하 수도권 아파트다.

6억 이하 아파트는 대출 규제가 상대적으로 완화되어 있다. 직장을 다니고 있고, 소득이 증명된다면 주택담보대출을 활용해 내 집 마련에 도전할 수 있다.

특히 신혼부부, 청년, 생애 최초 구입자라면 각종 정부 정책과 우대금리를 적용받을 수 있어 최대 70~80%까지 대출이 가능하다. 다시 말해, 내 돈 1억으로 5억~6억짜리 아파트에 도전할 수 있다는 뜻이다.

정리 : 몸테크 → 공부 → 실행

내 집 마련은 어느 날 갑자기 복권 당첨되듯 이루어지는 일이 아니다. 반드시 이 세 단계를 거친다.

1. 몸테크 — 불편함을 견디며 시드머니를 만든다.

2. 공부 — 재건축·재개발·청약·금리·대출 구조를 이해한다.

3. 실행 — 1억이 모이면 6억 이하 아파트부터 구체적으로 들어간다.

지금 사는 집이 불편하더라도, 그 불편함은 언젠가 내 이름 석 자가 적힌 등기부등본으로 돌아온다. 조금만 더 버티고, 조금만 더 배우자. 그게 당신의 첫 내 집을 현실로 바꾸는 가장 빠른 길이다.

3. 첫 번째 : 주택 청약에 도전하자

내 집 마련을 위해 가장 먼저 해야 할 일은 주택 청약에 도전하는 것이다. 주택 청약은 일정 조건을 갖춘 사람이 청약 통장을 통해 아파트 분양을 신청하고, 심사나 추첨을 거쳐 입주자를 선정하는 제도를 말한다. 청약은 가장 적은 돈으로 새 아파트를 분양받을 수 있는, 우리가 선택할 수 있는 가장 현실적인 제도다. 청약을 추천하는 이유는 매우 명확하다.

1. 저렴한 가격에 새 아파트를 살 수 있다.
2. 당첨 시 시세차익을 기대할 수 있다.
3. 일반 매매보다 대출이 더 잘 나온다.

정부는 실수요자를 보호하기 위해 청약 제도를 운영하고 있다. 예를 들어 생애 최초 주택 구입자는 최대 70% 대출, 신혼부부는 최대 80%까지 대출이 가능하다. 즉, 내 돈 1억으로도 5억~6억 원짜리 아파트에 도전할 수 있다는 뜻이다. 다만 청약에 도전하기 위해서는

- 내가 살고 싶은 지역별 예치금 기준을 꼭 확인하고
- 주택청약종합저축(청약 통장)에 해당 예치금이 들어 있어야 한다.

내가 넣을 수 있는 조건의 청약이 나왔다면, 너무 고민만 하지 말고 한 번은 과감히 도전해보자. 어떤 청약이 유리한지, 어떤 단지를 골라야 하는지는 다음 챕터인 '청약 파트'에서 보다 구체적으로 다룰 예정이다.

4. 두 번째: 앞으로 많이 오를 아파트를 매수하자

만약 청약 기회를 얻기 어렵거나, 결과를 몇 년씩 기다리는 게 부담스럽다면 '재건축 잠재력이 있는 구축 아파트'를 살펴보자. 청약 다음으로 현실적인 첫 내 집 마련 방법이다. 특히 아래 3가지 조건에 해당하는 아파트라면 향후 재건축 가능성이 높아질 수 있고, 재건축이 아니더라도 일반 아파트보다 시세 상승 속도가 빠른 편이다.

1) 역세권 500m 이내

역과 가까운 아파트는 거래가 활발하고, 나중에 팔기도 쉬우며(환금성 높음), 실거주 수요도 꾸준하다. 게다가 정부는 교통 접근성이 좋은 역세권 500m 이내 재건축·재개발에 대해 용적률 상향(종상향) 인센티브를 제공하고 있다. 즉, 같은 아파트라도 역세권일수록 재건축에서 더 큰 수익을 기대할 수 있다.

2) 2종 일반주거지역 이상

용도지역이 2종 또는 3종 일반주거지역이라면 상대적으로 높은 용적률로 고층 아파트 건설이 가능하다. 이 말은 재건축 시 추가 세대를 확보하기 쉽고, 그만큼 분양 수익을 크게 낼 수 있다는 뜻이다. 따라서 용도지역이 2종·3종인 단지는 같은 지역이라도 재건축 수익성이 더 높게 평가된다.

3) 용적률 200% 이하(가능시)

용적률이 낮을수록 앞으로 더 올릴 수 있는 여유가 많다. 예를 들어 법적으로 300%까지 가능하지만 현재 180~200% 수준이라면 추후 재건축 시 더 높은 층수와 더 많은 세대를 지을 수 있어 개발 이익이 커질 가능성이 높다. 반대로 이미 용적률이 250~300%에 가까운 단지는 더 올릴 여유가 적기 때문에 재건축 수익성이 낮아질 수 있다.

지금까지 설명한 3가지 조건을 충족하는 아파트일수록 재건축 가능성이 높고, 가격 상승 여력도 크다. 여기에 추가로 고려하면 좋은 조건은 다음과 같다.

- **1,000세대 이상 대단지** : 커뮤니티 시설이 좋고 관리비 절감 효과가 있으며 수요가 꾸준해 가격 방어력이 높다.
- **학교 근접** : 학군 수요는 부동산의 핵심 가치 중 하나다.
- **브랜드 아파트** : 같은 입지라도 브랜드 유무에 따라 시세와 선호도가 갈린다.

이런 아파트를 고를 때는 호갱노노, 카카오맵, 국토교통부 실거래가 공개 시스템을 적극 활용하자. 호갱노노에서 아파트 이름을 검색하면 용적률, 건폐율, 연식, 세대 수, 학군, 실거래가까지 한눈에 확인 가능하고, 카카오맵에서 '지적편집도'를 켜면 주거·상업·공업·녹지지역 등 용도지역 구분이 확인 가능하다.

청약이 안 되더라도 길은 있다. 좋은 입지의 구축 아파트를 사서, 재건축 또는 리모델링까지 시간을 두고 기다리는 전략이 현실적으로 가능한 두 번째 내 집 마련 루트다.

4) 2030을 위한 현실적인 지역 선택

2030 직장인의 입장에서 역세권에 재건축 잠재력이 있는 구축 아파트라고 하면 너무 비싸게 느껴질 수 있다. 맞는 말이다. 서울 중심부, 특히 강남권 재건축 아파트는 이미 수억 원대 진입장벽이 있고 사회 초년생이 바로 접근하기엔 부담스러운 게 현실이다. 하지만 그렇다고 해서 포기할 필요는 없다.

- 서울 강북권(노원·도봉·강북구)
- 수도권 1기 신도시(일산·평촌·중동·산본 등)
- GTX·지하철 연장 등 교통 호재가 있는 경기 외곽 지역

이런 곳에는 1억 원 이내의 종잣돈으로 진입 가능한 구축 아파트가 남아 있다. 이 지역들의 공통점은 서울 접근성이 나쁘지 않고, 재건축·리모델링 기대감이 있고, 실거주 수요가 탄탄하다는 점이다. 강남은 못 사지만, 강북은 충분히 가능하다는 말이 여전히 유효하다.

예를 들어 노원구 하계·중계동 일대 구축 아파트들은 지은 지 30년이 넘었음에도 실거주 수요가 많고, 동북선·GTX-C 등 교통 호재로 가격이 꾸준히 오르고 있다. 또 일산·평촌 같은 1기 신도시들도 리모델링·재정비 움직임이 이어지며 서울 대비 저렴한 가격으로 2030이 첫 내 집 마련을 시도하기 좋은 선택지가 되고 있다.

재건축 아파트 투자는 '강남 사람들만의 이야기'가 아니다. 내 연봉과 자산 규모에 맞는 현실적인 지역을 먼저 찾고 그 안에서 재건축 가능성과 생활 인프라를 함께 보는 전략, 이렇게 접근하면 충분히 도전 가능한 목표가 된다.

5) 나의 첫 아파트 매수 사례

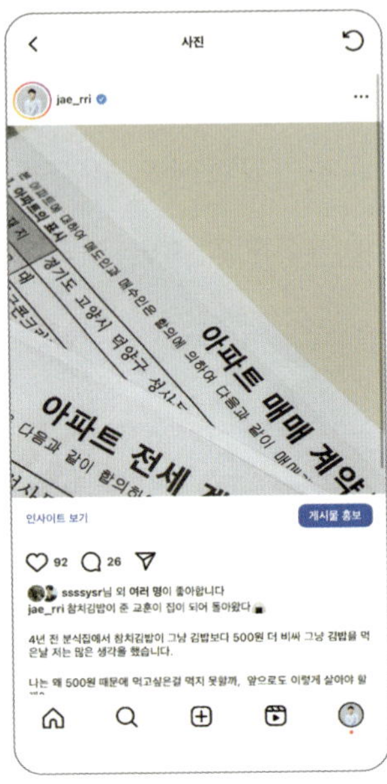

나는 처음 1억 원을 모아 1기 신도시인 경기도 일산 아파트를 갭투자로 처음 매수했다. 그 당시만 해도 1기 신도시는 노후화된 지역이라는 인식이 강했지만, 나는 오히려 그 지점에서 기회를 봤다. 오래된 아파트가 많고 정부에서 1기 신도시 재정비·리모델링 정책을 예고하고 있었고 재건축·재개발 이슈가 점점 커지는 타이밍이었다.

마침 나는 건설회사에 다니고 있었고, 담당 현장이 일산 근처였다. 출퇴근하면서 매일 주변을 둘러보며 역세권 여부, 용적률, 용도지역, 단지 규모와 연식을 꾸준히 체크했다.

그러다 위에서 말한 3가지 조건(역세권, 2종 이상 주거지역, 낮은 용적률)에 딱 맞는 아파트를 발견했고, 공부와 매물 분석을 병행하며 시세 대비 저렴한 구축 아파트를 찾아 첫 매수에 성공했다.

지금 돌아보면, 부동산은 결국 정보를 얼마나 빨리 이해하고, 발품을 얼마나 많이 파느냐의 싸움이었다. 이 경험 덕분에 나는 확신하게 되었다. 2030도 충분히 내 집 마련이 가능하다. 다만, 청약이 아니라면 '기회를 읽는 눈'이 꼭 필요하다.

그리고 그 시작은 거창하지 않았다. 건폐율·용적률·용도지역 같은 부동산의 기본 개념을 이해하는 것, 내가 살고 싶은 지역을 직접 걸어보고, 검색해보고, 비교해보는 것에서 출발했다. 그 단순한 출발이 지금의 나를 만들었다.

5. 내 집 마련, 이제 손품과 발품으로 실행하자

지금까지 살펴본 2가지 전략(청약과 재건축 가능 구축 아파트)만으로도 2030에게 내 집 마련은 충분히 현실적인 목표가 된다. 이제 중요한 건 단 하나다. 이론에서 끝내지 말고, 실제로 찾아보고 움직이는 실행력이다. 그렇다면 가장 첫 질문은 자연스럽게 이렇게 이어진다. "그럼 내가 살 수 있는 아파트는 어디서 확인할 수 있을까?"

정답은 간단하다. 바로 네이버페이 부동산이다. 앱으로도 가능하지만 PC 버전이 정보가 훨씬 잘 보인다. 아래 단계를 차근차근 따라해보자. 이 과정을 한 번만 해도 '내가 지금 어떤 집을 살 수 있는지'가 명확해진다.

■ 1단계 – 네이버페이 부동산 접속하기

검색창에 '네이버 부동산'을 입력해 들어간다. 가장 기본이지만, 모든 시작은 여기서 출발한다.

■ 2단계 – 상단 메뉴에서 '매물' 선택

상단 탭에서 [매물]을 클릭한다. 그래야 실거래가 아닌 현재 구매 가능한 집을 볼 수 있다.

■ 3단계 – 역 중심으로 지역 검색하기

지역은 '역 이름'으로 검색하는 방법이 가장 효율적이다. 역 중심으로 보면 교통 호재 + 입지 비교 + 생활권 분석이 훨씬 쉽다.

■ 4단계 – 아파트 선택하기

주거 초보자라면 아파트부터 보자. 가격 변동성, 수요층, 관리 체계 면에서 아파트가 훨씬 직관적이고 안정적이다.

■ 5단계 – 필터 설정하기★★★

다음 3가지 필터만으로도 내가 실제로 구입 가능한 아파트 범위가 깔끔하게 추려진다.

- **거래 방식**: 매매
- **가격**: 5억~7억 (±1억 범위 추천)
- **세대 수**: 1,000세대 이상 체크 → 대단지가 훨씬 안정적이다

■ 6단계 – 지도에서 아파트 리스트업하기

지도를 마우스로 이동하면서 조건에 맞는 아파트들을 엑셀 또는 나만의 체크리스트로 정리한다. 이런 식으로 5~10곳만 골라두면 이후 비교가 훨씬 쉬워진다.

예시 표:

번호	아파트명	가격	세대 수	용적률	연식	역까지 거리	비고
1	중계 무지개	5.8억	1500세대	200%	1996년	도보 7분	재건축 기대
2	평촌 귀인마을	9.2억	1800세대	210%	1994년	도보 10분	학군 우수

■ 7단계 – 온라인으로 손품임장 해보기

이 단계가 정말 중요하다. 부동산에서는 임장(臨場)이 곧 공부다. 손품임장(온라인 임장)에서 할 일은 다음과 같다. 우선 호갱노노에서는 용적률, 건폐율, 학군, 세대 수, 가격 흐름을 확인하자. 네이버 부동산에서 동일 단지 과거 실거래가, 최근 매물 가격 변화 등을 보자. 이 밖에도 유튜브나 블로그에서 단지 리뷰, 주변 상권 분석, 재건축 가능성을 찾아볼 수 있다. 이렇게 온라인으로 먼저 모든 정보를 정리하면 실제 발품을 훨씬 효율적으로 만들어준다.

■ 8단계 – 직접 발품임장 가보기

손품임장으로 충분히 걸렀다면, 이제 실제 단지를 가보는 단계다. 처음에는 부동산에 바로 들어가지 말고, 단지 주변부터 걸어보는 것이 핵심이다. 다음 4가지를 확인해보자. 4가지만 봐도 이 아파트가 실제로 살 만한지 감이 바로 온다.

1. **역까지 실제 도보 시간** 지도에서 7분이라도 실제는 12분일 수 있다.
2. **상권 배치** 편의점·마트·카페·병원 등 생활 인프라를 확인한다.
3. **학교 거리** 초중고가 가까우면 실거주 수요가 탄탄하다.
4. **경사·도로 소음** 큰길 앞, 버스정류장 앞, 경사 심한 지역 등은 실거주 스트레스가 크다.

이런 작업을 일주일에 한 번씩만 해도 충분하다. 한두 번 하다 보면 자연스럽게 시세 감이 생기고 어느 순간 "이건 싸다"는 직감이 생긴다. 그게 바로 당신의 첫 내 집 마련 감각이다. 이제 책을 잠시 덮고 바로 네이버 부동산을 켜보자.

편리하게 용도지역 확인과 거리 재기까지!

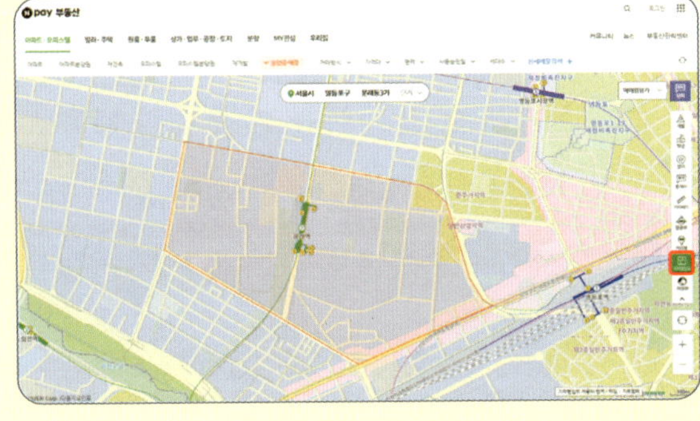

- 네이버 부동산 PC 버전에서도 '지적편집도'를 켜면 용도지역 확인이 가능하다.
- 거리 재기 버튼을 눌러 역과의 거리도 직접 재볼 수 있다. (역과 500m 이내 찾을 수 있음)
- 관심 아파트는 '관심등록'을 해두면 실거래가 변동 시 알림을 받을 수 있다.

CHAPTER 3.

돈 되는 부동산 공부법:
미디어와 뉴스에서
아이디어 포착하기

부동산 공부는 책상 앞에서만 하는 게 아니다. 뉴스, 드라마, 영화, 심지어 유튜브 속 장면 하나도 돈이 되는 단서가 될 수 있다. 2022년 서울 장마로 반지하 주택이 침수되었을 때, 누군가는 단순히 '안타까운 재난'으로 봤지만 나는 그걸 정부의 재개발 정책 변화 신호로 읽었다. 드라마 <유미의 세포들> 속 낡은 연립주택, 영화 <기생충>의 반지하 장면도 마찬가지다. 이렇게 생활 속 부동산 관찰력을 키우면 남들이 스쳐 지나가는 뉴스에서도 돈의 흐름을 읽을 수 있다.

1. 사회적 이슈에서 투자 아이디어를 찾는 법

대부분 사람들은 부동산 공부를 책이나 강의로만 한다고 생각한다. 하지만 진짜 부동산 공부는 일상 속 뉴스 한 줄, 영상 한 장면에서 시작된다. 나 역시 이런 작은 '신호'에서 실제 투자 아이디어를 얻은 경험이 있다.

2022년 여름, 서울에 기록적인 폭우가 쏟아졌고 동작구·관악구·신림동 일대 반지하 주택들이 큰 침수 피해를 입었다. 당시 나는 강남에서 근무 중이었는데 도로가 잠겨 퇴근하지 못할 정도로 상황이 심각했다. 많은 사람들은 이를 단순한 재난 뉴스로 받아들였지만, 나는 정부가 곧 이 지역에 정책적 조치를 취하겠다고 예상했다. 과거 사례를 봐도 이런 환경 이슈 이후에는 재건축·재개발이 빠르게 추진된 경우가 많았기 때문이다.

그래서 바로 움직였다. 당시 공개되었던 '반지하 실태 현황' 사이트를 기준으로 반지하 밀집 지역을 파악하고, 신림·사당 등 피해 지역을 직접 임장했다. 하지만 이미 매물 대부분이 거래가 끝난 뒤였다. 투자자들이 뉴스 바로 다음 단계까지 먼저 움직였던 것이다. 이때 깨달았다. 뉴스를 빠르게 해석하는 사람이 결국 기회를 잡는다.

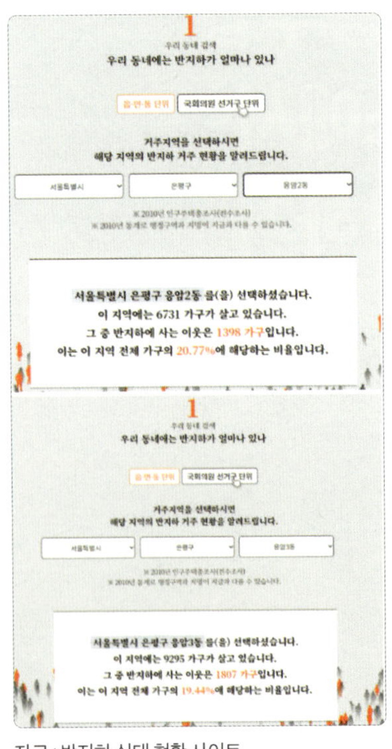

자료 : 반지하 실태 현황 사이트

당시 국내 최대 부동산 커뮤니티인 '붇옹산'에서도 반지하 재개발 가능성이 활발히 논의되고 있었다. 시장은 이미 대응하고 있었던 것이다. 그리고 얼마 지나지 않아 실제로 변화가 일어났다.

오세훈 서울시장은 2022년 8월 10일 공식 보도자료에서 "반지하 주택을 모아 주택·재건축·재개발로 신속히 정비하겠다."고 발표했다. 또한 해당 지역에는 용적률 인센티브를 제공하겠다고 밝혔다. 이후 신림·사당·관악 일대 반지하 밀집 구역은 실제로 서울시 신속통합재개발(신통재개발) 후보지로 지정되었다.

서울시, 시민 안전 위협하는 '반지하 주택' 없애 나간다

- '반지하 거주가구 위한 안전대책' 수립… 서울 시내 반지하 약 20만 호 대상
- 반지하 주거 용도로 '건축허가' 불허, 유예기간 주고 주거용 반지하 줄여나가
- 상습 침수 또는 침수우려구역 모아주택·재개발 등 정비사업 통한 환경 개선
- 기존 세입자 대상 주거대책 병행… 공공임대주택 제공, 주택 바우처 지급 등
- 오 시장 "시민 안전 위협하는 주거유형 반지하 주택 사라져야… 근본대책 추진"

□ 앞으로 서울에서는 지하·반지하는 사람이 사는 '주거 용도'로 사용할 수 없게 된다. 또 서울시는 장기적으로 서울 시내에서 지하·반지하 주택을 없애 나간다는 계획이다.

여기서 꼭 기억해야 할 점은 재건축·재개발이 투자자들을 위해 만들어진 제도가 아니라, '주거 환경 개선'이라는 공익 목적을 위한 정책이라는 사실이다. 따라서 환경적 위험이 크거나, 열악한 환경이 반복되는 지역은 정부가 우선적으로 정비사업을 추진할 가능성이 매우 높다.

더 흥미로운 점은 당시 많은 투자자가 이미 재개발로 유명한 인근 지역으로 몰렸지만, 정작 선정된 곳은 그 옆의 반지하 밀집 지역이었다는 사실이다. 나 역시 그때 사당동에 빌라를 가진 친구에게 절

대 팔지 말라고 조언했고, 실제로 몇 년 사이 해당 지역은 크게 올랐다. 이 경험은 내게 부동산 공부의 본질을 다시 알려주었다.

뉴스는 그저 정보 전달에서만 끝나지 않는다. 정책 변화의 예고편이며, 투자 기회의 시작이다. 핵심은 속도와 해석이다. 뉴스를 보며 "정부는 앞으로 이 지역에 어떤 조치를 취할까?"를 먼저 예상해보고, 즉시 검색 → 분석 → 임장으로 이어가야 한다. 이 과정을 반복하다 보면, 어느 순간 당신의 일상이 '뉴스 속 투자 아이디어'로 가득 차 있을 것이다.

2. 드라마와 영화 속에서 '미래의 돈'을 읽는 법

부동산 공부는 사실 눈썰미의 싸움이다. 사람은 관심 있는 분야에서 자동으로 정보를 포착한다. 미용사는 길에서 사람들의 헤어 스타일이 먼저 보이고, 치과의사는 대화를 하다가도 상대의 치아 상태가 눈에 들어온다.

나 역시 부동산에 관심을 갖고 난 뒤부터 드라마 속 배경, 건물, 동네가 먼저 보이기 시작했다. 예전에는 주유소가 전혀 신경 쓰이지 않았지만, 차를 사고 나니 자연스럽게 주유소 위치와 기름 값부터 보이는 변화와 비슷하다. 관심이 생기면 세상이 다르게 보인다.

나는 OTT 콘텐츠를 볼 때도 부동산을 공부한다. 예를 들어 드라마 〈유미의 세포들〉을 보다가 주인공 유미의 집이 화면에 잠깐 스쳤다. 대부분은 그냥 지나치겠지만, 나는 화면 보는 순간 바로 생각했다. "저 동네는 어디지? 재건축되면 돈 되겠다."

바로 검색했다. '유미의 세포들 촬영지'. 결과는 경기도 일산 벚꽃마을 세종그랑시아 연립주택. 호갱노노로 확인해보니 용적률 71%, 매우 낮은 수치였다. 이런 단지는 재건축 이슈가 생기기 쉬운데, 실제로 이미 추진 중이었으며 시세도 빠르게 오르고 있었다. 이후로 나는 드라마 배경을 절대 그냥 넘기지 않는다.

- 〈스위트홈〉 촬영지 : 남산 회현 시민아파트 → 재개발 구역
- 〈기생충〉 반지하 촬영지 : 아현 1구역 → 재개발 지정, 12평 빌라가 6억 2,000만 원(2025년 기준)

영화 속에서 가난했던 송강호 가족이 현실에서는 '재개발 수혜자'가 된 셈이다. 이처럼 우리가 매일 보는 영상 속에도 돈 되는 부동산 아이디어가 숨어 있다. 부동산 공부란 거창한 게 아니다. 남들이 그냥 스쳐 지나가는 장면에서 의미를 찾을 줄 아는 능력이다.

만약 화면 속에 이상하게 눈에 띄는 동네·아파트·상가가 있다면 바로 검색해보고, 호갱노노·카카오맵으로 용적률·연식·용도지역을 확인하고, 가능하면 주말에 직접 가보자. 이렇게 3가지 단계만 해도 훌륭한 투자 공부가 된다.

CHAPTER 4.

전세사기 실제 사례와 예방법

지금 이 순간에도 월세를 아끼기 위해 전세 매물을 찾아 헤매는 직장인들이 많다. 그만큼 '전세사기' 위험에서도 자유롭지 못하다. 누구나 한 번쯤은 거치는 전세이기에, 어떻게 하면 안전하게 전셋집을 고를 수 있는지 반드시 배워야 한다. 서울·경기·인천을 비롯해 전국 곳곳에서 수많은 청년과 신혼부부들이 전세사기를 겪고 있다. 특히 사회초년생처럼 부동산 지식이 부족하고, 자금이 넉넉지 않아 전세대출에 의존하는 세입자는 전세사기의 주요 표적이 되기 쉽다. 이번 챕터에서는 실제 피해 사례를 바탕으로 전세사기가 어떤 구조로 일어나는지, 그리고 이를 막기 위해 꼭 알아야 할 3단계 예방법 ―등기부등본 확인, 보증보험 가입, 시세 비교, 등기부등본 변동 알림 서비스 등록을 구체적으로 정리했다.

1. 전세사기, 남의 일이 아니다

전세사기란 전세 계약을 맺을 때 세입자가 집주인에게 맡긴 보증금을 계약 만료 후 돌려받지 못하는 상황을 말한다. 즉, 전세 만기가 되었는데도 집주인이나 제3자의 사정으로 인해 보증금을 잃게 되는 경우다.

요즘 뉴스에서는 전세사기 관련 기사를 어렵지 않게 볼 수 있다. 전세사기는 더 이상 TV 속 사건이 아니라, 우리 주변에서 누구에게나 일어날 수 있는 현실이 되었다. 직장 동료, 선후배, 친구의 친구까지, 한 다리만 건너면 전세사기를 당한 사람을 찾을 수 있다. 특히 내 집 마련 전까지 전세나 월세로 살아야 하는 사회초년생과 신혼부부는 더 취약하다. 부동산 계약 구조를 잘 모르는 상태에서 "부동산 중개사가 알아서 해주겠지." 하는 마음으로 계약했다가, 수억 원의 보증금을 돌려받지 못하는 경우가 적지 않다.

상황을 떠올려보자. 당신이 전세로 살던 집에서 이사를 나가려고 준비를 마쳤는데, 집주인이 갑자기 이렇게 말한다. "지금은 보증금을 돌려줄 수가 없어요." 이미 새 집에 계약금도 냈고, 이사 날짜도 잡아둔 상태라면 어떨까? 그 스트레스와 절망감은 말로 다 표현하기 어렵다.

이건 단순히 돈의 문제가 아니다. 생활이 멈추고, 신용이 흔들리고, 앞으로 세워둔 인생 계획이 한순간에 바뀌어버린다. 이제 실제 사례를 통해, 전세사기가 얼마나 현실적이고 위험한 일인지 차근차근 살펴보자.

2. 친구가 겪은 실제 피해 사례

내 친구의 실제 사례를 공유하고자 한다. 나와 가장 친한 친구는 지금까지도 전세사기로 큰 피해를 겪고 있다. 그는 자신의 경험을 통해 더 이상 젊은 세대가 같은 피해를 당하지 않기를 바라며 이 책에 사례를 적어도 된다고 허락해주었다.

몇 년 전, 친구는 서울 강서구의 신축 빌라를 청년 버팀목 전세자금대출을 활용해 계약했다. 금리가 1%대로 저렴했고, 신축이라 인테리어도 깨끗했다. 최신 가전과 가구까지 갖춰져 있어, 사회초년생이 살기엔 더없이 매력적인 집이었다. 겉으로 보기에는 아무 문제가 없는 계약이었다.

계약 만기가 다가올 무렵, 친구는 이사 준비를 하면서 이상한 낌새를 느꼈다. 집주인과 연락이 닿지 않았다. 그 소식을 접한 나는 불길한 예감이 들어 친구에게 집 주소를 보내달라고 했다. 바로 등기부등본을 떼어 확인했다.

결과는 예상보다 훨씬 심각했다. 서류에는 여러 건의 '가압류' 표시가 찍혀 있었다. 즉, 집주인은 이미 여러 채권자에게 빚을 지고 있었고, 그 집은 사실상 법적 압류 상태였다. 나는 친구에게 지금 당장 보증금 반환을 공식적으로 요구하라고 조언했다. 그러나 집주인에게서 돌아온 메시지는 충격 그 자체였다.

"저 신용불량자 됐고요. 돈 없으니까 법대로 하세요."

그 한 문장으로 모든 상황이 무너져내렸다. 친구는 며칠 동안 밤새 울었다. 해결책을 고민하다가 계약 당시 부동산 중개인이 설명했던 보증보험이 떠올랐다. 그제야 친구는 혹시 보증보험이 가입되어 있는지 확인했지만, 결과는 더 충격적이었다.

계약 당시 부동산 중개인은 확신에 찬 말투로 말했다. "이 집은 전세보증보험 가입이 가능하니까 걱정 안 하셔도 돼요." 하지만 이 말에는 함정이 있었다. 집주인의 동의가 있어야 전세보증보험 가입이 가능한 예외적인 경우도 있는데, 친구의 집이 바로 이런 경우였

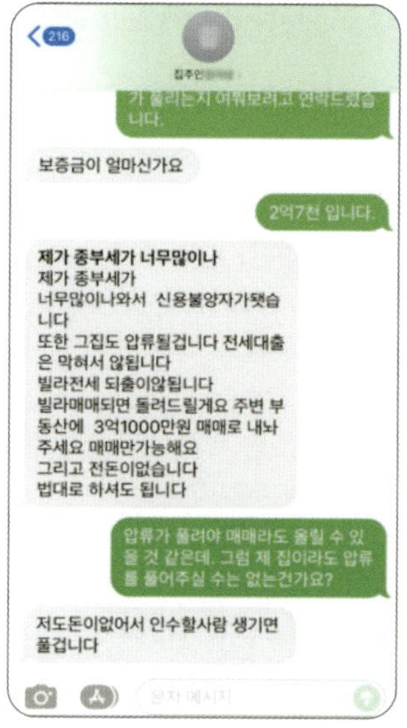

다. 실제로는 집주인 동의가 없어 보험은 가입되지 않았고, 친구는 이 사실을 나중에서야 알게 되었다.

전세사기 피해자들 사이에서 가장 흔한 유형이 바로 이런 방식이다. 가입될 줄 알았는데, 실제로는 가입이 안 된 상태의 허점을 노린 사기다. 결국 친구는 3년이 지난 지금까지도 보증금을 돌려받지 못한 채, 그 집에서 계속 살고 있다. 나가면 전세금을 잃고, 계속 살자니 매일 불안에 시달리는 상황이 계속되고 있다.

상황은 더 나빠졌다. 소송을 진행하던 중, 집주인이 사망했다는 소식이 알려졌다. 집의 소유권이 상속 문제에 얽히면서, 친구는 어떤 조치도 쉽게 취할 수 없는 상태가 되었다. 현재 그는 국토부, 지자체, 법률구조공단 등 여러 기관의 도움을 받으며 해결을 시도하고 있지만, 여전히 결론이 나지 않은 상태다.

1) 전세사기의 현실 – 돈보다 더 큰 상처

이 사건을 계기로 나는 전세사기가 얼마나 잔인한지 절실히 깨달았다. 전세사기는 단순히 돈을 잃는 사건이 아니다. 그동안 쌓아온 노력과 시간, 꿈, 계획이 한순간에 무너지는 일이다. 많은 사람이 오해한다. "전세사기? 소송하면 되잖아." 하지만 절차는 단순하지 않다.

• 소송 제기 → 판결문 확보 → 집주인 재산 조회 → 경매 신청 → 낙찰 후 배당

이 과정을 모두 거쳐야 보증금을 돌려받을 수 있으며, 전체 절차는 최소 1년 반 이상 걸린다. 그동안 세입자는 새로운 전세대출을 받을 수 없어 다른 집으로 이사조차 못 가고, 어쩔 수 없이 월세로 돌리거나 부모님 집에서 지내며 버텨야 한다.

그 과정에서 신용점수가 깎이고, 경제적·정신적 스트레스가 극심해진다. 내 친구 역시 투자 공부를 열심히 하던 사람이었지만, 전세사기 이후로는 '투자'라는 단어만 들어도 불안해진 상태다. 전세사기는 사람의 경제관·신뢰·삶 전체를 뒤흔드는 사건이다.

2) 전세사기의 구조 – 고의적 사기 vs 경제적 파산형

전세사기는 크게 2가지 유형으로 나뉜다.

첫째, 고의적 사기형이다. 말 그대로 처음부터 사기칠 의도로 설계된 범죄다. 내 친구의 사례처럼 부동산 중개인과 집주인이 짜고, 세입자의 돈을 노린 경우다. '빌라왕', '건축왕' 사건처럼 수십~수백 채의 빌라를 명의 돌려가며 전세를 주고, 보증금을 챙긴 뒤 잠적하는 방식이다. 이런 유형은 우리가 아무리 조심해도 막기 어렵다. 이미

월급으로 1억 만들기

범죄를 위해 준비된 구조이기 때문이다. 사회초년생이 이런 유형을 혼자 걸러내기란 사실상 불가능하다.

둘째, 경제적 파산형(깡통전세·역전세)이다. 고의적 사기 의도는 없지만, 결과는 똑같이 위험하다. 부동산 경기가 하락하면서 집값이 전세보증금보다 낮아질 때 발생한다. 예를 들어 매매가 3억 원인 집을 전세 2억 8,000만 원으로 받는다면 집주인은 2,000만 원만 보태면 집 구매가 가능하다. 문제는 집값이 2억으로 떨어지면 세입자에게 돌려줘야 할 전세금이 없다. 집을 팔아도 2억 밖에 안 들어오니 보증금 반환이 불가능해진다. 이게 바로 깡통전세·역전세의 구조다.

이렇게 전세사기의 본질은 의도가 무엇이든 결국 피해자는 같은 피해를 입는다. 사기든, 부도든 결국 세입자 입장에서는 보증금을 돌려받지 못한다. 결과적으로 인생이 흔들리고, 신용이 무너진다.

3) 전세사기의 결과 – 돈보다 더 큰 고통

전세사기를 당하면 그 이후의 과정은 상상 이상으로 복잡하다. 전문 변호사가 아니면 이해하기 어려운 절차를 몇 단계나 거쳐야 한다. 전형적인 절차는 다음과 같다.

1. 내용증명 발송 - 보증금 반환 공식 요구
2. 전세권 등기 설정 - 법적 보호 장치
3. 전세보증금 반환청구 소송
4. 가압류 신청 - 집주인의 다른 재산 묶기
5. 강제경매 신청
6. 형사 고소(사기·배임)
7. 배당요구 신청 - 경매대금에서 내 몫 청구

이 과정을 직접 겪으면 최소 1년, 길면 수년 걸린다. 그동안 세입자는 이사도 어렵고, 보증금도 묶인 채로 버틸 수밖에 없다. 최근에는 HUG(주택도시보증공사)의 안심전세포털에서 법률 상담·심리치료 등 지원을 제공하지만, 제도가 있다고 해도 실제 피해자의 스트레스와 불안은 쉽게 해소되지 않는다.

4) 전세사기 이후의 현실 - 끝나지 않는 돈의 굴레

전세사기의 또 다른 문제는 대출과 이자다. 사회초년생의 대부분은 전세대출을 받아 집을 구한다. 문제는 전세사기를 당해도 대출은 세입자 책임이라는 것이다. 대부분 잘 모르는 문구가 있다.

"전세금 반환에 문제가 생기면 그 책임은 대출자 본인에게 있다." 즉, 은행 돈으로 사기를 당해도 그 빚은 세입자의 빚이 된다. 게다가 '구상권 청구 동의서'로 인해 은행은 세입자를 대신해 집을 경매로 넘길 수 있다 여기서 더 충격적인 것은 이자다. 내 친구의 사례를 보자.

- 전세대출 2억
- 금리 1.2% → 월 이자 20만 원
- 전세사기 물건으로 분류 → 대출 연장 중단
- 정부 임시지원으로 대출 연장은 되었으나 금리 변경
- 금리 5.9% → 월 이자 93만 원

이자만 5배 이상 상승했다. 급여는 그대로인데 이자만 폭등하니 삶 전체가 흔들리는 건 당연한 일이다.

3. 전세사기 예방을 위한 2가지 핵심

전세사기를 막는 가장 중요한 첫걸음은 '시간 여유를 확보하는 것'이다. 많은 자취생·사회초년생이 계약 만료 한두 달 전에 급하게 집을 찾기 시작한다. 퇴근 후 직방·다방·피터팬·네이버 부동산을 켜서 매물을 보고, 토요일 하루에 부동산 몇 군데를 들른 뒤 바로 계약해 버린다. 하지만 이것이 바로 전세사기 피해자들이 공통적으로 보이는 가장 위험한 행동 패턴이다.

시간이 촉박하면 등기부등본 확인, 보증보험 여부, 시세 비교 같은 필수 절차를 제대로 확인하지 못하고, 결국 중개인의 말만 믿게 된다. 그래서 집은 최소 3개월 전, 가능하면 6개월 전부터 찾아야 한다. 특히 서울 기준 대부분의 부동산은 일요일에 문을 닫는다. 즉, 주말 하루에 모든 결정을 내리려고 하면 자연스럽게 덜컥 계약을 하게 되는 구조다. 시간이 많아야 한다. 여러 매물을 비교하고, 여러 공인중개사의 의견을 들어야 위험 신호를 걸러낼 수 있다. 이 귀찮음이 결국 여러분의 수천만 원짜리 보험이 된다.

두 번째 원칙, 싸고 좋은 집은 없다. 전세사기 피해자의 70% 이상이 신축 빌라 세입자다. 겉보기엔 새 가전, 깔끔한 인테리어, 엘리베이터까지 갖춘 신축이지만, 그 아래에는 대부분 매매가와 전세가의 비정상 구조가 숨겨져 있다.

내 친구 부부의 사례를 보자. 결혼을 앞두고 예산 2억 원(전세대출 포함) 안에서 집을 찾던 친구는 처음엔 30년 된 강북의 낡은 소형 아파트를 보았다. 상태는 좋지 않았고 주차도 불편해 보였다. 그때

중개인이 근처 신축 빌라를 보여줬다. 새 가전과 새 인테리어로 깨끗하게 단장한 방 2개 구조에 엘리베이터까지 갖춘 빌라는 매매가 2억 2,000만 원에 전세가 2억 원이라는 조건이었다.

겉보기엔 완벽했다. 친구는 신축 빌라에 마음이 끌렸다. 하지만 나는 단호히 말했다. "싸고 좋은 집은 없어. 전세가가 매매가의 90%면 위험 신호야." 전세가가 매매가에 거의 붙어 있으면 집값이 조금만 떨어져도 집주인이 보증금을 돌려줄 수 없는 구조, 즉 깡통전세가 된다. 이런 구조는 신축 빌라에서 매우 흔하다.

결국 친구는 내 조언을 듣고 낡았지만 안전한 아파트에서 2년을 살며 돈을 모았다. 그리고 결국 신도시 신규 아파트 분양에 당첨되었고, 지금은 안정적으로 생활하고 있다.

신축 빌라 전세사기, 특히 조심해야 할 지역

최근 몇 년간 신축 빌라 전세사기가 가장 많이 발생한 지역은 수도권을 중심으로 집중되어 있다. 피해자의 대부분이 사회초년생과 신혼부부였다는 점에서 우리 세대가 특히 주의해야 한다.

지역	특징 및 피해 현황
수원시	전국 피해 건수 1위. 신축 다세대 밀집 지역 중심으로 피해 다수.
서울 관악구·강서구	관악구와 강서구가 각각 서울 1, 2위 피해 지역. 빌라 공급 과잉과 깡통전세 집중 지역.
인천 미추홀구	수도권 전체 중 피해 규모가 가장 심각. 부평구·남동구로도 확산 중.
대전	인구 대비 전세사기 피해 비율이 전국 최고 수준. 지역 신축 빌라 중심으로 확산.

Tip.
전세가가 매매가의 90% 이상인 신축 빌라는 지역이 어디든 반드시 피해야 한다. 계약 전에는 국토교통부 실거래가 공개시스템에서 매매가와 전세가를 꼭 비교해보자. 단 5분이면 전세사기 가능성을 스스로 점검할 수 있다.

우리 모두 눈앞에 보이는 깨끗한 신축 빌라, 비정상적으로 저렴한 전세에 흔들릴 수 있다. 하지만 부동산 세계에서는 예외가 없다. 싸면 그만한 이유가 있다. 깨끗하면 누군가 대신 지고 있는 리스크가 있다. 전세사기를 피하고 싶은 사람이라면 '3개월 전부터', '싸고 좋은 집은 없다'라는 2가지 핵심을 꼭 기억해야 한다.

4. 전세사기 예방 방법 — 계약 전·후 반드시 해야 할 일

전세사기를 예방하는 핵심은 계약 전 철저한 검증과 계약 후 즉시 보호조치다. 다음 3가지 단계만 지켜도 대부분의 위험을 걸러낼 수 있다.

1) 전세가율 70% 이상이면 피하라 — '깡통전세' 구조는 숫자로 보인다

전세 계약에서 가장 먼저 전세가 대비 매매가 비율(전세가율)을 봐야 한다. 공식은 단순하다.

전세가 ÷ 매매가 × 100

예를 들어 매매가 3억 원인데 전세가 2억 7,000만 원이면 전세가율 90%, 즉 매우 위험한 물건이다. 집값이 조금만 떨어져도 집주인이 보증금을 돌려줄 수 없기 때문이다. 참고로 일반적인 전세가율은 다음과 같다.

- 신축 아파트: 보통 50~60%

- 20년 이상 구축: 보통 30~40%

- 빌라·다세대: 전세가율 80~95%라면 즉시 의심해야 함

전세가율을 제대로 확인하려면 반드시 최근 실거래가를 봐야 한다. 공인중개사에게 실거래가 증빙을 요구하거나, 디스코(Disco) 혹은 네이버페이 부동산에서 주변 동·호수 거래 내역을 교차검증하면 된다. 디스코 앱에서 주소를 입력하면 해당 건물의 전·후 실거래가를 쉽게 확인할 수 있으니 꼭 활용하자.

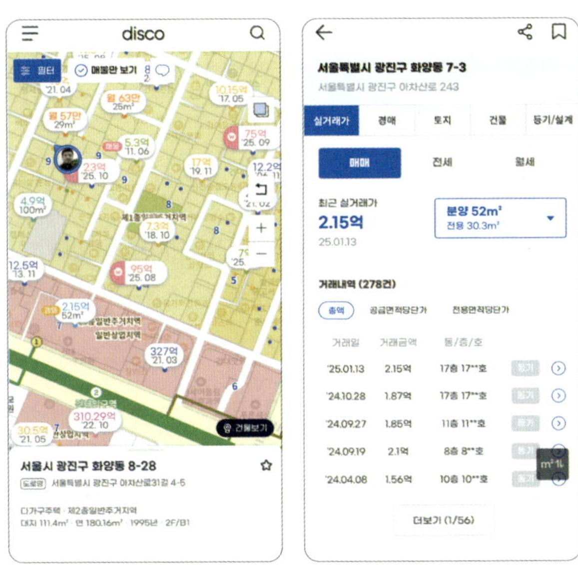

자료: 디스코 앱에서 주소를 입력하고 실거래가를 확인하기

2) 계약 전 – 국토부×HUG '안심전세' 앱으로 사전 점검하기

전세 계약 전에 가장 강력한 보호막은 HUG의 '안심전세' 앱이다. 이 앱에서는 다음 정보를 한 번에 확인할 수 있다.

- 매매 시세 / 전세 시세 / 해당 지역 평균 전세가율
- 경매 낙찰가율·전세보증 사고 현황
- 임대인의 체납 여부
- HUG/HF 보증 금지 이력
- 등록임대 여부
- 보증 가입 가능 여부

신축 빌라는 준공 전·후 시세까지 제공되어 깡통전세 위험을 미리 알 수 있다. 앱에서 제공하는 기능은 다음과 같다.

- 전세금 적정성 자동 진단
- 전세보증보험 가입 가능 여부 확인
- 임대인 위험정보 조회
- 전세사기 체크리스트
- 공인중개사 경력 조회
- 보증료 계산기
- 1:1 법률상담
- 등기부 변동 알림(최대 2년 6개월)

전세 계약을 진행하는 사람이라면 이 앱을 습관처럼 사용하도록 하자. 포털 사이트에서 '안심전세 앱'을 검색하면 쉽게 찾을 수 있다.

자료: 안드로이드, 아이오에스 모두 '안심전세'를 검색하면 앱을 다운받을 수 있다

3) 계약금·중도금·잔금 '이체 직전' 반드시 등기부등본을 다시 확인하라

전세사기의 절반은 돈을 보내는 바로 그 순간 벌어진다. 사기꾼들은 세입자가 이체하는 그 타이밍에 근저당을 끼우거나 가압류를 올린다. 그래서 등기부등본은 반드시 3회 확인해야 한다.

1. 계약금 이체 직전
2. 중도금 이체 직전
3. 잔금 이체 직전

열람은 인터넷등기소 기준 700원(출력 1,000원)이며, 갑구(소유권)와 을구(근저당·가압류)를 모두 확인한다. 한 글자라도 변동이 있다면 즉시 이체를 중단하고 중개사·임대인에게 사실관계 확인이 필요하다. 이 한 번의 재확인이 수천만 원을 지켜준다.

　PC가 어려우면 디스코 앱에서 등기부를 1건당 1,000원에 모바일로 바로 열람할 수 있다.

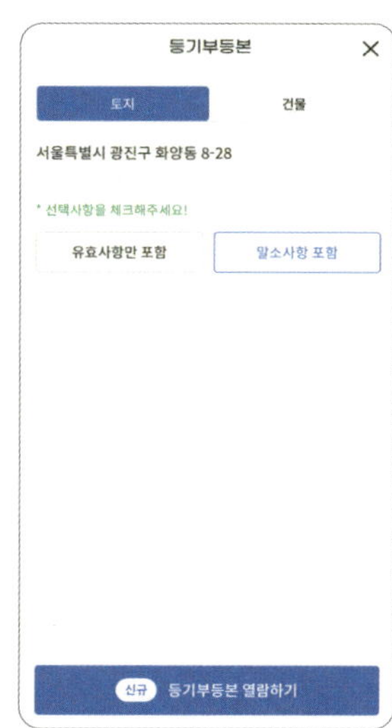

자료: 현장에서 디스코 앱을 이용해 다시 한번 등기부등본을 꼭 확인하자

4) 계약 후 – 즉시 해야 하는 보호조치 3가지

계약이 끝났다고 위험이 끝난 것이 아니다. 계약 직후 아래 3가지는 빠르게 처리해야 한다.

1. 전입신고 + 확정일자 즉시 받기: 전세금 회수 1순위 보호
2. 전세보증금 반환보증(HUG/SGI) 즉시 가입: 입주 당일 가입이 가장 안전
3. 등기부 변동 알림 등록: HUG 안심전세 앱 알림 또는 인터넷등기소 문자 알림 서비스

또한 계약서 원본, 특약사항(보증가입 필수), 중개대상물 확인설명서, 등기부등본·건축물대장 사본은 꼭 클라우드에 백업해두자. 응급 상황에서 대응 속도가 완전히 달라진다.

재리 꿀팁

'등기부 변동 알림 서비스'가 뭔가요?

내가 관심있는 부동산(집, 건물 등)에 무슨 일이 생기면 바로바로 알려주는 편리한 서비스다. 어떤 상황에서 알림이 올까?

- 소유권이 바뀔 때 (누군가 집을 사고 팔았을 때)
- 전세나 월세 계약이 등록될 때
- 은행 대출이 잡혔을 때
- 건물이 경매에 넘어갈 때

신청 방법

1) KB스타뱅킹으로 신청하기(가장 쉬워요!)

- KB스타뱅킹 앱을 실행한다.
- 전체메뉴 → 생활서비스 → 부동산 → '부동산 등기변동 알림서비스'를 선택한다.
- 관심 있는 부동산 주소를 입력한다.
- 알림받을 항목을 선택하고 신청 완료!

2) 보증보험 가입하기

전세 계약을 했다면 계약 직후 바로 전세금 보증보험을 가입하는 게 가장 안전하다. 법적으로는 전세계약 기간의 1/2이 지나기 전까지, 그리고 최소 10영업일 전에 신청하면 되지만, 기다릴 필요가 없다. 왜냐하면 계약 직후에 계약서 등 필요한 서류가 모두 준비되기 때문에 바로 가입할 수 있기 때문이다. 이미 앞 단계에서 '보증보험 가입이 가능한 집'인지 확인하고 계약을 했을 테니, 계약 후에는 지체 없이 보증보험을 가입하는 것이 필수다. 보증보험 가입에 필요한 절차·서류는 HUG(주택도시보증공사) 안내 페이지에서 확인할 수 있다.

5. 집을 구할 때도 공부가 필수

전세사기는 운이 나빠서만 당하는 일이 아니다. 그렇다고 해서 우리가 완전히 막아낼 수 있는 일도 아니다. 마음먹고 속이려는 사람들은 공인중개사나 집주인과 짜고, 커미션을 주는 방식으로 세입자를 유인하거나 거래 구조를 복잡하게 만들어 웬만해선 위험을 알아채기 어렵게 만든다.

이런 현실에서는 아무리 열심히 알아보고 따져봐도, 모든 위험을 100% 피하기는 어렵다. 그렇다고 손 놓고 있을 수는 없다. 여기에 걸려 있는 돈은 다름 아닌 내 전 재산이기 때문이다.

그래서 세입자 입장에서는 조금이라도 위험을 줄이기 위해 ① 계약 구조, ② 시세, ③ 등기부, ④ 전세가율 정도는 기본적으로 공부하고 점검해야 한다. 부동산 공부는 거창한 투자 지식이 아니라, 내 돈을 지키기 위한 최소한의 방패다.

전세사기는 조금만 더 알아봤다면, 조금만 더 천천히 결정했다면 막을 수 있었던 일인 경우가 정말 많다. 부동산 공부는 부자만 하는 공부가 아니다. 월세로 사는 사회초년생도 반드시 해야 하는 '생존 공부'다. 등기부를 읽고, 보증보험을 이해하고, 시세를 비교할 줄 아는 지식은 투자를 위한 사치스러운 공부가 아니라, 내 삶을 지키기 위한 기본 소양에 가깝다. 오늘 딱 10분만 시간을 내서, 내가 살고 있는 집의 등기부등본을 한 번 발급해보고, 전세보증보험 가입 여부를 확인해보자. 그 작은 행동이 언젠가 내 인생을 지켜주는 아주 큰 방패가 될 수 있다.

CHAPTER 5.

주택 청약 꿀팁과 당첨을 높이는 꿀팁

이번 챕터에서는 주택청약에 실제로 당첨되는 방법과 청약 제도를 활용해 당첨 확률을 높이는 실전 전략을 다룬다. 나는 실제 청약에 당첨된 경험이 있고, 이 제도를 통해 지금의 신도시 39평 아파트에 살고 있다. 많은 사람이 청약을 '운'이라고 생각하지만, 청약은 가장 적은 돈으로 새 아파트를 얻고 시세차익까지 노릴 수 있는 가장 현실적인 내 집 마련 방식이다. 청약 통장을 어떻게 유지하고, 얼마를 어떤 방식으로 납입하며, 어떤 단지에 넣어야 실제로 당첨 가능성이 높아지는지 그리고 아무도 알려주지 않은 청약 당첨 구조와 실전 꿀팁까지 구체적으로 살펴보겠다.

1. 청약의 첫걸음 — 1순위 조건을 먼저 만들어놓자

청약을 공부하려고 정보를 찾아보면 생각보다 어려운 용어도 많고 구조도 복잡해 금방 포기하게 된다. 하지만 부동산 초보가 정말 알아야 할 핵심은 단 하나다. 청약에 당첨되려면 먼저 당첨될 수 있는 환경을 만들어야 한다는 것, 그리고 그 첫 단계가 바로 1순위 자격을 갖추는 일이다.

청약은 크게 국민주택과 민영주택으로 나뉜다. 국민주택은 한국토지주택공사(LH)나 서울주택도시공사(SH)가 공급하며 무주택 기간이나 소득 기준이 중요하고, 우리가 알고 있는 자이·힐스테이트·래미안 같은 브랜드 아파트는 대부분 민영주택이다. 이번 챕터에서는 민영주택 청약에서 1순위를 만드는 방법에 집중해서 설명한다.

민영주택			국민주택

□ 민영주택

최초 입주자모집공고일 현재 해당 주택건설지역 ❓ 또는 인근지역 ❓ 에 거주하는 자로서 민법에 따른 성년자(만19세 이상)와 아래의 어느 하나에 해당하는 세대주인 미성년자(주택청약 시 성년자로 인정)만 청약 신청할 수 있습니다. 단, 아래의 자녀 및 형제자매는 세대주인 미성년자와 같은 세대별 주민등록표등본에 등재되어 있어야 합니다.

- 자녀를 양육하는 경우
- 직계존속의 사망, 실종선고 및 행방불명 등으로 형제자매를 부양하는 경우

청약순위	청약통장 (입주자저축)	순위별 조건	
		청약통장 가입기간	납입금

1순위	주택청약
	종합저축
		· 투기과열지구 및 청약과열지역
		  : 가입 후 2년이 경과한 분
		· 위축지역
		  : 가입 후 1개월이 경과한 분
			납입인정금액이 지역별 예치금액 ❓ 이상인 분

	청약예금	· 투기과열지구 및 청약과열지역, 위축지역 외	

	청약부금
	(85m² 이하만 청약 가능)
		- 수도권 지역 : 가입 후 1년이 경과한 분
		  (다만, 필요한 경우 시 · 도지사가 24개월까지 연장 가능)
		- 수도권 외 지역 : 가입 후 6개월이 경과한 분
		  (다만, 필요한 경우 시 · 도지사가 12개월까지 연장 가능)
			매월 약정납입일에 납입한 납입인정금액이 지역별 예치금액 이상인 분

2순위 (1순위 제한 자⁺ 포함)	1순위에 해당하지 않는 분 (청약통장 가입자만 청약가능)		

주) 1순위 제한 자

청약주택별 다음 어느 하나에 해당하는 경우 청약통장이 1순위에 해당하여도 2순위로 청약하여야 합니다.

- 투기과열지구 ❓ 또는 청약과열지역 ❓ 내 민영주택에 청약하는 경우

  (1) 세대주가 아닌 자
  (2) 과거 5년 이내에 다른 주택에 당첨된 세대에 속한 자 ❓
  (3) 2주택 이상 소유한 세대에 속한 자

- 주거전용 85m²를 초과 공공건설임대주택 ❓, 수도권에 지정된 공공주택지구에서 공급하는 민영주택에 청약하는 경우 2주택 이상 소유한 세대에 속한 자

청약홈에는 '투기과열지구', '청약과열지역' 같은 복잡한 표현이 많지만, 쉽게 말하면 서울·경기 대부분은 모두 청약 규제 지역이라고 이해하면 된다. 즉, 이 지역에서 1순위가 되기 위해서는 아래 4가지 조건을 충족해야 한다.

1. 청약통장 가입 기간 2년 이상
2. 해당 지역에서 2년 이상 거주(주민등록 기준)
3. 무주택 세대주일 것
4. 지역별 예치금 이상을 납입했을 것

4가지가 충족되면 청약홈에 올라오는 대부분의 단지에 1순위로 지원할 수 있는 기본 자격이 갖춰진다. 여기서 꼭 알아야 할 조건이 지역별 예치금이다. 예치금은 말 그대로 내가 어느 지역에 살고 있는가에 따라 금액이 다르다. 예를 들어 서울 거주자가 85㎡ 이하(약 30평대) 아파트 청약을 넣으려면 최소 300만 원이 필요하다. 그러

지역별 예치 금액

민영주택 청약신청 시 지역별, 전용면적별 예치 금액이다.

지역/전용면적별 예치 금액

(단위 : 만원)

구분	서울/부산	기타 광역시	기타 시/군
85m² 이하	300	250	200
102m² 이하	600	400	300
135m² 이하	1,000	700	400
모든 면적	1,500	1,000	500

※ "지역"은 입주자 모집 공고일 현재 주택 공급 신청자의 주민등록표에 따른 거주 지역 기준임.

왜냐하면 85㎡ 이상의 대형 평형은 분양가가 너무 높아 사회초년생·첫 내 집 마련 단계에서는 현실적으로 접근하기 어렵기 때문이다. 2025년 기준 서울 평균 분양가는 13억 원, 경기 평균이 8억 원을 넘는다. 그리고 청약통장은 이자가 높은 상품이 아니기 때문에, 1순위 예치금만 채워두고 이후 금액은 ISA, ETF, 연금저축펀드 등 수익형 투자처로 돌리는 편이 훨씬 효율적이다.

많은 사람이 얼마씩 넣어야 하는지 묻는다. 정답은 간단하다. 본인이 감당 가능한 수준으로만 넣으면 된다. 민영주택 청약에서는 납입 횟수나 금액이 당락을 좌우하지 않는다. 당첨 조건은 예치금 충족 여부가 전부다. 따라서 600만 원(서울)·400만 원(경기)·300만 원(기타 지역)을 채웠다면 납입을 중지하고 다른 투자처로 자금을 돌리도록 하자. 또는 월급가계부에서 정한 재테크 금액 안에서 월 10~25만 원 정도를 꾸준히 납입하면 연말정산 소득공제까지 받을 수 있어 더 효율적이다.

만약 지금 내 청약통장에 얼마가 들어 있는지, 가입 기간이 얼마나 되었는지, 예치금 조건을 충족했는지 모른다면?

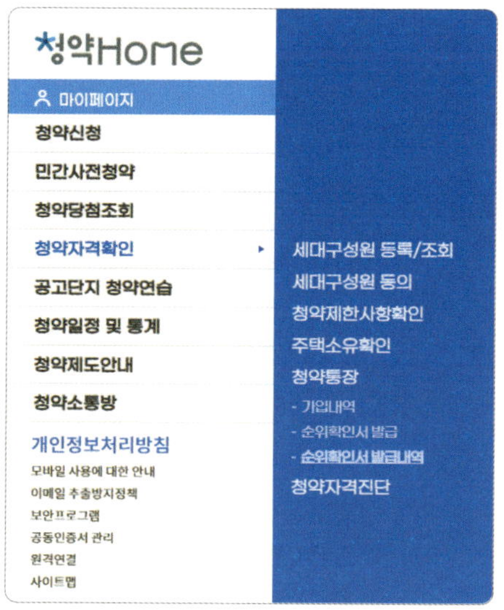

자료 : 청약홈(www.applyhome.co.kr)에서 청약자격진단 확인하기

다. 로그인만 하면 가입일, 지역 예치금 충족 여부, 세대주 여부까지 깔끔하게 정리되어 나온다. 이렇게 하면 청약의 첫걸음이 완성된다. 모든 청약 전략은 '1순위 만들기'에서 시작된다.

이 기본 세팅이 갖춰져야 비로소 '당첨 전략'을 세우고, 실제로 기회를 잡을 수 있다.

2. 당첨 확률을 10배 높이는 핵심 전략

청약에 당첨되는 방법은 의외로 단순하다. 욕심을 버리고, 분석하며, 전략적으로 넣으면 된다. 대부분 청약이 어렵다고 말하는 사람들의 공통점은 하나다. 공부는 하지 않고 로또 청약만 노린다는 점이다.

유튜브에서 '10억 벌었다', '6억 차익' 같은 자극적인 영상만 보고 경쟁률이 수십만 혹은 수백만 대 일인 단지에만 신청하는 사람들이 많다. 그리고 떨어지면 청약은 운이라고 말한다. 하지만 그건 청약이 어려운 게 아니라, 전략이 잘못된 것이다.

나는 실제로 청약에 당첨되어 지금 신도시 39평 신축 아파트에 거주하고 있다. 나뿐 아니라 내 수강생들 중에도 전략적으로 접근해 실제 당첨된 사례가 많다. 핵심은 '붙을 수 있는 곳에 넣기'이다.

첫 번째 전략: 로또 청약을 노리지 마라

욕심을 버리면 1억 원으로도 충분하다 우리가 지금 노려야 하는 곳은 서울 10억 원짜리 로또 단지가 아니다. 5~6억 원대 경기·신도시 실거주 청약이다. 서울 청약은 분양가가 이미 10억 원을 넘고, 사회초년생이 접근하기엔 지나치게 높다. 반면 수도권에는 아직도 5~6억 원대 실거주 가능한 청약 단지가 존재한다.

이런 단지가 로또급 단지라고 할 수 없지만 당첨 가능성은 훨씬 높고, 1억 원 내외의 시세차익도 충분히 기대할 수 있다. 그러니 남들처럼 대박 단지에만 매달리지 말고, 내가 실제로 살 수 있는 단지에 지원하는 편이 훨씬 효율적이다.

이렇게 첫 집을 마련해 자산을 키워가면, 시간이 지나 결국 수십억대 서울 아파트로 이동하는 전략도 가능해진다.

두 번째 전략: 내가 당첨될 수 있는 청약에만 넣어라

생각보다 많은 사람이 하는 실수가 바로 이것이다. 청약은 기본적으로 지역 우선 공급이다. 예를 들어 서울에서 청약을 하면 서울 거주자가 1순위다. 경기도 성남에서 청약을 하면 성남 거주자가 우선이다. 즉, 성남 청약에 용인·과천·서울 거주자가 넣어도 당첨 확률은 거의 없다. 다만 경기도의 경우 절반은 해당 시 거주자, 나머지 절반은 '해당 시+수도권 전체(서울 포함)' 이렇게 나누는 경우도 있다. 그래서 청약 공고문 확인이 필수다. 이런 구조를 모르면 넣어도 의미 없는 청약에 계속 떨어지며 시간을 낭비하게 된다.

정리하면 넣을 수 있는 청약과 당첨될 수 있는 청약은 완전히 다르다. 이제 이 두 원칙을 이해했다면, 다음 단계는 '당첨도 되고, 시세차익도 볼 수 있는 지역을 찾는 법'이다.

① 분양가 상한제 — 시세보다 30% 이상 저렴한 새 아파트

사회초년생과 신혼부부는 청약 통장 가입 기간도 짧고, 납입금도 적으며, 보유 현금도 많지 않다. 그렇다면 우리는 당첨 확률과 수익률을 동시에 잡는 전략부터 적용해야 한다. 그 첫 번째 전략이 바로 분양가 상한제 청약이다.

분양가 상한제란 정부가 "이 가격 이상으로 분양하지 마라"고 가격 상한을 정해두는 제도다. 즉, 택지비(땅값)+건축비(집짓는 비용) 기준으로 가격을 제한하기 때문에 같은 지역 구축보다 훨씬 싸게 새 아파트를 살 수 있는 유일한 기회다.

실제 분양가 상한제가 적용된 단지는 주변 시세보다 최소 10%, 많게는 30% 이상 저렴하다. 이 차이는 단순히 몇천만 원이 아니라 수억 원의 시세차익으로 이어진다. 잠실 르엘 사례가 대표적이다. 잠실 래미안 아이파크 59㎡이 약 28억 원인데, 잠실 르엘 51㎡가 약 13억 6,000만 원에서 15억 원으로 무려 13억 원 가까이 차이가 난다.

물론 잠실은 극단적인 사례이지만, 현실의 상한제 단지들도 5,000만 원에서 2억 원 정도 저렴한 경우가 흔하다. 따라서 우리가 노려야 할 청약은 바로 이런 상한제 단지다. 확인 방법도 매우 간단하다.

청약홈(PC) → 청약 일정 → 모집공고문 다운로드 → Ctrl+F → '분양가 상한'를 검색한다. 이 문구가 있으면 상한제 적용 단지다. 유튜브나 네이버 검색으로도 빠르게 확인 가능하다.

정리하자면 분양가 상한제 단지는 가장 적은 돈으로 가장 큰 시세차익을 만들 수 있는 제도적 기회다. 즉, 로또 청약을 노리기보다 '상한제 적용된 실수요 단지'를 전략적으로 선택해야 한다.

② 민영주택 청약 – 우리가 아는 '브랜드 아파트'를 노려라

구분	공공주택	민영주택
공급 주체	LH, SH 등 공공기관	민간 건설사
청약 자격	소득·자산 기준 충족 필요	소득·자산 제한 없으며 누구나 청약 가능 (청약통장 필수)
분양 가격	정부가 정한 기준에 따라 저렴하게 책정	시장에 따라 변동
경쟁률	소득 기준 충족 시 당첨 가능성 비교적 높음	인기 지역은 경쟁이 치열함
면적 제한	전용면적 85m² 이하로 제한	면적 제한 없음
재당첨 제한 여부	당첨된 후 일정 기간이 지나야 재당첨될 수 있음	재당첨에 제한이 없음

두 번째 전략은 민영주택 청약이다. 청약은 크게 국민주택(공공)과 민영주택(브랜드)으로 나뉘는데, 2030에게 압도적으로 유리한 쪽은 민영이다. 국민주택(LH·SH)은 소득·자산 기준이 까다롭고, 부양가족이 많을수록 유리하며, 대부분 평수가 작고, 임대 목적이 많다. 즉, 무주택 기간이 짧고 부양가족이 적은 2030에게는 조건 자체가 불리하다.

반면 민영주택은 우리가 아는 브랜드 아파트다. 래미안, 자이, 힐스테이트, 푸르지오, 아이파크, e편한세상, 롯데캐슬 등 대부분이 여기에 속한다. 민영주택의 장점은 크게 3가지다.

1. **소득·자산 제한이 없다** → 청약통장만 있으면 누구나 가능
2. **브랜드 가치 + 주거 품질이 높다** → 커뮤니티·주차·보안 등 모든 면에서 우수
3. **추첨제가 있어 당첨 기회가 많다** → 가점이 낮아도 당첨 가능

나 역시 분양가 상한제가 적용된 민영주택으로 청약에 당첨되었다. 즉, 2030에게 가장 현실적인 당첨 루트가 바로 민영주택이다. 브랜드 아파트와 쾌적한 단지를 선호할 때, 무주택 기간이 짧아 가점이 낮을 때, 자산·소득 제한 없이 당첨 기회를 넓히고 싶을 때라면 민영주택 청약이 유리하다.

민영주택의 장점은 3가지로 요약할 수 있다. 먼저 거래가 활발하고 시세 반영이 빠르다. 따라서 청약 이후에도 인근 시세를 즉시 반영해 시세차익이 크다. 또한 대부분 역세권, 신도시, 학세권에 위치해 입지 경쟁력이 높다. 마지막으로 추첨제 포함으로 당첨 확률이 높다. 가점이 낮은 2030세대에게 가장 현실적인 기회다.

즉, 공공주택은 안정성, 민영주택은 기회다. 우리에게 필요한 건 바로 '기회'다. 따라서 사회초년생이나 신혼부부라면 민영주택 청약을 중심으로 실전 전략을 세워야 한다.

③ 추첨제 – 2030이 반드시 노려야 할 마지막 카드

청약 당첨 방식은 2가지다. 가점제와 추첨제다. 바로 추첨제가 우리가 노려야 할 대상이다.

- **가점제:** 무주택 기간 + 부양가족 + 가입 기간 등으로 점수 경쟁
  - → 2030에게 사실상 불리
- **추첨제:** 말 그대로 랜덤(무작위)
  - → 2030에게 가장 유리한 방식

민영주택은 전용면적에 따라 추첨 비중이 꽤 높다. 전용 85㎡ 이하(수도권)는 추첨 25~30%이고, 전용 85㎡ 초과(대형평)는 추첨 100%다. 즉, 1순위 조건만 만들면 누구나 당첨 가능성이 생긴다. 또한 추첨제 비율은 시장 상황에 따라 달라진다. 보통 경기가 과열되면 추첨제가 감소하고, 침체되면 추첨제가 증가한다. 2025년 기준 추첨제 비율은 여전히 높은 편이다. 이건 2030에게 절호의 기회다.

따라서 청약 전략의 핵심은 단 하나다. 추첨제 비중이 높은 단지를 중심으로 공략하라. 꾸준히 넣다 보면 당첨 확률은 생각보다 빠르게 올라간다.

실전 체크리스트 —청약홈 모집공고에서 꼭 확인하자

청약에 넣기 전, 청약홈이나 구글에서 'OO아파트 청약 모집공고문'을 검색해 모집공고 PDF를 먼저 다운받자. 그다음 Ctrl + F(검색) 기능으로 아래 3가지 키워드가 있는지 반드시 확인해보자.

- 분양가 상한제
- 민영
- 추첨제

이 세 단어가 모두 들어 있다면 앞에서 설명한 상한제 + 민영 + 추첨제 조합에 해당하는지 여부를 한눈에 체크할 수 있다.

마지막으로 청약 일정과 알림까지 세팅하면 완벽하다. 청약 일정은 모두 '청약홈' → 청약 캘린더에서 확인할 수 있다. 달력 화면에서 어느 날짜에, 어떤 지역·어떤 단지가 청약을 진행하는지를 한눈에 볼 수 있다.

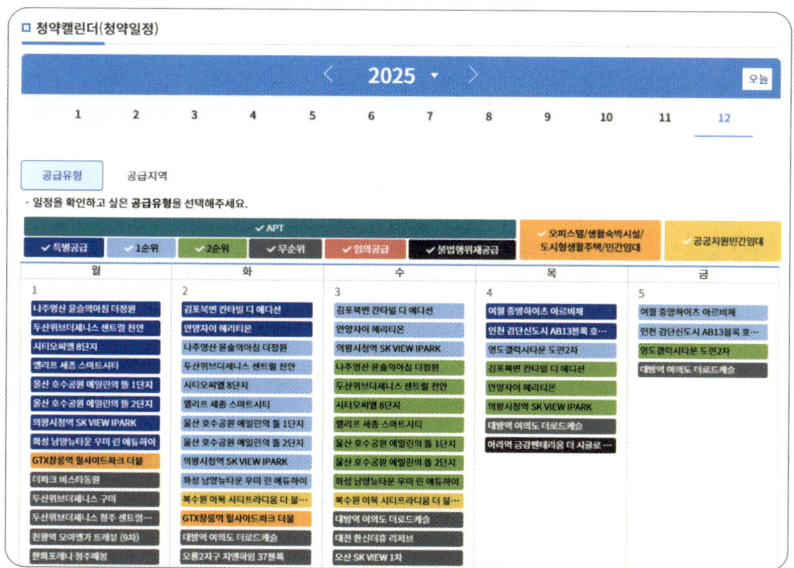

자료: 청약홈에서 청약 알리미를 클릭하면 상세 일정을 볼 수 있다.

여기서 꼭 써야 할 기능이 '청약 알리미'다. 내가 관심 있는 지역 (예: 서울·경기·인천 등)을 미리 설정해두면, 해당 지역에 청약이 뜰 때마다 카카오톡으로 자동 알림이 온다.

바쁘게 지내다 청약 일정을 놓치기 쉬운 사회초년생에게 이 알림 설정은 사실상 '청약 필수 기본 설정'이라고 생각하면 된다.

경제적 여유를 만들고
가장 나다운 삶에 가까워지기를

여기까지 읽은 당신에게 정말 큰 박수를 보냅니다. 책을 쓰는 내내 제 바람은 단 하나였어요. "스무 살 한희재가 했던 고민을 누군가 대신 해결해줬다면 어땠을까?"

스무 살의 저는 돈 앞에서 자주 좌절했습니다. 500원을 아끼려고 참치김밥 대신 그냥 김밥을 매일 먹던 날, 뭐 하나 마음 편히 쓰지 못했던 그 시기가 제게는 꽤 절망적으로 느껴졌어요. "나처럼 돈 때문에 힘들어하는 20대에게 누군가 현실적인 방법과 동시에 괜찮다는 말을 해줬다면 좋았을 텐데." 이 책은 그때의 저와 같은 분들에게 꼭 전하고 싶었던 말을 눌러 담은 결과입니다.

그리고 언젠가 이 세상을 살아갈 우리 조카들의 미래를 생각하며 썼습니다. 윤선이와 결이가 조금은 더 여유로운 출발선을 가졌으면 하는 마음, 돈 때문에 꿈을 포기하지 않았으면 하는 마음으로 한 글자, 한 글자 채워 넣었습니다.

제가 했던 방법이 100% 정답일 수는 없습니다. 세상에는 정말 다양한 돈을 모으는 방식이 있고, 앞으로 여러분도 여러 가지 시도를 해보게 될 거예요. 다만 저는 제가 직접 부딪히고 실패하고 다시 일어나 보면서 "아, 이건 확실히 1억까지 더 빠르고 바르게 가는 길이구나"라고 느낀 방법을 이 책 안에 최대한 솔직하게 담았습니다.

이제부터는 실천이 여러분의 몫입니다. 어떤 사람들은 이 책을 덮으며 용기가 생겼을 수도 있고, 또 어떤 사람들은 "정말 이렇게 해도 될까?" 하는 의문이 들 수도 있어요. 둘 다 괜찮습니다. 중요한 건 머릿속에서만 돌리는 생각이 아니라, 아주 작은 것 하나라도 몸으로 옮겨보는 실천입니다.

처음부터 완벽하게 이해하고 시작하는 사람은 없습니다. 완벽한 이해보다 '지금 당장 할 수 있는 한 걸음'을 내딛는 행동이 더 중요하다고 믿어요. 오늘 안에 한 가지만 실행해 보세요. 투자용 CMA를 만들거나, 자동 이체 10만 원을 설정해두거나, 관심 있는 ETF를 하나만 검색해보는 것도 좋습니다. 그런 아주 사소해 보이는 행동들이 쌓일 때 우리의 행동이, 그리고 인생의 방향이 진짜로 바뀌기 시작합니다.

읽다가 이해되지 않거나 막히는 부분이 있다면 혼자 끙끙 앓지 않으셔도 됩니다. 책을 덮고 인스타그램 DM으로 찾아와 주세요. 이 책이 끝이 아니라, 여러분의 1억 여정을 함께 응원하고 돕는 시작점이 되기를 진심으로 바랍니다.

저는 특별한 사람이 아닙니다. 부모님이 큰돈을 쥐여주신 것도 아니고, 처음부터 사업으로 대박을 낸 것도 아니었어요. 시급 5천 원 알바에서 시작해서 월급을 관리하고 투자 구조를 바꾸는 데 집요하게 매달렸을 뿐입니다. 그래서 압니다. 당신도 할 수 있다는 걸요.

이 책을 통해 제 이야기를 나눈 이유는 "나는 이렇게 성공했다"를 자랑하고 싶어서가 아닙니다. "당신도 충분히 해낼 수 있다"는 걸 조금이라도 더 현실적으로 느끼게 해드리고 싶어서입니다. 만약 이 책이 당신 인생에서 돈에 대한 태도와 선택을 바꾸는 작은 계기가 되었다면, 그보다 더 큰 기쁨은 없을 것 같아요. 언젠가 당신이 1억을 모으고, 그다음 목표를 향해 나아가며 "예전에《월급으로 1억 만들기》라는 책을 읽었었지" 하고 문득 떠올려준다면, 저는 그걸로 충분합니다.

돈을 모아 보니 참 좋습니다. 제가 먹는 것, 입는 것, 사는 것 자체가 극적으로 달라진 건 아니에요. 다만 하나 확실히 달라진 건, 무언가를 결정할 때 '돈이 1순위 기준'이 되지 않는다는 점입니다. 내가 정말 하고 싶은 것, 아직은 자신 없지만 꼭 한 번은 해보고 싶은 걸 선택할 때 예전보다 훨씬 더 용기를 낼 수 있게 되었습니다. 그게 사람을 참 행복하게 만들고, 자존감도 단단하게 올려줍니다.

이 책을 읽은 당신도 경제적 여유를 만들고, 가장 나다운 삶에 한 걸음 더 가까워지길 진심으로 바랍니다. 당신의 1억, 그리고 그 이후의 삶을 응원합니다. 우리, 여기서 멈추지 말고 계속 가봐요.

마지막으로, 훌륭한 인품과 외모를 물려주신 아버지 한문식 님, 똑똑한 머리와 "세상에서 우리 막내아들이 제일 최고"라며 언제나 아낌없이 응원해주시는 어머니 채정희 님, 그리고 늘 든든한 힘이 되어주는 형과 형수, 저를 이 자리까지 이끌어주신 평생의 은인, 세무법인 더봄 홍지영 세무사님께 깊은 감사의 마음을 전합니다. 마지막으로, 이 책을 세상 그 무엇과도 바꿀 수 없는 사랑하는 조카 윤선이와 결이에게 바칩니다.

한희재(재리) 드림

월급으로
1억 만들기

초판 1쇄 발행 2025년 12월 29일
4쇄 발행 2026년 1월 12일

지은이 한희재
펴낸곳 ㈜에스제이더블유인터내셔널
펴낸이 양홍걸 이시원

홈페이지 siwonbooks.com
블로그 · 인스타 · 페이스북 siwonbooks
주소 서울시 영등포구 영신로 166 시원스쿨
구입 문의 02)2014-8151
고객센터 02)6409-0878

ISBN 979-11-7550-552-0 03320

시원북스는 ㈜에스제이더블유인터내셔널의 단행본 브랜드입니다.

독자 여러분의 투고를 기다립니다.
책에 관한 아이디어나 투고를 보내주세요.
siwonbooks@siwonschool.com